Transkulturelles Lernen im Fremdsprachenunterricht

FRAUKE MATZ/MICHAEL ROGGE/
PHILIPP SIEPMANN (HRSG.)

Transkulturelles Lernen im Fremdsprachenunterricht

Theorie und Praxis

PETER LANG
EDITION

Bibliografische Information der Deutschen Nationalbibliothek
Die Deutsche Nationalbibliothek verzeichnet diese Publikation
in der Deutschen Nationalbibliografie; detaillierte bibliografische
Daten sind im Internet über http://dnb.d-nb.de abrufbar.

ISBN 978-3-631-64890-2 (Print)
E-ISBN 978-3-653-04068-5 (E-Book)
DOI 10.3726/978-3-653-04068-5

© Peter Lang GmbH
Internationaler Verlag der Wissenschaften
Frankfurt am Main 2014
Alle Rechte vorbehalten.
Peter Lang Edition ist ein Imprint der Peter Lang GmbH.

Peter Lang – Frankfurt am Main · Bern · Bruxelles · New York ·
Oxford · Warszawa · Wien

www.peterlang.com

Inhaltsverzeichnis

Einleitung

Frauke Matz, Michael Rogge, Philipp Siepmann

Der vorliegende Band versammelt Beiträge der Teilnehmerinnen und Teilnehmer der Nachwuchstagung ‚Transkulturelles Lernen im Fremdsprachenunterricht: Theorie und Praxis', welche am 10. und 11. Februar 2012 an der Ruhr-Universität Bochum stattfand. Diese sollte zum einen der Vernetzung der wissenschaftlichen Nachwuchsforscher dienen, deren Dissertations- und Habilitationsprojekte sich mit dem Themenkomplex des transkulturellen Lernens befassen. Zum anderen sollten einige grundlegende Fragen in Bezug auf die Herausforderungen des Fremdsprachenunterrichts durch das transkulturelle Paradigma erörtert werden. Dabei standen dem wissenschaftlichen Nachwuchs mit Prof. Dr. Werner Delanoy von der Universität Klagenfurt sowie Prof. Dr. Laurenz Volkmann von der Universität Jena zwei ausgewiesene Experten auf diesem Gebiet zur Seite.

Im Verlauf der zwei Konferenztage zeigte sich, dass der Begriff von den Teilnehmerinnen und Teilnehmern in ihrer Forschung sehr unterschiedlich aufgefasst und deshalb aus unterschiedlichen Blickwinkeln betrachtet wird, sodass man in Bezug auf transkulturelles Lernen durchaus von einem *umbrella term* für eine ganze Reihe innovativer didaktischer Ansätze sprechen kann. Ihren gemeinsamen Nenner bildet der Versuch, der Vielstimmigkeit im Klassenraum Gehör zu schenken und der gestiegenen kulturellen Komplexität einer globalisierten Welt gerecht zu werden, der Schülerinnen und Schüler heute begegnen. Diese stellt speziell in fremdsprachlichen Kommunikations-situationen besondere Anforderungen, die sich anhand von Modellen interkultureller Kommunikation bzw. Kompetenz aus Sicht der Vertreter des transkulturellen Paradigmas nicht mehr zufriedenstellend erfassen lassen. Über diesen gemeinsamen Grund hinaus eröffnet sich ein weites Feld, das nun zunächst grob ‚kartiert' wird und auf welchem im Anschluss die Beiträge dieses Bandes verortet werden.

Transkulturelles Lernen: *Mapping the field*

Wie auch die auf der Konferenz präsentierten und in diesem Band dokumentierten Forschungsprojekte zeigen, stellt sich das Forschungsfeld des transkulturellen Lernens als weit und zuweilen unübersichtlich dar. Dennoch lassen sich einige Grundlinien seiner Entwicklung voneinander abheben. So lässt sich transkulturelles Lernen begreifen

(1) als Versuch, ein verändertes, nichtessentialistisches Verständnis von Kultur zur Grundlage der Vermittlung kultureller Inhalte bzw. Kompetenzen zu machen. Transkulturelles Lernen schließt dabei an die u.a. von Wolfgang Welsch (u.a. 1995, 1999, 2010) vorgebrachte Kritik an, die sich gegen das dem Konzept der Interkulturalität unterliegende Verständnis von Kulturen als klar voneinander abgegrenzte Entitäten wendet. An die Stelle der thematischen Fokussierung auf nationale Kulturen oder multikulturelle Gesellschaften und des kontrastierenden Vergleichs der ‚eigenen' und ‚fremden' Kultur tritt zunehmend die Auseinandersetzung mit kultureller Hybridität und kulturellen *contact zones*. Volkmann spricht gar von einer radikalen „Abkehr vom Differenzdenken" (in diesem Band), welche einen Paradigmenwechsel in der Fremdsprachendidaktik einläutet.

Die transkulturelle Neuausrichtung der Kulturdidaktik wird häufig mit der zunehmenden Bedeutung vor allem der englischen Fremdsprache als internationale *lingua franca* in Verbindung gebracht (vgl. Hallet 2002, Volkmann 2010). Es bestehen zudem Berührungspunkte zu den *New Literacies*, die als Sammelbegriff für neue Literarizitätsformen dienen, welche sich aus neuen digitalen Medien ergeben (vgl. New London Group 1996). Insbesondere in den von Wolfgang Hallet (2002) zu den kulturübergreifenden *intercommunities* gezählten virtuellen Gemeinschaften hängen *lingua-franca*-Kommunikation, *New Literacies* und transkulturelle Kompetenz eng zusammen. Transkulturelle Kompetenz ist in diesem Zusammenhang am ehesten im Sinne des Pädagogen Karl-Heinz Flechsig (2000) als ‚transkulturelle Kreativität' zu verstehen, also der Vereinbarung eines für alle Beteiligten akzeptablen Wertesystems als Grundlage eines gemeinsamen Projekts. Dabei geht es jedoch keinesfalls um eine Rückkehr zu universalistischen Positionen: Der transkulturelle Ansatz betont die Bedeutung lokaler, regionaler und nationaler Kontexte und sozialer Zusammenhänge. Er vernachlässigt dabei nicht die unterschiedlichen Ausprägungen von Transkulturalität und berücksichtigt die Faktoren Macht und Ungleichheit (vgl. Delanoy 2006 und in diesem Band, sowie Matz, Siepmann, Volkmann und Wehrmann in diesem Band).

(2) als veränderter Blick auf den Fremdsprachenunterricht selbst bzw. die darin ablaufenden kognitiven bzw. Lernprozesse. Dies geht zurück auf Claire Kramsch (1993), die die Möglichkeit der Entstehung einer dritten Kultur (*third culture*) bzw. eines dritten Orts (*third place*) im Fremdsprachenunterricht beschreibt. *Third place* steht für einen gedachten kulturellen Zwischenraum, welcher sich zwischen den Kulturen der Lernenden und den Kulturen, denen sie im Unterricht begegnen, eröffnet. Es deutet sich in Kramschs Formulierung bereits ein Aufbrechen der Grenzen zwischen Ausgangs- und Zielkulturen an, das für Ansätze transkulturellen Lernens grundlegend ist. Kramschs Konzept des *third*

place wurde u.A. von Delanoy (1999), Hallet (2002) und Kramsch (2008) selbst aufgegriffen und weiterentwickelt. Hallet versteht den Fremdsprachen-unterricht als ‚hybriden Raum'. Ausgehend von einem diskursiven und prozessualen Kulturbegriff betont Hallet, dass Schülerinnen und Schüler Kulturen nicht nur indirekt erfahren, sondern aktiv an ihnen partizipieren können, weil sie

auch fremdsprachige Texte (Bilder, Zeichen, etc.) als kulturelle Äußerungen erfahren und besonders aus der Populärkultur (z.B. aus Musik, Mode, Sprache oder Kommunikationstechnologie), im fortgeschrittenen Unterricht in der Oberstufe aber auch aus der Literatur und anderen Texten bzw. Medien einzelne Elemente in die Konstruktion (Narration) ihrer eigenen Identität und Kultur adaptieren. (Hallet 2002:34)

Grundsätzlich begegnen sich im Klassenraum drei miteinander verwobene Diskurssphären: die eigenkulturelle, fremdkulturelle sowie die transkulturelle Sphäre. Während sich die Trennung zwischen eigen- und fremdkultureller Diskurssphäre „sich innerhalb der dichotomen Logik von Eigenem und Fremdem bewegt, wenn auch mit dem einschränkenden Hinweis auf die Pluralität und die Offenheit der Einzelkulturen" (Hallet 2002:44), umfasst die transkulturelle Diskurssphäre Themen und Fragestellungen, die „nicht in einer der Zielkulturen lokalisierbar und nur begrenzt einzelkulturell determiniert" sind (ebd.: 45).

(3) als Abkehr von nationalen Literaturen bzw. Literaturkanons hin zu transkultureller Weltliteratur, wie von Schulze-Engler (2007) gefordert. Transkulturalität erscheint Schulze-Engler als das gegenüber dem interkulturellen Dialog geeignetere Konzept, um die vielfältigen kulturübergreifenden literarischen Einflüsse nachzuvollziehen, die die Literatur der Postmoderne charakterisieren. Transkulturelle Weltliteratur behält einige Errungenschaften postkolonialer Theorie bei, wie die starke Betonung der politischen Dimension von Literatur sowie der Bedeutung lokaler und regionaler Bezüge, distanziert sich aber deutlich von der Trennung zwischen (europäischem) Zentrum und Peripherie. Verstanden als „multipolar, decentred system of literary communication" (ebd.:29) rückt transkulturelle Weltliteratur die transnationalen Verflechtungen in der literarischen Produktion und Rezeption in der globalen Moderne in den Vordergrund.

Wintersteiner (2006) formuliert die Grundlagen für die Entwicklung einer transkulturellen Literaturdidaktik. Dies erfordert zunächst die Dekonstruktion des national ‚Eigenen' und die Offenlegung der vielfältigen Prozesse kultureller Hybridisierung, die das ‚Eigene' prägen. Die Bewusstmachung der Hybridität aller Literatur, für die „Kreuzung und Hybridisierung keine Ausnahmen oder Betriebsunfälle, sondern die normale Arbeitsweise ist" (94), ist eines der zentralen Anliegen der transkulturellen Literaturdidaktik. Mit dem Abrücken von Nationalliteratur schenkt sie auch Texten Aufmerksamkeit, die außerhalb des natio-

nalen Kanons liegen und eröffnet sie eine andere Perspektiven auf literarische
Klassiker. Besonders deutlich offenbart sich der ‚transkulturelle Charakter' literarischer Texte Wintersteiner zufolge in transnationaler Literatur, in der
Transkulturalität explizit als Thema behandelt wird oder implizit „in ihre sprach-
lich-literarische Form eingeschrieben" ist (ebd.:92). Hierzu lassen sich unter anderem so genannte ‚Bindestrich-' bzw. Diaspora- und Migrations-literaturen zählen (vgl. hierzu Sommer 2001, Freitag-Hild 2010).

(4) als Erweiterung oder Fortführung der *global education*. Vor dem Hintergrund der wachsenden Bedeutung des Englischen als *global language* fordert
Doyé (1999) eine Erweiterung der kulturellen Inhalte im Englischunterricht. So
soll der Ansatz der *cultural studies* um *world studies* ergänzt werden, die er me-
thodologisch als Gegenteil der *cultural studies* versteht: „It starts from the global issues of this world such as starvation, suppression, ecological destruction,
illiteracy, aggression and shows their global dimension" (Doyé 1999:98). Während die *cultural studies* Differenz und nationale Partikularismen zur Grundlage
haben, betonen *world studies* globale Interdependenz und die gemeinsamen
Herausforderungen der Menschheit. Die Herausbildung eines globalen Bewusstseins zählt auch Volkmann (2011) zu den wesentlichen Elementen einer
transkulturellen Pädagogik. Im Fremdsprachen-unterricht lässt sich dies über eine Reihe transkultureller Themenkomplexe fördern. Dazu gehören u.A. *humans
as 'transcultural' or 'hybrid' beings, living in a 'world risk society'* und *the return
of universal topics* (vgl. ebd.:124f). Volkmann betont jedoch, dass dies keineswegs eine Rückbesinnung auf den Universalismus bedeutet:

> [C]oncepts of transculturality do not hark back to 'culture-general' stances which
> imply that humans are basically the same all over the world. Rather, their basic as-
> sumption rests on awareness of differences, which, however, need to be overcome
> to find the human qualities that unite us in a common struggle for co-existence in
> globalized societies on an endangered planet.

World studies und *global education* – wie auch verwandte Konzepte der Friedenserziehung (vgl. Hammer in diesem Band) oder der *ecodidactics* (May-
er/Wilson 2006) - erkennen Differenzen an und berücksichtigen kulturell geprägte, divergierende Sichtweisen auf ein bestimmtes Problem, finden sich damit aber nicht ab, sondern zielen auf die Vereinbarung eines für alle Beteiliten
akzeptablen Lösungsansatzes im Sinne einer *third culture*, wie sich von
Kramsch (1993, s.o.) beschrieben wurde.

Die Beiträge

Die in diesem Band veröffentlichten Beiträge bzw. die darin vorgestellten Forschungsprojekte werden nicht in das enge Korsett thematischer Blöcke gezwängt. Stattdessen werden die Beiträge grob im Diskurs des transkulturellen Lernens verortet und dabei in Relation zu den oben vorgestellten Entwicklungslinien gestellt.

Prof. Dr. Werner Delanoy ist seit 2011 außerordentlicher Professor am Department of English and American Studies der Universität Klagenfurt. Er schloss sein Studium der Anglistik/Amerikanistik, Geschichte und Sozialkunde an der Uni Klagenfurt als Mag. phil. ab und promovierte dort 1988 in der Anglistik/ Amerikanistik. Er habilitierte sich im Jahre 2000 an der Universität Klagenfurt. Zwischen 1981 bis 1985 sowie von 1987 bis 1989 unterrichtete er Englisch und Geschichte an der Höheren Technischen Bundeslehranstalt Klagenfurt. Seit 1987 ist er zudem als Lehrerfortbildner tätig.

In seinem Beitrag prüft Delanoy das Verhältnis von transkulturellen und interkulturellen Ansätzen der Kulturdidaktik sowie die Vereinbarkeit von Transkulturalität und kulturhermeneutischen Positionen. Er spricht sich dabei für eine Neuausrichtung des interkulturellen Lernens unter Einbeziehung eines kritischen Verständnisses von Transkulturalität, welches sich von Welschs Konzept distanziert.

Prof. Dr. Laurenz Volkmann ist seit 2004 Professor für englische Fachdidaktik an der Universität Jena. Er hat Anglistik/Amerikanistik, Geschichte und Germanistik an der Universität Erlangen sowie der Miami University in Ohio (USA) studiert. Nach dem Ersten Staatsexamen arbeitete er zunächst als Lektor am Institut für Germanistik an der Universität Manchester, bevor er in den Vorbereitungsdienst eintrat. Nach seinem Zweiten Staatsexamen unterrichtete Volkmann an Gymnasien unter anderem in Nürnberg und Pegnitz sowie als Studienrat im Hochschuldienst. Nachdem er sich 2002 habilitierte, wurde er 2003 an der Universität Paderborn zum Professor für Englische Literatur, Landeskunde und ihre Didaktik berufen.

In seinem Beitrag zeichnet Volkmann die Wende der Kulturdidaktik vom Differenzdenken der 1980er und 1990er Jahre zu postmodernen Kulturbegriffen wie jenem der Transkulturalität nach. Dabei sucht er nach Berührungspunkten zwischen transkulturellem Lernen und *global education* sowie *ecodidactics*.

Grit Alter erhielt im Jahr 2007 von der Universität Greifswald das Erste Staatsexamen für das Lehramt der Fächer Englisch und Philosophie an Gymnasien. Das Zweite Staatsexamen folgte 2009. Nach Positionen als wissenschaftliche Mitarbeiterin an den Universitäten in Hildesheim und Mainz, ist sie seit Ap-

ril 2011 wissenschaftliche Mitarbeiterin am Lehrstuhl für Englische Fachdidaktik an der Westfälischen Wilhelms-Universität Münster. Im Rahmen dieser Tä-
tigkeit war sie in die Organisation von nationalen und internationalen Konferen-
zen und Tagungen involviert. Ihr Forschungsschwerpunkt liegt im Bereich der
Nutzung von Kinder- und Jugendliteratur im Englischunterricht, speziell kanadischer Literatur für junge Leser und deren Potenzial für inter- und transkulturelles
Lernen. Zusätzlich beschäftigt sich Grit Alter unter anderem mit Literaturdidaktik und neuen Methoden des Englischunterrichts.

In ihrem Beitrag plädiert Alter für eine Ergänzung bzw. Öffnung traditioneller kulturwissenschaftlicher Konzepte von *otherness*, auf denen auch kulturher-
meneutische Ansätze des Fremdverstehens basieren, um weitere bzw. neue Formen von Anders- und Fremdheit. Damit einher geht ein verändertes nicht-
binäres bzw. -essentialistisches Verständnis von Identität. Wie sich ein solches
Identitäts- und Differenzkonzept im englischen Literaturunterricht der Mittelstufe anwenden lässt, zeigt Alter anhand von Hiromi Gotos *The Water of Possibility*
(2001).

Daniela Anton ist Doktorandin und Lehrbeauftragte in der Didaktik für englische Sprache und Literatur an der Julius-Maximilians-Universität Würzburg sowie Studienreferendarin am Staatlichen Seminar für Didaktik und Lehrerbildung
in Heilbronn. Von 2003 bis 2009 studierte sie die Fächer Englisch und Deutsch
für das Lehramt an Gymnasien. Während des Studiums und nach dem Abschluss
ihres Ersten Staatsexamens unterrichtete sie an Schulen in Chelmsford/England
sowie in Würzburg. Außerdem war sie als wissenschaftliche Mitarbeiterin an
der Universität Würzburg tätig. Ihre Forschungsschwerpunkte liegen im Bereich
des inter- und transkulturellen Lernens, der Leistungsmessung sowie im Bereich
der Individualisierung und Differenzierung.

In ihrem Beitrag setzt sich Anton mit dem Potenzial von Lesetagebüchern
zur Reflexion von transkulturellen und literarischen Lernprozessen auseinander.
Dazu präsentiert sie Ergebnisse einer Unterrichtsreihe zu Pilkington Garimaras
Rabbit-proof Fence, welches die hybriden Identitäten der so genannten *half-
castes* in Australien thematisiert.

Maike Berger ist seit 2009 Promotionsstudentin im *International PhD Pro-
gramme Literary and Cultural Studies* (IPP) und Mitglied im *International Gra-
duate Center for the Study of Culture* (GCSC) der Justus-Liebig-Universität
Gießen. Von 2003 bis 2009 studierte sie die Fächer Anglistik und klassische Philologie an der Universität Gießen und der St. Mary`s University in Halifax, No-
va Scotia (Kanada), und schloss ihr Studium mit dem Ersten Staatsexamen für
das Lehramt an Gymnasien ab. Seit 2009 ist sie als wissenschaftliche Mitarbeiterin an der Uni Gießen am Lehrstuhl von Prof. Wolfgang Hallet beschäftigt. Sie

arbeitet derzeit an ihrem Dissertationsprojekt zum Thema ‚Transkulturelles Lernen mit Literarischen Texten im Englischunterricht der Mittelstufe'. In ihrem Beitrag spricht sich Berger für die Thematisierung transkultureller Themen anhand literarischer Texte bereits in der Mittelstufe aus und stellt auf der Grundlage von Sherman Alexies *The Absolutely True Diary of a Part-Time Indian* (2007) eine mögliche Umsetzung von Ansätzen transkulturellen Lernens im Mittelstufenunterricht vor.

Henriette Dausend ist wissenschaftliche Mitarbeiterin in der Abteilung Didaktik der englischen Sprache an der Goethe-Universität (Frankfurt a. M.) und promoviert zum Thema ‚Sprachen transcurricular lehren und lernen – Die Diskurskompetenz von Grundschülern mehrsprachig und fächerverbindend fördern'. Sie leitet Projekte zur Schulentwicklung und widmet sich soziologischen und kulturwissenschaftlichen Fragestellungen (laufendes Projekt: ‚Kunst_Kultur_Kommunikation. Das Potential von Subkulturen im Fremd-sprachenunterricht').

In ihrem Beitrag erörtert Dausend, wie sich mittels neuartiger Sprach- und Bedeutungssysteme wie *Corporate Logos*, *Emoticons* oder *Street Art*, welche in der Lebenswelt von Schülerinnen und Schülern heute eine große Rolle spielen, transkulturelle Lernprozesse fächerübergreifend initiieren lassen. Im Fremdsprachenunterricht, begriffen als *third space*, handeln Lernende die Bedeutungen, die sie den Zeichen und Symbolen individuell beimessen, mit dem Kollektiv aus.

Dr. Stefanie Giebert hat 2001 den Titel der Magistra in den Fächern Anglistik, Soziologie und Psychologie an der Uni Trier erworben. Im Anschluss daran absolvierte sie einen Zusatzstudiengang zur Fremdsprachlichen Erwachsenenbildung. Seit Ende 2005 arbeitet sie an der Hochschule Reutlingen in den Bereichen Studierendenaustausch/Internationales & PR. 2008 schloss sie ihre Promotion in der Anglistik an der Uni Trier ab. Seit dem Wintersemester 2009/2010 leitet Giebert das ‚(Business) English Theatre Project' an der Hochschule Reutlingen. Sie war außerdem Lehrbeauftragte an der Uni Tübingen und der Euro-FH Hamburg.

In Ihrem Beitrag dokumentiert Giebert ein internationales Theaterprojekt, welches die Möglichkeit der Entstehung eines *third place* eröffnet: Die Teilnehmer, die über die englische Sprache als *lingua franca* kommunizieren, erfahren kulturelle Differenz und setzen sich mit dieser auseinander, müssen diese aber zugleich im Hinblick auf das gemeinsame Projekt transzendieren.

Dr. Julia Hammer ist Studienrätin für Englisch, Französisch und Psychologie an einem Ganztagsgymnasium und Lehrbeauftrage für Englische Fachdidaktik in Würzburg. Zuvor legte sie im Wintersemester 2007/08 ihr erstes Staatsexamen ab. Während ihrer Promotion war sie Stipendiatin der FAZIT-Stiftung und hat als wissenschaftliche Mitarbeiterin und Lehrbeauftrage an der Julius-

Maximilians-Universität gearbeitet. Ihre Forschungsinteressen sind Literaturdidaktik, interkulturelles und globales Lernen sowie empirische Unterrichtsforschung.

In ihrem Beitrag führt Hammer inter- und transkulturelle Ansätze mit Konzepten der *global education* bzw. der Friedenserziehung zusammen und präsentiert auf der Grundlage von Deborah Ellis' *Parvana's Journey* eine Unterrichtssequenz für die Mittelstufe.

Dr. Corinna Koch schloss 2009 ihr Master of Education-Studium an der Ruhr-Universität Bochum mit dem ersten Staatsexamen für die Fächer Englisch, Französisch und Spanisch ab. Sie promovierte ebenfalls an der Ruhr-Universität im Bereich der romanischen und englischen Fremdsprachendidaktik und vertrat ab 2011 die Juniorprofessur für die Didaktik der romanischen Sprachen. Seit 2012 ist sie als Studienreferendarin für Englisch und Französisch in Bochum tätig.

In ihrem Beitrag beschreibt Koch die transkulturelle Komponente von Metaphern und zeigt, wie sich über die Auseinandersetzung mit sprachlichen Bildern nicht nur sprachliche und kulturelle Unterschiede, sondern ebenso sprach- und kulturübergreifende Gemeinsamkeiten entdecken lassen. Auf diese Weise lässt sich die Dichotomie von Eigen- und Fremdkultur relativieren und einem essentialistischen Verständnis kultureller Differenz entgegenwirken.

Christian Ludwig ist seit 2010 wissenschaftlicher Mitarbeiter im Department of Anglophone Studies der Universität Duisburg-Essen und lehrt im Bereich der EFL Methodologie und der Linguistik. Er hat an der Uni Bochum, der Universität Cordoba sowie der Uni Essen die Fächer Englisch und Spanisch studiert. 2010 erhielt er sein Erstes Staatsexamen und seine zusätzliche Qualifikation im Bereich Deutsch als Fremdsprache. Er arbeitete als Fremdsprachenassistent an der Desborough School in Maidenhead, England und als Vertretungslehrer an der Gesamtschule Duisburg-Meiderich.

In seinem Beitrag analysiert Ludwig das Potenzial von *graphic novels* in einem an Transkulturalität orientierten fremdsprachlichen Literaturunterricht. Dabei konzentriert er sich insbesondere auf die Repräsentation von *Asian-Americanness* in Adrian Tomines *Shortcomings* und die Möglichkeiten der Erarbeitung dieses Aspekts im Unterricht.

Dr. Frauke Matz ist Oberstudienrätin i.H. am Institut für Anglophone Studien an der Universität Duisburg-Essen und arbeitet im Bereich der allgemeinen englischen Fachdidaktik sowie in der Literaturdidaktik. Dem Lehramtsstudium in Anglistik und Geschichte in Essen schloss sie ein Masterstudium an der Wolverhampton University an. Nach einer Assistenzzeit sowohl an der Wolverhampton University als auch an der Universität Duisburg-Essen absolvierte sie ihr Referendariat in Birmingham und arbeitete danach an einem Internat in Lancashire. Anschließend war sie als Studienrätin an einem Gymnasium in Düsseldorf tätig. Ihre Promotion in der anglistischen Literaturwissenschaft schloss sie an der Universität Essen ab. Ihr besonderes Forschungsinteresse sind Literatur- und Mediendidaktik sowie inter-/ transkulturelles Lernen im Fremdsprachenunterricht.

In ihrem Beitrag zeigt Matz anhand von James Dashners *Maze Runner*, wie sich mittels utopischer und dystopischer *young adult fiction* transkulturelle Themen im Fremdsprachenunterricht diskutieren lassen. Dabei betont sie - ganz im Sinne des Credos *think globally, act locally* - die anhaltende Bedeutung lokaler bzw. interkultureller Bezüge.

Michael Rogge ist seit 2010 Oberstudienrat im Hochschuldienst an der Ruhr-Universität Bochum und ist dort im Bereich Englischdidaktik tätig. Zuvor unterrichtete er einige Jahre an einem Gymnasium in Dortmund und war als abgeordneter Lehrer im Ministerium für Schule und Weiterbildung des Landes Nordrhein-Westfalen an Lehrplanentwicklungen beteiligt.

In seinem Beitrag zeigt Rogge auf Basis empirischer Daten aus seinem Promotionsprojekt, dass sich in schulischen Austausch- und Begegnungsprojekten sowohl inter- als auch transkulturelle Momente identifiizieren lassen, die erst gemeinsam ihr Potential entfalten und Schülerinnen und Schülern zu einer vertieften Wahrnehmung von Fremdheit und Hybrididät und somit zu einem besseren Verständnis der Begegnungspartner verhelfen.

Philipp Siepmann ist seit 2010 Promotionsstudent im Studiengang *Transnational/Transatlantic Studies* des RuhrCenter of American Studies an der Ruhr-Universität Bochum. Im Schuljahr 2010/11 unterrichtete er als Vertretungslehrer im Fach Englisch an einem Gymnasium in Bottrop. Seit April 2011 ist er Promotionsstipendiat und Tutor im Horizonte-Programm der Gemeinnützigen Hertie-Stiftung am Standort Ruhrgebiet. Sein Bachelor-/ Master-Studium der Anglistik/Amerikanistik und der Geographie schloss er 2010 mit dem Ersten Staatsexamen ab. Zu seinen Forschungsinteressen zählen inter- und transkulturelles Lernen, Literaturdidaktik, *cultural studies* und *ecodidactics*.

In seinem Beitrag sucht Siepmann nach Anknüpfungspunkten zwischem dem Forschungsprogramm der *transnational American* (bzw. *cultural*) *studies* und der transkulturellen Kultur- und Literaturdidaktik im Englischunterricht der Sekundarstufe II und skizziert eine Anwendungsmöglichkeit anhand von H.M. Naqvis Roman *Home Boy* (2010).

Dr. Jürgen Wehrmann ist seit 2009 Studienrat für Englisch und Philosophie an der Graf-Anton-Günther-Schule in Oldenburg. Er hat Allgemeine und Vergleichende Literaturwissenschaft, Englische Philologie, Philosophie, Geschichte und Pädagogik in Ham burg, Galway, Mainz und Fribourg studiert. Wehrm ann war Stipendiat des DFG-Graduiertenkoll egs *Pragmatisierung/ Entpragmatisierung: Literatur im Spannungsfeld autonomer und heteronomer Bestimmungen* und promovierte in Tübingen. Zudem war er in der Erwachsenenbildung sowi e als Lehrbeauftragter an den Unis Mainz und Tübingen tätig.

In seinem Beitrag diskutiert   Wehrmann die Möglichkeiten, utopische Transkulturalitätsfiktionen in Science-Fiction-Romanen zum Gegenstand einer transkulturellen moralischen Bildung zu machen und so das Fundam ent einer Ethik jenseits von Kulturrelativismus und Universalismus zu legen.

Dr. Eva Wilden ist seit 2012 Juniorprofessori n für englische Fachdidaktik an der Ruhr-Universität Bochum. Sie hat an der Universität Duisburg-Essen Lehramt für die Fächer Englisch und Geschi chte studiert. 2007 prom ovierte sie an der Universität Kassel m it einer empirischen Studie zur Selbst- und Fremdwahrnehmung in der interkulturellen Onlineko mmunikation. Im Anschluss da ran absolvierte sie den zweiten Teil ihrer Le hrerausbildung in Not tingham, Großbritannien sowie in Kassel. Wilden unterrich tete an einer Schule in Kassel die Fächer Englisch und Geschichte und erteilt e bilingualen Geschichtsunterricht. Anschließend war sie als Studienrätin im Hochschuldienst am Institut für England- und Amerikastudien an der Goethe-Universität Frankfurt beschäftigt.

In ihrem Beitrag nimmt Wilden die Er gebnisse einer empirischen Studie zu subjektiven Theorien von Lehrkräften zum Thema transkulturelles Lernen zum Anlass, über die Herausforderungen de r Lehrerbildung durch das Konzept der Transkulturalität nachzudenken. Dazu liefert sie einen konkreten Um setzungsvorschlag.

Literatur

Delanoy, Werner: Fremdsprachenunterricht als dritter Ort bei interku ltureller Begegnung. In: Bredella, Lothar/Delanoy, Werner (Hrsg.): Interku ltureller Fremdsprachenunterricht, Gießen, 1999.

Delanoy, Werner: Transculturality and (Inter-)Cultural Learning in the EFL Classroom. In: Delanoy, Werner/ Volkmann, Laurenz (Hrsg.): Cultural Studies in the EFL Classroom, Heidelberg, 2006, 233-248.

Doyé, Peter: English as a globa l language: Implications for the cultural content of teaching and learning. In: Gnutzm ann, Claus (Hrsg.): Teaching and learning English as a global language: Native and non-native perspective, Tübingen, 1999, 93-106.

Flechsig, Karl-Heinz: Transkulturelles Lernen, 2000. [http://wwwuser.gwdg.de/~kflechs/iikdiaps2-00.htm (Januar 2013)]

Freitag-Hild, Britta: Theorie, Aufgabentypologie und Unterrichtspraxis inter- und transkulturreller Literatur-didaktik: 'British Fictions of Migration' im Fremdsprachenunterricht. Trier, 2010.

Hallet, Wolfgang: Fremdsprachenunterricht als Spiel der Texte und Kulturen: Intertextualität als Paradigma einer kulturwissenschaftlichen Didaktik, Trier, 2002.

Kramsch, Claire: Context and culture in language teaching, Oxford, 1993.

Kramsch, Claire: Third Culture and Language Education. In: Wei, Li/Cook, Vivian: Contemporary Applied Linguistics Volume 1: Language Teaching and Learning, New York, 2008, 233-254.

New London Group: A Pedagogy of Multiliteracies: Designing Social Futures. In: Harvard Educational Review 66 (1), 1996.

Schulze-Engler, Frank: Theoretical Perspectives: From Postcolonialism to Transcultural World Literature. In: Eckstein, Lars (Hrsg.): English literatures across the globe: A companion, Paderborn, 2007, 20-31.

Schulze-Engler, Frank: Von 'Inter-' zu 'Trans-': Gesellschaftliche, kulturelle und literarische Übergänge. In: Antor, Heinz: Inter- und transkulturelle Studien. Theoretische Grundlagen und interdisziplinäre Praxis, Heidelberg, 2006, 41-53.

Sommer, Roy: Fictions of Migrations. Ein Beitrag zur Theorie und Gattungstypologie des zeitgenössischen interkulturellen Romans in Großbritannien, Trier, 2001.

Volkmann, Laurenz: Fachdidaktik Englisch: Kultur und Sprache, Tübingen, 2010.

Volkmann, Laurenz: The 'Transcultural Moment' in English as a Foreign Language. In: Doff, Sabine/Schulze-Engler, Frank: Beyond 'Other Cultures': Transcultural perspectives on teaching the new literatures in English, Trier, 2011, 113-128.

Welsch, Wolfgang: Transkulturalität. Zur veränderten Verfaßtheit heutiger Kulturen. In: Zeitschrift für Kulturaustausch 45 (1), 1995.

Welsch, Wolfgang: Transculturality. The Puzzling Form of Cultures Today. In: Featherstone Mike et al. (Hrsg.): Spaces of Culture: City, Nation, World, London, 1999.

Welsch, Wolfgang: Was ist eigentlich Transkulturalität? In: Darowska, Lucyna et al. (Hrsg.): Hochschule as transkultureller Raum: Kultur, Bildung und Differenz in der Universität, Bielefeld, 2010, 39-66.

Wintersteiner, Werner: Transkulturelle literarische Bildung. Die 'Poetik der Verschiedenheit' in der literaturdidaktischen Praxis, Innsbruck, 2006.

Mayer, Silvia/Wilson, Graham: Ecodidactic perspectives on English language, literatures and cultures, Trier, 2006.

Transkulturalität als begriffliche und konzeptuelle Herausforderung an die Fremdsprachendidaktik

Werner Delanoy

Abstract

Bei der Debatte um *Transkulturalität* geht es um ein ganz zentrales Thema für die Sprach- und Kulturdidaktik, nämlich um das Überprüfen und Neubestimmen der Theoriefundamente, auf denen eine zeitgemäße Kulturdidaktik aufbauen soll. Als Begriff und Konzept verspricht *Transkulturalität* eine Perspektive, die sich den Konstituenten gegenwärtiger Gesellschaftsbildung zuwendet und mit bisherigen kulturdidaktischen Traditionen radikal bricht. Kann *Transkulturalität* diese Versprechen auch halten? Mit seinem Fokus auf kultureller Hybridisierung spricht der Begriff in der Tat eine wesentliche Entwicklung in einer zunehmend globalisierten Moderne an. Konzeptuell und begrifflich zeigen sich bei näherer Betrachtung allerdings Einseitigkeiten und Ungereimtheiten, die sowohl ein differenziertes Kulturverstehen als auch eine konstruktive fachdidaktische Diskussion behindern können. Auch ist das Verhältnis von *Transkulturalität* zu *Interkulturalität* keineswegs so radikal ausgeprägt wie behauptet. Die Sprach- und Kulturdidaktik ist daher gefordert, begriffliche und konzeptuelle Klarheiten zu schaffen, damit transkulturelle Anliegen in die Theoriebildung gebührend aufgenommen und mit bestehenden Traditionen konstruktiv vermittelt werden können.

1 Einleitung

Im deutschsprachigen Raum wird der Begriff der *Transkulturalität* insbesondere mit Wolfgang Welschs Definition in Verbindung gebracht, weshalb seine Position einen zentralen Referenzpunkt bei den folgenden Überlegungen bildet. In Anlehnung an Laurenz Volkmann (2011:113-114) beinhaltet Welschs Vorstellung von *Transkulturalität* eine deskriptive und eine normative Dimension. Deskriptiv betrachtet steht der Begriff für kulturelle Hybridisierungsprozesse in einer globalen Moderne. Normativ wird damit ein neues Kulturbewusstsein propagiert, das verschiedenste Formen kultureller Vermischung und Durchdringung im Interesse des Überwindens monolithischer Kulturauffassungen und eines friedlichen Miteinanders von Menschen anerkennen und fördern möchte.

Phänomene kultureller Vermischung und Durchdringung sind in den Kulturwissenschaften aber auch mit anderen Begriffen versehen worden, die zudem andere Aspekte kultureller Hybridisierung in den Vordergrund rücken. Ferner wurde der Begriff selbst unterschiedlich verwendet und nicht nur auf Formen kultureller Hybridisierung bezogen. Auch hat Welschs Position keineswegs nur Zustimmung gefunden, wobei ihm ein einseitiger Blick auf kulturelle Vermischung und das Fehlen einer machtkritischen Position vorgeworfen werden. Schließlich wendet sich Welsch grundsätzlich gegen Interkulturalität und Her-

meneutik. Nun war die Fremdsprachendidaktik in deutschsprachigen Ländern
bisher primär *interkulturell* ausgerichtet und hat sich dabei wiederholt auf hermeneutische Grundlagen berufen. Dies alles macht ein Arbeiten mit dem Begriff
der *Transkulturalität* nicht leicht. Im Gegenteil, die grundsätzliche Ablehnung
von Interkulturalität und Hermeneutik, die Kritik an Welschs Position, die unterschiedlichen Begriffsverwendungen sowie das Vorhandensein rivalisierender
Begriffe zur Bezeichnung kultureller Hybridisierung verlangen nach eingehen-
der begrifflicher und konzeptueller Klärung. Die folgenden Überlegungen wollen zu einer solchen Klärung beitragen.

1   Überlegungen zum Begriff der *Transkulturalität*

Seit Mitte der 1990er Jahre hat Wolfgang Welsch seinen Transkulturalitätsbegriff wiederholt vorgestellt. Mit Transkulturalität bezeichnet er ein Bewusstsein, das sich der aktuellen Beschaffenheit von Kulturen zuwendet, die sich aufgrund weltumspannender Kommunikationsströme, weitreichender Migrationsbewegungen und transnationaler Wirtschaftsbeziehungen zunehmend vermischen. Dabei zeichnen sich Kulturen in einer globalen Moderne durch innere
Heterogenität und das Verwischen äußerer Grenzen aus. Welsch sieht ferner in
der Vermischung und gegenseitigen Durchdringung die historische Chance, das
Zeitalter nationaler Monolithe mit ihrer Unterdrückung innerer Vielfalt und ihrer
klaren Abgrenzung gegenüber anderen Gruppen zu überwinden. Welschs Konzept ist Teil einer breit gefächerten Debatte zu Phänomenen kultureller Hybridisierung und hier keineswegs unumstritten.

1.1   *Unterschiedliche Begriffe und Begriffsverwendungen*

Jene Problembereiche, die Welsch unter *Transkulturalität* zusammenfasst, sind
auch mit Hilfe anderer Oberbegriffe diskutiert werden. So sprechen etwa Ulf
Hannerz (1996) oder Elisabeth Beck-Gernsheim (2007) von *Transnationalität*,
während Pnina Werbner (1997) oder Ania Loomba (1998) *Hybridität* als über-
geordneten Begriff bevorzugen. Ferner unterscheiden sich einige Ansätze, die
sich mit Hybridisierungsprozessen befasst haben, in wesentlichen Bereichen von
Welschs Position. Hier sei insbesondere auf die postkoloniale Kritik und Globalisierungsdebatten verwiesen, wobei in diesen Arbeiten der Machtaspekt bzw.
eine Globalisierungskritik eine ungleich größere Rolle spielen als bei Welsch.
Auch sei angemerkt, dass in der Fachliteratur *Transkulturalität* bzw. dem Begriff zugeordnete und verwandte Problembereiche sehr unterschiedlich beurteilt
werden. Während sie für Welsch ein grundsätzlich positives Phänomen darstellen, haben sich andere Arbeiten mit den „diverse modalities of hybridity" (vgl.
Loomba 1998:183; Pieterse 1998:105 ff.) und damit verbunden auch mit prob-

lematischen Aspekten kultureller Vermischung befasst (vgl. z.B. Friedman 1999; Wachinger 2003). So warnt Tobias Wachinger (2003:149) bei der Beurteilung von Hybridisierung vor einer einseitig „celebratory rhetoric", wie sie bei Welsch durchaus gegeben ist. Dem gegenüber plädieren Wachinger (ibid.:143) und Loomba (1998:181) für eine differenzierte und kontextspezifische Betrachtung transkultureller Phänomene, um verstehen zu können, was sie für wen in welchen Zusammenhängen bedeuten und bewirken.

Auch ist der Begriff selbst unterschiedlich bestimmt worden, wobei frühe Definitionen zeitlich weiter zurückreichen als jene von Welsch. Wie schon erwähnt liegt ein wesentlicher Unterschied in einer ungleich stärkeren Berücksichtigung von Machtverhältnissen. So hat aus postkolonialer Perspektive Mary Louise Pratt (1992:6) mit *transculturation* jene Praktiken marginalisierter und unterdrückter Menschen bezeichnet, wo aus der dominanten Kultur Elemente übernommen und kreativ transformiert werden. Pratt (1991:31) wendet sich hierbei der „contact zone" zu, wo solche Kulturbegegnungen stattfinden. Diese Begegnungen werden dabei keineswegs als harmonische Vermischung sondern vielmehr als Konflikt- und Kampfzonen im Kontext ungleicher Machtverhältnisse zur Diskussion gestellt. Ein anderer Umgang mit dem Begriff findet sich in der Soziologie bei Elisabeth Beck-Gernsheim (2007:151), wobei in ihrem Fall *Transkulturalität* auf Phänomene verweist, die sich quer über Kulturen hinweg finden lassen. Anders als Welsch und Pratt bezeichnet Beck-Gernsheim damit nicht bloß Vermischungsprozesse, sondern verschiedenste, über Kulturen hinweg geteilte Entwicklungen und Praktiken. Dazu zählen etwa auch neue Formen von Fundamentalismus.

Schließlich sei der Begriff im Hinblick auf seine morphologischen Bestandteile näher beschrieben. Das Präfix *trans* lässt sich zum einen im Sinne von *quer durch* (z.B.: *trans*sibirische Eisenbahn) verstehen. Zum anderen kann es in der Bedeutung von *jenseits* bzw. *über Bestehendes hinausgehend* (z.B.: *trans*formieren) verwendet werden. Welschs Begriff beinhaltet beide Bedeutungen. So schreibt er zum Präfix *trans* (2009:3), dass damit zum Ausdruck gebracht wird, „dass die heutige Verfassung von Kulturen *jenseits* der alten Verfassung liegt", und dass „die kulturellen Determinanten heute *quer* durch die Kulturen hindurchgehen, so dass diese nicht mehr durch klare Abgrenzung, sondern durch Verflechtungen und Gemeinsamkeiten gekennzeichnet sind." Nun könnte man meinen, dass *trans* (im Sinne von *jenseits*) in der Kombination mit *Kultur* bzw. *Kulturalität* auch eine Dimension bezeichnet, die sich jenseits von Kultur befindet bzw. kulturell nicht mehr erklären lässt. Welsch ist aber nicht gegen den Begriff Kultur als solchen, so lange innere Vielfalt, Hybridisierung und ein Verwischen äußerer Grenzen gebührend Anerkennung finden. Er will vielmehr monolithische Kulturauffassungen und hier insbesondere Herders Vorstellung der Nation mit seinem Begriff überwinden. Auch sei an dieser Stelle erwähnt, dass andere Transbegriffe ebenfalls ihr Grundmorphem keineswegs grundsätzlich in Frage stellen. So zielt z.b. der Begriff der *Transdifferenz* keineswegs auf ein Abschaffen von Differenz sondern auf ein Überwinden binärer Denkformen (vgl. Breinig/Lösch 2002:27).

1.2   *Transkulturalität: Macht es Sinn, den Begriff zu verwenden?*

Wie zuvor erwähnt ist für Welsch die alte Verfasstheit von Kulturen mit dem Konzept einer einheitlichen und nach außen klar abgegrenzten Nation verbunden. Ferner wird bei ihm diese Vorstellung von Nation mittels einer fortschreitenden Hybridisierung überwunden, die sich quer über Kulturen hinweg finden lässt. Man kann daher argumentieren, dass die Begriffe *Transnationalität* und *Hybridisierung* Welschs Absichten präziser bezeichnen können als jener der *Transkulturalität*. Im Hinblick auf den Begriff der *Transnationalität* sei dieser Argumentation entgegen gehalten, dass *Transkulturalität* nicht nur die Nation sondern verschiedenste monolithische Auffassungen von Kultur überwinden möchte. In diesem Sinne bilden etwa *Transnationalität, Transtribalismus* oder *Transethnozentrismus* Unterbegriffe von *Transkulturalität*. Eine genauere Diskussion empfiehlt sich aber beim Zusammenspiel von *Transkulturalität* und *Hybridisierung*, weil hier inkongruente Transkulturalitätsbegriffe – z.B. jene von Welsch und Beck-Gernsheim – vorliegen.

Welsch (2009:3) betrachtet „Verflechtungen und [anwachsende] Gemeinsamkeiten" als die „aktuellen Determinanten" von Kulturbildung, wobei er diese Prozesse grundsätzlich positiv bewertet. Damit engt er den Begriff in doppelter Hinsicht ein. Zum einen bleiben die problematischen Aspekte von kultureller Hybridisierung ausgespart. Zum anderen wird mit Hybridisierung nur ein kulturübergreifendes bzw. globales Phänomen in den Vordergrund gerückt. Bedenkt man, dass gegenwärtige Kulturbeziehungen durch Vermischung aber auch gefährliche Abgrenzung und Vereinheitlichung (z.B.: Hervorheben lokaler Identitäten; pauschale Verurteilungen anderer Gruppen und Gesellschaften in einer Welt nach 9/11) geprägt werden, so ist zu hinterfragen, ob Welschs Begriffsverständnis für das Verstehen aktueller Kulturentwicklungen ausreicht.

Für Welsch ist die Antwort klar, weil er Formen einer klaren Abgrenzung als den überholten und Hybridisierung als den zukunftsweisenden Weg sieht. So betrachtet Welsch (2009:9) das anhaltende Bedürfnis „nach Nation, Einheit, nach vorgeblicher Reinheit unter Ausschluss des Fremden" als nicht mehr zeitgemäßes Verlangen, das sich phylogenetisch als frühe und anhaltende Prägung des Homo Sapiens erklären lässt, wobei der Mensch nun in ein neues Zeitalter eingetreten ist, wo „die bisher auf dem kulturellen Wege entwickelten Unterschiede [...] Verbindungen und Durchdringungen einzugehen [beginnen]" (vgl. Welsch 2009:16). Dieser Auffassung sei jene von Akhil Gupta und James Ferguson (1992:16-17) gegenübergestellt, die Abgrenzung und Vermischung nicht als Stufen zu einem höheren Kulturbewusstsein, sondern als kontextuell situierte und einander wechselseitig bedingende Phänomene denken. So stellt sich aus ihrer Sicht die Frage, ob bzw. wie in einer globalisierten Moderne Hybridisierung und neue Fundamentalismen zusammenhängen. Dabei gilt es, die Machtverhältnisse näher zu bestimmen, in deren Kontext solche Interdependenzen wirksam werden. Aus diesem Blickwinkel erscheint Welschs Transkulturalitätsbegriff als zu eng, um aktuelle Konstituenten von Kultur in ihrem Zusammenwirken erfassen zu können. Aus dieser Perspektive ist Beck-Gernsheims Transkulturalitätsbegriff jenem von Welsch vorzuziehen, weil er aktuelle Kulturkonstituenten umfassender erfassen kann.

Nun ist Transkulturalität – speziell im deutschsprachigen Raum – zu einem Kernbegriff in den Kulturwissenschaften geworden. Als solcher dient er Forscherinnen und Forschern dazu, sich mit der aktuellen Verfasstheit von Kulturen zu befassen. Dabei wird der Begriff in den meisten Fällen zwar mit Hybridisierung in Verbindung gebracht, er kann aber – wie bei Beck-Gernsheim – auch andere Kulturphänomene bezeichnen. Dies führt zu begrifflichen und konzeptuellen Unklarheiten und Divergenzen, die sich aber auch positiv bewerten lassen, weil dadurch eine Perspektivenvielfalt entsteht, in deren Lichte sich Positionen wechselseitig hinterfragen und bereichern können. Ja, begriffliche Divergenz und konzeptuelle Vielfalt lassen sich als Indiz für eine lebendige Diskussion verstehen, die keineswegs an ihrem Ende angekommen ist. Dies rechtfertigt auch den weiteren Gebrauch des Transkulturalitätsbegriffs, wobei an dieser Stelle kurz angemerkt sei, dass auch Begriffe wie Inter- oder Multikulturalität keineswegs einheitlich und eindeutig verwendet werden.

Abschließend sei noch eine weitere Begriffsverwendung von *Transkulturalität* vorgestellt. Wie schon angeklungen lässt sich der Begriff auch als Bezeichnung für einen Ort jenseits der Kultur verstehen. Gibt es einen solchen Ort? Ich meine *ja* und *nein*. Wenn man Kulturen als an Gruppen gebunden betrachtet, dann markiert die konkrete Einzelperson einen solchen Ort, weil der einzelne Mensch aufgrund seiner einzigartigen Biographie mehr ist als ein Repräsentant von Kultur(en). Andererseits ist ein solcher Ort außerhalb von Kultur nicht vorstellbar, weil Menschen stets in Gemeinschaften und damit verbunden in Kulturen leben. Dennoch erscheint mir ein Transkulturalitätsbegriff als wichtig, der Personen einen Platz außerhalb kultureller bzw. kollektiver Bindung einräumt, ja ihr Recht auf so einen Platz hervorhebt. Davon lässt sich eine Ethik ableiten, wo die Besonderheit der Einzelperson etwa im Kontext allgemeiner Menschenrechte eine zentrale Rolle spielt (vgl. Delanoy 2011:281-287). Eine solche Position ist durchaus im Einklang mit Welschs Transkulturalitätsbegriff, der jede Person als einzigartigen Mix kultureller Elemente denkt (vgl. Welsch 2005:339). Eine solche Position findet sich aber auch in der hermeneutischen Philosophie (vgl. Kögler 1992:146 ff.) und in der interkulturellen Fremdsprachendidaktik (vgl. Bredella 2010:138 ff.), worauf im dritten Abschnitt noch zurückzukommen sein wird.

2   Wolfgang Welsch und der Machtaspekt

Eine zentrale Kritik an Welsch betrifft sein weitgehendes Nichtberücksichtigen des Machtaspekts (vgl. Saal 2007:23). Welsch hat aber in einer neuen Arbeit diesem Aspekt verstärkt Beachtung geschenkt. So bringt er darin zum Ausdruck, dass „die treibenden Kräfte, die Transkulturalisierung bewirken, [...] weithin Machtprozesse [sind]", die von der „kapitalistischen Ökonomie" initiiert werden (Welsch 2009:9). Er fügt seiner Aussage hinzu, dass ein Mischen von Elementen keineswegs aufgrund eines freien Wählens geschieht (ibid.). Auch billigt er Globalisierungsgegnern, der postkolonialen Kritik und dem Feminismus zu, diesen Machtaspekt „vielfach" untersucht zu haben (ibid.).

Welsch öffnet sich an dieser Stelle gegenüber Ansätzen, die seinen Begriff machtkritisch hinterfragen und ergänzen können. Dadurch wird ein weiter gefasster, verstärkt differenzierter und kritischer Transkulturalitätsbegriff möglich, zumal über die postkoloniale Kritik und Globalisierungsdebatten die diversen Modalitäten kultureller Vermischung sowie deren Einbettung in bestimmte Machtverhältnisse in den Mittelpunkt der Betrachtung rücken. Welsch neutralisiert aber in den Folgesätzen die Bedeutung des Machtaspekts, wenn er hervorhebt, dass alle davon betroffen sind. So bringt er zum Ausdruck, dass selbst privilegierte Menschen nicht frei wählen können und auch bei „drastische[m] Macht- und Beschränkungsdruck" Spielräume für ein kreatives Kombinieren kultureller Elemente gegeben sind (Welsch 2009:10). Damit bleibt weiterhin ausgespart, welche unterschiedlichen Freiräume Einzelpersonen und Gruppen etwa in bestimmten Machtkontexten vorfinden, bzw. wer von damit verbundenen Praktiken profitiert und benachteiligt wird.

Dazu kommt, dass sein Denken eine unilineare Entwicklung von kulturellen Monolithen in Richtung Transkulturalität und damit verbunden einer „friedlicheren Weltgesellschaft" vorsieht, wobei auf das Zeitalter der Abgrenzung – er spricht hier von einem Zeitraum von 40.000 Jahren – jenes der Vermischung und Entgrenzung folgt (vgl. Welsch 2009:14). Diese Entwicklung in Richtung einer friedlicheren Weltgesellschaft rechtfertigt seines Erachtens „einige Verluste an kultureller Vielfalt [...], weil zur kulturellen Evolution stets auch der Untergang oder das nur veränderte Fortleben kultureller Gebilde gehörte" (ibid.:14-

15). Dabei wird nicht hinterfragt, wer bzw. welche Lebensformen warum in bestimmten Kontexten verschwinden. Auch bietet ein evolutionäres und teleologisches Denken in sehr großen Zeitabständen keine wirklichen Bezugspunkte für eine aktuelle Gesellschaftskritik und damit verbunden für Interventionen im Interesse der Transformation ungerechter Machtverhältnisse. So bleibt sein Verweis auf die kapitalistische Ökonomie folgenlos. Ja, aufgrund seiner Vorstellung, dass Globalisierung gleichsam von selbst kulturellen Fortschritt ermöglicht, können bei Welsch dominierende Systeme im Grunde schalten und walten wie sie wollen, wobei sich selbst der Schaden, den sie anrichten, als evolutionär notwendiger Verlust rechtfertigen lässt. So verstanden nützt Welschs Transkulturalitätsbegriff am ehesten der kapitalistischen Ökonomie als treibender Kraft gegenwärtiger Globalisierung. Dem gegenüber erscheint mir eine Beschäftigung mit Globalisierungsprozessen als wünschenswert, die benachteiligte Menschen im Interesse gerechterer Gesellschaftsformen unterstützt und Hybridisierungsphänomene in ihrer Machtgebundenheit und Vielfältigkeit untersucht (vgl. Delanoy 2006:236-239; 2012:158-159).

Schließlich sieht Welsch *Transkulturalität* als eine gesellschaftliche Realität, die zunehmend an Bedeutung gewinnt, und nicht als Wunsch oder Utopie. Er selbst betrachtet sich als Realisten, während er jene als „Wunschdenker" bezeichnet, „die pauschal beklagen, dass nicht alle Menschen die gleichen Optionen haben (auch wenn dies wünschenswert wäre)" (vgl. Welsch 2009:10). Gleichzeitig wirft er den „Wunschdenkern" vor, „dass ihre Machtanalyse selbst ein Akt von Diskursmacht ist – dass sie selbst, während sie sich für neutrale und gutgemeinte Beobachter halten, de facto Machtagenten und Machtprofiteure sind" (ibid.:10).

Wie Welsch betrachte ich Hybridisierung ebenfalls als eine Realität, die in einer globalisierten Welt zunehmend an Bedeutung gewinnt und in den Kulturwissenschaften daher gebührende Beachtung verdient. Doch beschränkt sich Welsch keineswegs auf das Beschreiben dieser Realität. Vielmehr verknüpft er Hybridisierung mit der idealistischen Vorstellung einer Weltfriedensgesellschaft. Ja, Welsch erscheint mir insofern als zu wenig ‚Realist', als er sich mit den real existierenden Machtverhältnissen in einer globalen Moderne nicht ernsthaft befasst. Er hat sicherlich Recht, wenn er pauschal gehaltene Machtkritiken und den Glauben an eine neutrale Beobachterhaltung als problematisch kritisiert, weil sie das Gegenüber oder die eigene Position ungebührlich vereinheitlichen, bzw. den eigenen Standpunkt nicht in Frage stellen. Doch betrachtet man seinen Umgang mit Interkulturalität und hermeneutischen Positionen, dann lässt sich diese Kritik auch auf die diskursiven Strategien bei seiner eigenen Begriffsbildung beziehen.

3   Transkulturalität und die interkulturelle Fremdsprachendidaktik

Im deutschsprachigen Raum hat sich die Sprach- und Kulturdidaktik vornehmlich als Beitrag zu *interkulturellem* Lernen verstanden. Im Weiteren wurden zentrale Theoriefundamente von hermeneutischen Positionen abgeleitet. Aus der Sicht transkultureller Ansätze gelten Interkulturalität und Hermeneutik aber als ungeeignet für das Verstehen aktueller Kulturentwicklungen, weshalb ein Paradigmenwechsel eingefordert wird. Bei genauerer Betrachtung erweist sich diese Forderung allerdings als wenig sinnvoll.

3.1   Trans- und Interkulturalität

Welsch (z.B.: 1999:196; 2009:7 ff.) stellt seinen Transkulturalitätsbegriff in Opposition zu den Theorien der Multi- und Interkulturalität. Beiden bescheinigt er ein Bemühen, kulturelle Vielfalt anzuerkennen (Multikulturalität), bzw. ein friedliches Neben- und Miteinander von Kulturen fördern zu wollen (Interkulturalität). Beiden wirft er aber vor, dass sie an der Vorstellung festhalten, Kulturen als abgrenzbare und einheitliche Größen zu denken, weshalb sie ein traditionelles Kulturverständnis nur ungenügend überwinden helfen.

Ich habe bereits a.a.O. (vgl. Delanoy 2006:239 ff.; 2012:160-162) darauf verwiesen, dass mir diese Gegenüberstellung von Trans- und Interkulturalität aus dem Blickwinkel der Interkulturalitätsdebatte in der Fremdsprachendidaktik als unangemessen erscheint, weil dort Vermischung und Veränderung im Lichte des/der Anderen (vgl. Bredella/Delanoy1999; Kramsch 1993:Kapitel 8), veränderte Bedingungen für kulturelle Entwicklung in einer global vernetzten Welt (vgl. Volkmann 2000) und kulturelle Binnendifferenzierung (vgl. Hu 1999) sehr wohl eine wichtige Rolle spielen. Auch sei nochmals hervorgehoben, dass sich sowohl in interkulturell als auch in transkulturell bezeichneten Debatten eine Vielzahl unterschiedlicher Positionen finden. Selbstverständlich gibt es eine Reihe interkultureller Arbeiten, die Kulturen als klar definierbare und nationsbezogene Größen denken (vgl. Arbeiten im Bereich des interkulturellen Managements [z.B.: Hofstede 1994 oder Lewis 2006]). Doch wurde Interkulturalität auch als dynamischer Begegnungsraum zwischen kulturell vielfach verorteten Menschen definiert, die sich durch die Begegnung mit anderen Menschen verändern, wobei sich ihre Ansichten mit jenen des Gegenübers vermischen (vgl. z.B.: Hofmann 2006:12; Terkissidis 2010:130 ff.).

Bedenklich finde ich an Welsch, dass er Interkulturalität als einheitliches Paradigma abqualifiziert, um dem eigenen Begriff klare Konturen zu geben. Welsch handelt damit in einer Form, die seinen Grundsätzen von *Transkulturali-*

tät widerspricht, nach denen kulturelle Vielfalt anerkannt und klar trennende Grenzen vermieden werden sollen. Mit anderen Worten, die Heterogenität von Interkulturalität wird eliminiert, um eine klare Grenze zur eigenen Position zu ziehen. Dazu kommt bei Welsch auch eine Homogenisierung von *Transkulturalität*, die von ihm als einseitig positives Phänomen vorgestellt wird. Welsch bedient sich somit selbst entgegen seiner Absichten einer binären Gegenüberstellung. Wie bereits angesprochen wirft Welsch Machtkritikern vor, mit ihren pauschal und neutral gehaltenen Analysen Diskursmacht auszuüben. Dieser Vorwurf lässt sich allerdings gegen Welsch selbst richten. Er disqualifiziert Interkulturalität in pauschaler Weise, vereinheitlicht Standpunkte zu seinen Gunsten, präsentiert sich als ‚Realist' bzw. objektiver Beobachter aktueller Gesellschaftsprozesse und stellt die Begrenztheit der eigenen Position nicht in Frage.

Damit ist nicht gesagt, dass interkulturelle Positionen von transkulturellen Ansätzen nicht lernen können. Der verstärkte Fokus auf Globalisierung und Hybridisierung bietet der Kulturdidaktik insgesamt die Möglichkeit, ihr Verstehen in diesen Bereichen zu schärfen und weiter zu entwickeln. Auch sind jene, die sich der Interkulturalität verpflichtet fühlen, dazu aufgefordert, Welschs Kritik an ihrem Denken ernst zu nehmen. Dabei zeigt sich, dass die Kritik an interkulturellen Ansätzen sowohl zurückzuweisen aber auch als berechtigt anzuerkennen ist. Letzteres gilt auch für zentrale Arbeiten innerhalb der interkulturellen Fremdsprachendidaktik. Ich denke hier zum Beispiel an Michael Byrams *Teaching and Assessing Intercultural Competence*, wo kulturelles Wissen vornehmlich auf länder- und nationenspezifisches Wissen beschränkt bleibt und die Nation als räumlich begrenzte Größe den zentralen Referenzpunkt bildet (vgl. Byram 1997:51 ff.).

3.2   *Transkulturalität und Hermeneutik*

Welsch stellt die philosophischen Grundlagen interkulturellen Lernens in Frage, indem er die „heutige Hermeneutik als ungeeignetes Instrument" für das Verstehen aktueller Problemlagen bezeichnet, zumal die Hermeneutik seines Erachtens zwischen dem Eigenen und dem Fremden klar trennt und das Fremde als nicht verstehbar erachtet (vgl. Welsch 2009:7). Welsch plädiert dem gegenüber für ein Kulturverstehen, das im scheinbar Anderen eigene Anteile entdeckt, wobei sich aufgrund einer fortschreitenden Transkulturalisierung die Anzahl gemeinsamer Bezugspunkte erhöht und eine klare Trennung zwischen eigen und fremd unmöglich wird. Welsch ist nicht der/die Einzige, der/die aus transkultureller Perspektive eine fundamentale Kritik an der Hermeneutik vorbringt (vgl. z.B.: Banerjee 2011:32 ff.), bzw. den Gegensatz zwischen Eigenem und Fremden überwinden will (vgl. Doff/Schulze-Engler 2011:1). Diese Einschätzung der Hermeneutik lässt sich allerdings bei genauerer Betrachtung nicht bestätigen. Ja, ich betrachte sie als hoch problematisch, weil dadurch ein reicher Fundus an relevantem Wissen verloren gehen kann.

Es stimmt, dass die interkulturelle Fremdsprachendidaktik ihre Vorstellungen von Verstehen und Verständigung wiederholt hermeneutisch begründet hat, wobei sich *Eigenes* und *Anderes* als zentrale Begriffe etabliert haben. Bei der Verwendung dieser Begriffe zeigt sich aber keineswegs ein einheitliches Bild. Welschs Kritik trifft durchaus ins Schwarze, wenn etwa Hans Hunfeld (1990: 170) vermerkt, dass „die Andersartigkeit des Fremden [...] vom eigenen Verstehen nicht erfasst werden kann". Dieser Position wird aber im Rahmen interkultureller Debatten etwa von der Giessener Schule entschieden widersprochen (vgl. Bredella/Christ/Legutke 1997:13-14). Lothar Bredella und Herbert Christ (1994:11) bzw. Lothar Bredella (2010:141-143) denken *eigen* und *fremd* als relationale, subjekt- und standpunktabhängige Begriffe, die sich im Verstehen des Gegenübers verwandeln können. Wenn daher Sabine Doff und Frank Schulze-Engler (2011:10) an Britta Freitag-Hilds (2011) transkultureller Position hervorheben, dass diese „'self' and 'other' as subjective, dynamic and relational categories" versteht, so bricht hier Freitag-Hild, die in Giessen promoviert hat, keineswegs mit einer interkulturellen und hermeneutischen Tradition, sondern setzt sie im Lichte transkultureller Arbeiten vielmehr fort.

Diese Hermeneutik, die auf Gadamer aufbaut, betrachtet Verstehen stets als kontextuell situiert und an konkrete Verstehenssubjekte gebunden. Ferner ist für diesen Ansatz Verstehen immer nur begrenzt möglich, aber über die Begegnung mit anderen Standpunkten erweiterbar. Verstehenserweiterung ist hierbei mit einem Vermischen von Standpunkten verbunden, wobei sich die Interaktionspartner in einem offenen Interaktionsprozess wechselseitig bereichern können. Verstehen beinhaltet aber auch ein Nichtübereinstimmen mit anderen Sichtweisen und Abgrenzung im Interesse eigener Positionalität, wobei aber Ablehnung und Abgrenzung in Anbetracht der Begrenztheit von Verstehen stets als für Revision offen gedacht werden. Dies steht durchaus im Einklang mit einer transkulturellen Position, wie sie Heinz Antor (2006:34) vorschlägt, wobei er Abgrenzung als notwendig für das Entwickeln einer eigener Position und diese wiederum als Voraussetzung für das Ausbilden eines (selbst)kritischen Bewusstseins betrachtet.

Auch werden Kulturen von dieser Hermeneutik keineswegs als homogene sondern als von „Spannungen und Konflikte[n]" geprägte Gebilde gesehen, wobei die Einzelperson sich *nicht* auf *eine* kulturelle Identität (vgl. Bredella 2010: 138-139) bzw. in Anbetracht ihrer einzigartigen Biographie auf kollektive Positionen reduzieren lässt (vgl. Delanoy 2011). Ferner haben sich Vertreter einer Hermeneutik nach Gadamer dem Machtaspekt verstärkt geöffnet und einen Dialog mit machtkritischen Ansätzen gesucht (vgl. Kögler 1992; Delanoy 2002:insb. III. Kapitel). Damit sei auch Graham Huggans (2006:57-58) Kritik an der interkulturellen Hermeneutik widersprochen, der er pauschal ein essentialistisches Kulturverständnis und das Fehlen einer machtkritischen Perspektive unterstellt.

Eine Hermeneutik nach Gadamer ist somit keineswegs ungeeignet für das Erfassen aktueller Problemlagen. Sie basiert auf philosophischen Fundamenten, die absoluten Standpunkten und damit verbunden einem monolithischen Denken eine klare Absage erteilen. Ihre Vorstellung von Verstehen sieht ein Vermischen von Standpunkten vor und verlangt aufgrund des Bekenntnisses zur Begrenztheit von Verstehen nach einer (selbst)kritischen Prüfung eigener und anderer Positionen, wobei *eigen* und *fremd* stets als relationale Größen zu betrachten sind. Schließlich haben Ansätze, die auf dieser Hermeneutik aufbauen, sich im Lichte machtkritischer Arbeiten weiterentwickelt.

4   Transkulturelle Didaktik als radikal neuer Weg?

Welsch lehnt Interkulturalität und Hermeneutik pauschal ab und plädiert für einen radikalen Paradigmawechsel. Diesem Programm folgend können Interkulturalität und Hermeneutik zu einem Erfassen der gegenwärtigen Verfasstheit von Kultur nicht beitragen. Daraus lässt sich folgern, dass es wenig Sinn macht, sich mit dieser obsolet gewordenen Denkhaltung weiter zu befassen. Was passiert nun, wenn die Sprach- und Kulturdidaktik Welsch folgt und eine konstruktive Beschäftigung mit Interkulturalität weitgehend ausklammert? Dieser Frage sei anhand eines 2011 erschienen Sammelbandes mit dem Titel *Beyond ‚Other Cultures‘: Transcultural Perspectives on Teaching the New Literatures in English* nachgegangen. Dieser Band wurde von Sabine Doff und Frank Schulze-Engler herausgegeben.

Betrachtet man den Titel des Bandes (*Beyond ‚Other Cultures‘*), so wird eine neue Perspektive versprochen, die der Vorstellung von *anderen* Kulturen eine Absage erteilt. So halten Doff & Schulze-Engler (2011:1) fest, dass die Idee von „other cultures" ungeeignet ist, um den Herausforderungen in einer globalen Moderne gerecht zu werden. Nun ist *other* im Titel mit Anführungszeichen versehen, was den Eindruck erweckt, dass Autorin und Autor hier eine spezifische Vorstellung vom *Anderen* vor Auge haben. Dies ist auch der Fall, zumal die beiden in der Folge anmerken, dass ein Festhalten an „absolute cultural differences" und „essentialist binary oppositions between one's own culture and [...] ‚other cultures'" ein Verstehen von Globalisierungsprozessen nicht erlaubt.

Nun ist das Andere nicht notwendigerweise radikal anders. Es fehlt mir hier an einer begrifflichen Klarstellung, die verschiedene Vorstellungen vom Eigenen und Anderen zur Diskussion stellt. So sind Vorstellungen, wo die beiden Begriffe als relational und vorläufig betrachtet werden, von jenen Konzepten zu unterscheiden, wo im Sinne einer „otherization" (vgl. Holliday, Hyde & Kullmann 2004:93ff.) bzw. eines „othering" (vgl. Ashcroft 2011:17) eine strikte Abgrenzung gegenüber und Ausgrenzung von anderen Standpunkten erfolgt. Doff & Schulze-Engler sind somit gegen eine *otherization*, was auch im Sinne einer hermeneutisch ausgerichteten interkulturellen Kulturdidaktik ist. So verstanden würde ein Titel wie *Beyond Otherization* dem Anliegen der beiden besser entsprechen. Ein solches Anliegen ist aber nichts Neues, bzw. es baut auf bestehenden Positionen auf.

Ein Außerachtlassen interkultureller Positionen hermeneutischer Prägung führt ferner dazu, dass deren Errungenschaften scheinbar neu entdeckt werden. So stellt für Ashcroft (2011:18ff.) die Kontaktzone bei der Lektüre von Texten einen transkulturellen Raum dar, weil sich hier Standpunkte auflösen und vermischen bzw. im Miteinander neue Bedeutungen geschaffen werden. Damit ist ein zentrales Theorem der Iserschen Rezeptionsästhetik angesprochen, die auf Gadamers Hermeneutik aufbaut. Nun geht Ashcroft über Iser hinaus, indem er den Kontext der Begegnung und damit verbunden den Machtaspekt verstärkt berücksichtigt. Wie schon erwähnt finden sich vergleichbare Entwicklungen aber auch in der Hermeneutik und in der fremdsprachlichen Literatur- und Kulturdidaktik.

In einem anderen Beitrag in *Beyond ‚Other Cultures'* bringt Sophie Reiche (2011:83) eine transkulturelle Didaktik mit „confident and strong learner agency" in Verbindung. Wiederum ist diese Vorstellung nicht neu, da bereits Isers Rezeptionsästhetik und Bredellas Literaturdidaktik den/die Leser/in als unverzichtbare bedeutungsschaffende Instanz denken. Auf diesen Positionen aufbauend habe ich 1993 in einem Aufsatz (*Come to Mecca*) eine Leser- und Lernerrolle vorgestellt, die ein hohes Maß an Leserbeteiligung vorsieht, ja den/die Leser/in bzw. Lerner/in zum ‚Helden' dieser Geschichte macht, weil er/sie jene Perspektive finden kann, die den Protagonisten fehlt, um miteinander in einen konstruktiven Dialog zu treten. Nun kann man argumentieren, dass ‚starke' und ‚selbstbewusste' Leser/innen in der Lage sind, anderen Standpunkten widerständig zu begegnen und dass dieser Aspekt in der hermeneutischen Literatur- und Kulturdidaktik zu kurz gekommen ist. Doch zeigen etwa Lother Bredellas „Überlegungen zum guten Leser" (vgl. Bredella 2002:59-63) und mein Bestreben, Hermeneutik und Ideologiekritik zu verknüpfen (vgl. Delanoy 2002:Kapitel III), dass eine solche Perspektive auch in der hermeneutischen Didaktik eine wichtige Rolle spielt.

Abschließend sei darauf verwiesen, dass - anders als Welsch - Doff und Schulze-Engler nicht beabsichtigen, interkulturelles Lernen durch einen transkulturellen Ansatz zu ersetzen. Vielmehr streben sie eine Transformation interkulturellen Lernens an, um Kulturen nicht mehr als separate Entitäten sondern als „fluid cluster of different individual practices" erfahrbar zu machen (vgl. Doff & Schulze-Engler 2011a:7). Wie Doff und Schulze-Engler betrachte ich das Recht auf Individualität sowie ein Verflüssigen binären Denkens als zentrale Ziele für die Kulturdidaktik, ob sie sich nun als interkulturell oder als transkulturell versteht. Es erscheint mir aber als zu einseitig, nur mehr von Verflüssigung und individuellen Praktiken zu sprechen.

In der Soziologie wird Globalisierung mit einer „fluid modernity" in Verbindung gebracht, wo nichts seine Gestalt lange halten kann und das Individuum für sein Heil zunehmend verantwortlich wird (vgl. Bauman 2004:4ff.). Zygmunt Bauman (ibid.:7) oder Arjun Appadurai (1998:25) betonen daher, dass im gegenwärtigen Bildungswesen gerade wegen der zuvor genannten Entwicklungen dem Ausbilden eines (selbst)kritischen Habitus und der Gemeinschaftsbildung besondere Bedeutung zukommt. Ein (selbst)kritischer Habitus ist – wie schon erwähnt - an das Entwickeln einer eigenen Position gebunden und damit verbundene Anliegen lassen sich gesellschaftlich nur mit Hilfe von Kollektiven durchsetzen. Als bloß verflüssigtes Individuum wäre der/die Einzelne überfordert, einem neoliberalen System entgegenzutreten, das ein instabiles und auf sich allein gestelltes Selbst benötigt, um seine Interessen mit möglichst wenig Widerstand durchzusetzen. Eine zeitgemäße und kritische Kulturdidaktik braucht daher weiterhin Vorstellungen von Gemeinschaft, wie immer diese auch im Lichte neuer technologischer und gesellschaftlicher Entwicklungen aussehen mögen, um junge Menschen beim Finden und Durchsetzen ihrer Interessen zu unterstützen.

5   Ausblick

Aus der Perspektive einer hermeneutischen Kulturdidaktik, wie ich sie zuvor skizziert habe, macht ein Paradigmawechsel von der Inter- zur Transkulturalität wenig Sinn. Ja, die - zweifelsohne wichtigen – inhaltlichen Anliegen transkultureller Ansätze lassen sich mit den theoretischen Fundamenten interkulturellen Lernens durchaus vermitteln, ohne dass eine fundamentale Neuorientierung erforderlich wird. Selbst auf den Begriff der Transkulturalität kann aus dieser Perspektive weitgehend verzichtet werden, zumal Begriffe wie Transnationalität, Hybridisierung, „otherization" oder Transbinarität zentrale Konstituenten transkulturellen Denkens sogar präziser bezeichnen.

Andererseits hat sich der Begriff der Transkulturalität trotz seines unterschiedlichen Gebrauchs und seiner Unschärfe insofern als weiterführend erwiesen, als er einer lebendigen Debatte als Bezugspunkt dient, wo über eine zeitgemäße Kulturdidaktik nachgedacht wird, und Zusammenhänge von Globalisierung, Hybridisierung und Friedenserziehung aus verschiedenen Perspektiven zur Diskussion gestellt werden. Aus diesem Blickwinkel macht es sehr wohl Sinn, den Begriff in das Zentrum aktueller kulturdidaktischer Debatten zu stellen. Allerdings erscheint mir eine klare Distanzierung von Welschs Position notwendig, damit Transkulturalität sich als differenziertes und (selbst)kritisches Konzept etablieren kann.

Die hermeneutische Sprach- und Kulturdidaktik bekennt sich zu einem Dialog, wo das Gegenüber das eigene Denken herausfordert und weiterentwickeln hilft. In diesem Sinne haben Doff und Schulze-Engler (2011:7) Recht, wenn sie betonen, dass interkulturelles Lernen im Lichte transkultureller Positionen transformiert werden kann. Ja, eine Transformation im Lichte des Gegenübers ist ein wesentliches Konstitutiv dieser Hermeneutik. Transformiert werden aber umgekehrt auch transkulturelle Positionen, wenn sie sich auf eine interkulturelle Tradition hermeneutischer Prägung wirklich einlassen und sich in deren Lichte selbstkritisch hinterfragen. Der vorliegende Beitrag will in diese Richtung Wege öffnen, um einen Dialog zwischen den Positionen zu fördern, der dem gemeinsamen Anliegen – einer zeitgemäßen Kulturdidaktik – möglichst dienlich ist.

Literatur

Antor, Heinz: Multikulturalismus, Interkulturalität und Transkulturalität, Perspektiven für interdisziplinäre Forschung und Lehre. In: Antor; Heinz: Inter- und Transkulturelle Studien, Theoretische Grundlagen und interdisziplinäre Praxis, Heidelberg, 2006, 25-39.

Antor, Heinz: Inter- und Transkulturelle Studien, Theoretische Grundlagen und interdisziplinäre Praxis, Heidelberg, 2006.

Appadurai, Arjun: Modernity at Large, Cultural Dimensions of Globalization, Minneapolis & London, 1998.

Ashcroft, Bill: Reading the Other, Constitutive Transculturality in a Hong Kong Classroom. In: Doff, Sabine/Schulze-Engler, Frank (Hrsg.): Beyond 'Other Cultures', Transcultural Perspectives on Teaching the New Literatures in English, Trier, 2011, 17-30.

Banerjee, Mita: Fremdverstehen Meets Indo Chic. In: Doff, Sabine/Schulze-Engler, Frank (Hrsg.): Beyond 'Other Cultures', Transcultural Perspectives on Teaching the New Literatures in English, Trier, 2011, 31-46.

Bauman, Zygmunt: Liquid Modernity, Oxford, 2000.

Beck-Gernsheim, Elisabeth: Wir und die Anderen, Frankfurt/M., 2007.

Bredella, Lothar: Literarisches und interkulturelles Verstehen, Tübingen, 2002.

Bredella, Lothar: Das Verstehen des Anderen, Kulturwissenschaftliche und literaturdidaktische Studien, Tübingen, 2010.

Bredella, Lothar/Christ, Herbert: Didaktik des Fremdverstehens im Rahmen einer Theorie des Lehrens und Lernens fremder Sprachen. In: Bredella, Lothar/Christ, Herbert (Hrsg.): Didaktik des Fremdverstehens, Tübingen, 1994, 8-19.

Bredella, Lothar/Christ, Herbert/Legutke, Michael: Einleitung. In: Bredella, Lothar/Christ, Herbert/Legutke, Michael (Hrsg.): Thema Fremdverstehen, Tübingen, 1997, 11-33.

Bredella, Lothar/Delanoy, Werner: Einleitung, Was ist interkultureller Fremdsprachenunterricht? In: Bredella, Lothar/Delanoy, Werner (Hrsg.): Interkultureller Fremdsprachenunterricht, Tübingen, 1999, 11-31.

Bredella, Lothar/Delanoy, Werner (Hrsg.): Interkultureller Fremdsprachenunterricht, Tübingen, 1999.

Breinig, Helmbrecht/Lösch, Klaus: Introduction, Difference and Transdifference. In: Breinig, Helmbrecht/Gebhardt, Jürgen/Lösch, Klaus (Hrsg.): Multiculturalism in Contemporary Societies, Perspectives on Difference and Transdifference, Erlangen, 2002, 11-36.

Byram, Michael: Teaching and Assessing Intercultural Communicative Competence, Clevedon, 1997.

Delanoy, Werner: 'Come to Mecca?', Assessing a Text's Potential for Intercultural Learning. In: Delanoy, Werner/Köberl, Hans/Tschachler, Heinz (Hrsg.): Experiencing a Foreign Culture, Tübingen, 1993, 275-299.

Delanoy, Werner: Fremdsprachlicher Literaturunterricht, Theorie und Praxis als Dialog, Tübingen, 2002.

Delanoy, Werner: Transculturality and (Inter-)cultural Learning. In: Delanoy, Werner/Volkmann, Laurenz (Hrsg.): Cultural Studies in the EFL Classroom. Heidelberg, 2006, 233-248.

Delanoy, Werner: Do We Really Need Transculturality as a Concept for Cultural Learning? In: Vasta, Nicoletta/Riem, Antonella/Bertoluzzi, Maria/Saidero, Deborah (Hrsg.): Identities in Transition in the English-Speaking World, Udine, 2011, 277-290.

Delanoy, Werner: From 'Inter' to 'Trans'? Or: Quo Vadis Cultural Learning? In: Eisenmann, Maria/Summer, Theresa (Hrsg.): Basic Issues in EFL Teaching and Learning. Heidelberg, 2012, 157-167.

Doff, Sabine/Schulze-Engler, Frank: Beyond 'Other Cultures', Introduction. In: Doff, Sabine/Schulze-Engler, Frank (Hrsg.): Beyond 'Other Cultures', Transcultural Perspectives on Teaching the New Literatures in English, Trier, 2011, 1-14.

Doff, Sabine/Schulze-Engler, Frank (Hrsg.): Beyond 'Other Cultures', Transcultural Perspectives on Teaching the New Literatures in English, Trier, 2011.

Featherstone, Mike/Lash, Scott (Hrsg.): Spaces of Culture, City, Nation, World, London, Thousand Oaks, New Dehli, 1999.

Freitag-Hild, Britta: Searching for New Identities, Inter- and Transcultural Approaches to Black and Asian British Literature and Film. In: Doff, Sabine/Schulze-Engler, Frank (Hrsg.): Beyond 'Other Cultures', Transcultural Perspectives on Teaching the New Literatures in English, Trier, 2011, 65-78.

Friedman, Jonathan: The Hybridization of Roots and the Abhorrence of the Bush. In: Featherstone, Mike/Lash, Scott (Hrsg.): Spaces of Culture, City, Nation, World, London, Thousand Oaks, New Dehli, 1999, 230-256.

Gupta, Akhil/Ferguson, James (1992): Beyond 'Culture', Space, Identity, and the Politics of Difference. In: Cultural Anthropology 7 (1), 1992, 6-23.

Hannerz, Ulf: Transnational Connections, Culture, People, Places, London, 1996.

Hofmann, Michael: Interkulturelle Literaturwissenschaft, Eine Einführung, München, 2006.

Hofstede, Geert: Cultures and Organizations, Intercultural Cooperation and its Importance for Survival, London, 1994.

Holliday, Adrian/Hyde, Martin/Kullmann, John: Intercultural Communication, An Advanced Resource Book, London/New York, 2004.

Hu, Adelheid: Identität und Fremdsprachenunterricht in Migrationsgesellschaften. In: Bredella, Lothar/Delanoy, Werner (Hrsg.): Interkultureller Fremdsprachenunterricht, Tübingen, 1999, 209-239.

Huggan, Graham: Derailing the ‚Trans'? Postcolonial Studies and the Negative Effects of Speed. In: Antor, Heinz: Inter- und Transkulturelle Studien, Theoretische Grundlagen und interdisziplinäre Praxis, Heidelberg, 2006, 55-61.

Hunfeld, Hans: Literatur als Sprachlehre, Ansätze eines hermeneutisch orientierten Fremdsprachenunterrichts, Berlin/München, 1990.

Kögler, Hans-Herbert: Die Macht des Dialogs, Kritische Hermeneutik nach Gadamer, Foucault und Rorty, Stuttgart, 1992.

Kramsch, Claire: Context and Culture in Language Teaching, Oxford/New York, 1993.

Lewis, Richard D.: When Cultures Collide. Leading Across Cultures, Boston/London, 1996.

Loomba, Ania: Colonialism/Postcolonialism, London, 1998.

Pieterse, Jan Nederveen: Der Melange-Effekt, Globalisierung im Plural. In: Beck, Ulrich. (Hrsg.): Perspektiven der Weltgesellschaft, Frankfurt a.M., 1998, 87-124.

Pratt, Mary Louise: Arts of the Contact Zone. In: Professions 91, 1991, 33-40.

Pratt, Mary Louise: Imperial Eyes, Travel Writing and Transculturation, London, 1992.

Reiche, Sofie: The Transcultural Approach in the Foreign Language Classroom: Teaching Octavia Butler's Kindred. In: Doff, Sabine/Schulze-Engler, Frank (Hrsg.): Beyond 'Other Cultures', Transcultural Perspectives on Teaching the New Literatures in English, Trier, 2011, 79-96.

Saal, Britta: Kultur in Bewegung, Zur Begrifflichkeit von Transkulturalität. In: Mae, Michiko/Saal, Britta. (Hrsg.): Transkulturelle Genderforschung, Ein Studienbuch zum Verhältnis von Kultur und Geschlecht, Wiesbaden, 2007, 21-36.

Terkissidis, Mark: Interkultur, Frankfurt a.M., 2010.

Volkmann, Laurenz: Aspekte und Dimensionen interkultureller Kompetenz. In: Volkmann, Laurenz/Stierstorfer, Klaus/Gehring, Wolfgang (Hrsg.): Interkulturelle Kompetenz, Konzepte und Praxis des Unterrichts, Tübingen, 2000, 11-48.

Volkmann, Laurenz: The ‚Transcultural Moment' in English as a Foreign Language. In: Doff, Sabine/Schulze-Engler, Frank (Hrsg.): Beyond 'Other Cultures', Transcultural Perspectives on Teaching the New Literatures in English, Trier, 2011, 113-128.

Wachinger, Tobias A.: Posing in Between, Postcolonial Englishness and the Commodification of Cultural Hybridity, Frankfurt a.M., 2003.

Welsch, Wolfgang: Transculturality, The Puzzling Form of Cultures Today. In: Featherstone, Mike/Lash, Scott (Hrsg.): Spaces of Culture, City, Nation, World, London, Thousand Oaks, New Dehli, 1999, 194-213.

Welsch, Wolfgang: Auf dem Weg zu transkulturellen Gesellschaften. In: Allio-Näcke, Lars/Kalscheuer, Britta/Manzeschke, Arne (Hrsg.): Differenzen anders denken. Bausteine zu einer Kulturtheorie der Transdifferenz, Frankfurt a. M., 2005, 314-341.

Welsch, Wolfgang: Was ist eigentlich Transkulturalität?, 2009, 1-16, http://www2.uni-jena.de/Welsch/tk-1.pdf/accessed: 20.02.2012.

Werbner, Pnina: Introduction, The Dialectics of Cultural Hybridity. In: Werbner, Pnina/Modood, Tariq (Hrsg.): Debating Cultural Hybridity, Multi-Cultural Identities and the Politics of Anti-Racism, London/New Jersey, 1997, 1-27.

Die Abkehr vom Differenzdenken:
Transkulturelles Lernen und *global education*
Laurenz Volkmann

Abstract

Mit dem gegenwärtig sich in der Fremdsprachendidaktik ausdifferenzierenden Diskurs der Transkulturalität bahnt sich eine radikale Veränderung gegenüber den in den Kultur- und Literaturwissenschaften (und ihren Didaktiken) etablierten Paradigmen von Differenz und Diversität an. Dabei erscheinen die hier kritisch erörterten postmodernen Elemente von Transkulturalität noch recht unverbunden mit verwandten Didaktikkonzepten – wie etwa mit den seit der Jahrtausendwende stark geförderten Ansätzen der *global education*, zu denen neuerdings auch Richtungen der *ecodidactics* gehören. Der Beitrag beschreibt daher signifikante Berührungspunkte zwischen diesen philosophisch-hermeneutischen und pädagogisch-didaktischen Richtungen und verweist zugleich auf Gefahren einer ideologischen Positionierung der sich entfaltenden Paradigmen.

1   Kritik am „Universalismus": Kulturkritische Positionen der 1980er und 1990er Jahre

Die anhaltende Konjunktur transkultureller Konzepte in den Literatur- und Kulturwissenschaften sowie in pädagogisch-didaktischen Diskursen lässt sich zweifellos unter dem oft strapazierten Begriff des Paradigmenwechsels subsumieren. Transkulturelle Diskurse deuten auf Überwindungs- und Aufhebungsprozesse hin – Durchdringung, Auflösung und Überschreiten bisher etablierter Binarismen und Oppositionen. Sie verweisen auf die Ablösung eines spätestens seit der Studentenrevolte und bis in die 1980er und 1990er Jahre hinein etablierten Paradigmas in den Geisteswissenschaften und den ihnen affinen Fächern, welches vor allem von Differenz, Diversität und Pluralismus geprägt war. Die viele Jahrzehnte virulent propagierten Theorien postmoderner, poststrukturalistischer und dekonstrutivistischer Couleur schlugen sich in der Dominanz der so genannten *race, class and gender studies* nieder. Sie fanden ihren markanten Ausdruck in den *identity politics* und in dem von konservativen Kritikern beklagten ideologisierten Kult der *political correctness*.

Gepflegt wurde dieses Differenzdenken zwar auch in europäischen Bildungseinrichtungen; manifest wurde es jedoch vor allem in den *culture wars* der USA. Dort entzweit die Frage, inwiefern beispielhaft Themen wie ethnische Herkunft oder sexuelle Ausrichtung bildungspolitische Inhalte und Herangehensweisen bestimmen sollten, weiterhin nicht allein das US-amerikanische Bildungswesen, sondern das gesamte Gesellschaftsgefüge – wie bei den letzten Präsidentschaftswahlen offenkundig wurde. Der deutsche Amerikanist Peter

Freese hat die polarisierenden Tendenzen der *culture wars* am Beispiel der Debatte um den Literaturkanon an Universitäten und Schulen wie folgt zusammengefasst:

> The debate owes most of its theoretical framework to French deconstructionism with its radical critique of the structural exclusivity of Western culture and its convictions that reality cannot be objectively defined since everything is finally textual and that there is not truth but only discourse, [...] whereas its political implications hark back to the campaigns of the late sixties for 'identity politics,' that is, to the sundry movements for black nationalism, diverse ethnic revivals, women's rights, and gay and lesbian liberation. But the canon debate soon became part of a wider, and increasingly ferocious, controversy that was fought under the twin battle cries of *multiculturalism* and *political correctness* and spread from the groves of academe to national magazines, TV talk-shows, and the halls of Congress. [...] It is a small step from the canon to school and university curricula, and since the latter are the major transmitters of what a society considers its national heritage, the canon debate expanded even further into an increasingly militant controversy about nothing less than the definition of the cultural heritage and, thus, the national identity of the United States. (Freese 1996: 159f.)

Race, class and gender studies bestimmten zunehmend – in unterschiedlicher Ausformung – gleichfalls die deutschen Geisteswissenschaften und ihre literatur- und kulturdidaktischen Vertreter. Sie manifestierten sich beispielsweise in den anhaltenden Forderungen nach einer gendergemäßen Revision des Literaturkanons im Englischunterricht. Auf theoretischer Ebene kam es vor allem von Vertretern der hermeneutischen oder rezeptionsästhetischen Schule zur Auseinandersetzungen mit den neuen Theorien zur Differenz (vgl. etwa Bredella 1994). Virulent wurde die Debatte, ob die in der Hermeneutik vorherrschende Vorstellung einer gemeinsamen, anthropologisch konstanten Verstehensgrundlage zwischen (deutschem) Leser und (fremdsprachlichem) Text oder zwischen Akteuren unterschiedlicher kultureller Herkunft als Kernvoraussetzung einer gemeinsamen Horizontverschmelzung (Gadamer) bzw. bei der Annäherung oder dem „Verhandeln" von kulturellen Mustern weiterhin Bestand haben kann (vgl. die Diskussion bei Bredella 1995, Freese 1996, Volkmann 1999). Infrage gestellt wurde dabei die dem Humanismus und der europäischen Aufklärung verpflichtete Grundprämisse, dass interpersonelle Werte *kulturübergreifend* existieren bzw. zu gelten haben. Vertreter einer an Gadamer orientierten Hermeneutik bzw. einer humanistischen Geisteshaltung sahen sich dabei einer fundamentalen Kritik an „universalistischen" Vorstellungen ausgesetzt. Letztlich, so die kulturkritische Position, seien Vorstellungen eines allgemein-menschlich gültigen Normen- und Wertekodexes und damit Aussagen über die „conditio humana" (in welche z.B. unterrichtliche Interpretationen literarischer Texte tendenziell mündeten) bei näherer, dekuvrierender Analyse vor allem ein Produkt bestimmter hegemonialer Diskursstrukturen. Sie dienten, je nach Schärfe eines an Foucault und anderen Kulturkritikern orientierten kritisch- dekonstruktivistischen Entlarvungsdiskurses im Wesentlichen bzw. in letzter Instanz westlichen, bourgeoisen, männlichen, logozentrischen, phallogozentrischen und androzentrischen Unrechtsverhältnissen (vgl. für einen Überblick Mills 1997). Sie spiegelten hierarchische Asymmetrien und Ungleichheiten und zeichneten sich durch Exklusions- und Unterdrückungsmechanismen aus. Jeder Akt des Fremdverstehens stand damit unter dem Generalverdacht, offen oder verdeckt lediglich kulturelle Appropriation oder Fehl- und Missdeutung darzustellen (Bredella 1995, Freese 1996). In seinen extremsten Formen postulierte die Differenzideologie, dass nur die jeweiligen Angehörigen einer Minorität oder eines Geschlechts die Texte und Äußerungen ihrer Community verstehen könnten oder dürften – dies wiederum führte zu der Replik aus dem Lager der Hermeneutik, dass einer derart exkludierenden Logik gemäß nur Blinde die späten Texte des englischen Klassikers und während des Verfassens des Epos *Paradise Lost* erblindeten Schriftstellers John Milton rezipieren dürften (Bredella 1995).

Die Debatte um die Existenz universaler, interkulturell gültiger Kulturwerte und anthropologischer Konstanten konnte bisher nicht zufriedenstellend aufgelöst werden. Erst das Konzept der Transkulturalität deutete in der Literatur- und Kulturwissenschaft und bei ihren didaktischen Vertretern die Entfaltung einer radikal veränderten Denkrichtung an.

2 Fremdsprachendidaktik und Transkulturalität

Insgesamt scheint der Begriff der transkulturellen Kompetenz für die gesamte Fremdsprachendidaktik des Faches Englisch eine sich geradezu sachlogisch aus den Debatten der letzten Jahrzehnte ergebende Neuausrichtung vorzugeben (Antor 2006, Antor et al. 2010, Doff, Schulze-Engler 2011). Galten die Vorstellungen der Vermittlung von rein faktenbezogenen landeskundlichen Wissensbeständen schon seit langem als obsolet, so standen bei der Konzeptualisierung des interkulturellen Lernens bzw. der interkulturellen kommunikativen Kompetenz noch lange Jahre implizit überholte Vorstellungen von linguistisch reinem Englisch, fest umrissenen Zielkulturen und mehr oder weniger kulturell homogen konzipierten Akteuren interkultureller Kommunikationssituationen im Raum. Erst seit den 2000er Jahren lösen sich festere Vorstellungen hier sukzessive auf. Im Zuge der Globalisierung, der Ausbreitung des Englischen als internationale Verkehrssprache, der Auflösung einer historisch bedingten Fokussierung auf die „Kernkulturen" Großbritannien und USA, der Ausweitung auf die so genannten „neuen englischsprachigen Kulturen" und schließlich auch auf Kulturen und

Regionen, in denen Englisch als Lingua franca bedeutsam erscheint, lösen sich Vorstellungen der Dominanz des (britischen oder amerikanischen) *native speaker* auf. Kulturen erschienen nicht länger als feste Entitäten und Individuen verloren ihre Definition als von einem klar definierbaren kulturellen Kontext geformte Sozialwesen. Fremdsprachenlernende bewegen sich vielmehr – so die neue Vorstellung – als kulturell komplex beeinflusste Konstrukteure in globalen und fluiden Kontexten (Delonoy 2011). Kulturen transformieren sich von der Vorstellungen eines fest umrissenen Containers zu sich immerfort verwandelnden Kosmen, deren Angehörige auf globaler wie lokaler Ebene so genannte *global issues* der „Weltrisikogesellschaft" (Beck 2008) teilen (digital-technologische Herausforderungen, gerechte Geschlechterverhältnisse, Schutz und Bewahrung der natürlichen Ressourcen, Auseinandersetzung mit Fundamentalismus und Extremismus, vgl. Volkmann 2011).

Die – im Hegelschen Sinne – „Aufhebung" von Denkfiguren der Differenz und Diversität im neuen Paradigma der Transkulturalität lässt sich im Bereich der Fremdsprachendidaktik auf zwei miteinander oftmals wenig in Verbindung gebrachte Impulszentren zurückführen. Zum einen wird der didaktische Diskurs der Transkulturalität bestimmt von akademischen Theorien der postmodernen Philosophie (Welsch 1988) und ergibt sich aus soziologischen und anthropologischen Diskursen der Globalisierungsdebatte (z.B. bei Giddens 1991, Habermas 1998, Beck 2008). Als enorm einflussreich haben sich hier die mehrfach mit ähnlichem Tenor veröffentlichten Beiträge des Jenaer Philosophen Wolfgang Welsch erwiesen, die allerdings leider oftmals unkritisch als Beleg für die Notwendigkeit eines transkulturellen Ansatzes zitiert werden. Deshalb seien sie hier in aller Kürze gerade mit Blick auf ihre didaktischen Implikationen hin untersucht.

3   Postmoderne, Transkulturalität, Hybridität

Für eine abwägende Einschätzung der Konzeptualisierung von Transkulturalität bei Welsch ist bisher eher unbeachtet geblieben, dass der Kulturphilosoph Welsch zunächst als bedeutender deutschsprachiger Beschreiber und Verfechter der Postmoderne bedeutende Impulse für den kulturwissenschaftlichen und kulturdidaktischen Diskurs lieferte. Seine einflussreiche Studie *Unsere postmoderne Moderne* (2. Auflage 1988) konnte vor allem US-amerikanische Denkrichtungen der Postmoderne (Fiedler, Jameson) sowie andere Einflussrichtungen wie die des italienischen Semiotikers und Erfolgsautors Umberto Eco anhand von mannigfaltigen Fallbeispielen von der Literatur bis zur Architektur einem deutschen Publikum bekannt machen. Die Postmoderne erscheint umfassend beschrieben als eklektizistische Stilvermischung, Verschränkung von Elite- und

Massenkultur sowie – besonders hervorzuheben – als Impuls für die Herausbildung postmoderner Identitäten, welche sich von tradierten Ideologien und kulturellen, das Individuum beschränkenden Demarkationslinien lösen. Als *bricoleur* und Selbstoptimierer stellt das Ich sich nun im Supermarkt der unendlichen Sinnstiftungsmöglichkeiten je nach Verlangen, Bedürfnis und Zeitgeistlage flexibel und selbstbestimmt ein kulturell vielfältiges und multipel wandelbares Selbst zusammen. Während die bei Welsch beschriebene postmoderne Einfärbung von Individuen und Kulturen weitgehend eine sehr facettenreich beschriebene Tour d'Horizon seinerzeit bereits etablierter Diskurse darstellte, ist das von Welsch in seinen zahlreichen, sich stets sehr ähnelnden Beiträgen verfasste Konzept der Transkulturalität einerseits eine logische Weiterentwicklung seiner Ausführungen zur Postmoderne unter dem Vorzeichen einer akzelerierten Globalisierung, Mediatisierung und neoliberal ausgerichteten Ökonomisierung aller Lebensbereiche. Andererseits stellt es – zumal stark vom Globalisierungsdiskurs etwa bei Habermas oder Beck beeinflusst – einen originären Versuch dar, gegenwärtige globale Tendenzen im Denken und Handeln der Menschen zu beschreiben und in die Zukunft zu projizieren.

So führt Welschs Konzept der Transkulturalität im Grunde genommen postmoderne Axiome von Auflösung und Verflüssigung binärer Oppositionen in den Zeiten der Globalisierung fort. Zentral ist dabei die Abkehr von der Herderschen Vorstellung von Individuen und Gesellschaften als „abgeschlossene", abgegrenzte Entitäten. Drei konstitutive Elemente der tradierten Vorstellung fest umrissener nationaler Identität(en) lösen sich laut Welsch auf: „Soziale Homogenisierung, ethnische Fundierung und interkulturelle Abgrenzung" (Welsch 2000: 329). Die bisher in diesem Zusammenhang verwendeten Begriffe wie Interkulturalität und Multikulturalität würden damit ihre Wertigkeit und Bedeutung verlieren, beruhten sie doch auf falsch hypostasierten Binarismen. Welsch formuliert seine Kritik prägnant wie folgt:

> Meine Kritik am traditionellen Konzept der Einzelkulturen sowie den neueren Konzepten der Multi- und Interkulturalität lässt sich folgendermaßen resümieren: Wenn die heutigen Kulturen tatsächlich noch immer, wie diese Konzepte unterstellen, inselartig und kugelartig verfasst wären, dann könnte man das Problem ihrer Koexistenz und Kooperation weder loswerden noch lösen. Nun ist die Beschreibung heutiger Kulturen als Inseln bzw. Kugeln deskriptiv falsch und normativ irreführend. Unsere Kulturen haben de facto längst nicht mehr die Form der Homogenität und Separiertheit, sondern sind weitgehend durch Mischungen und Durchdringungen gekennzeichnet. Diese neue Struktur der Kulturen bezeichne ich, da sie über den traditionellen Kulturbegriff *hinaus-* und durch die traditionellen Kulturgrenzen wie selbstverständlich *hindurchgeht*, als *transkulturell*. (Welsch 2000:336-337, Hervorhebung im Orig.)

Prozesse von Vermischung und Durchdringung finden nun auf allen Ebenen statt: Auf dem Mikrolevel des Individuums, welches sich nicht mehr auf „reine" – oder sollte man sagen: „typische" – ein Leben lang festgeschriebenen Kategorien von Ethnizität, Gender, Nationalität, Regionalität, Schicht, Geschmack usw. reduzieren lässt; auf dem Makrolevel der Gesellschaft erscheinen Nationen, Regionen, aber auch Konzerne und Gemeinschaften jeglicher Art zunehmend als heterogene, von der Globalisierung aufgelöste Gebilde, imaginiert, konstruiert und stetigem Wandel ausgesetzt. Hinzu kommen nichtgesellschaftliche, nichtkulturelle transformative Kräfte mit Bezug auf Individuum wie Gesellschaft: technologischer Wandel, Veränderung und Bedrohung der Natur – überhaupt alles Nicht-Humane, Nicht-Gesellschaftliche gerät in den Fokus. Ergebnis ist die Auflösung fester Grenzen zwischen dem „Eigenen" und dem „Fremden": „Wir sind kulturelle Mischlinge", heißt es zum Individuum und entsprechend zitiert Welsch zustimmend einen Satz Edward Saids zur Hybridität von Kulturen: „‚Alle Kulturen sind hybrid; keine ist rein; keine ist identisch mit einem ‚reinen' Volk; keine besteht aus einem homogenen Gewebe.'" (Welsch 2000: 339 Diese stark affirmative Betonung des Hybriden stellt Welsch dabei in eine Reihe mit einflussreichen Hybriditäts-Theorien. Transkulturalität verbindet sich mit postkolonialen Theorien einer Mary Louise Pratt (1992) zur einerseits faszinierenden, andererseits stets auch von Dominanzstrukturen durchzogenen „contact zone" des interkulturellen Austauschs. Das Konzept der Transkulturalität zeigt auch Analogien zu Claire Kramschs (1993) Vorstellung des Klassenzimmers als „third space" und der Aufwertung des interkulturell kompetenten L2-Sprechers, der gegenüber dem *native speaker* gerade die doppelte Perspektive den „inbetween-space" der interkulturellen Begegnung vorzuweisen habe.

Damit wird klar: Konzepte der Hybridität und der Transkulturalität haben nicht allein bei Welsch zwei Stoßrichtungen. Einerseits scheinen sie neutral einen gegenwärtigen Ist-Zustand von Individuen und Kulturen zu beschreiben. Zugleich aber sind diese Theorien – teilweise versteckt, teilweise offen – stark normativ. Sie gehen über die reine Deskription kultureller Phänomene hinaus. Dies geschieht meines Erachtens in zweierlei Hinsicht: Zum einen erklären sie Phänomene, welche nur teilweise in industrialisierten und nur marginal in nicht-industrialisierten Gesellschaften zu erkennen sind, zu globalen Entwicklungstendenzen, die zudem einem inneren Automatismus folgend in eine unumkehrbare Teleologie münden. Zum anderen schaffen sie eine positive Normgebung des Ausgleichs, der Angleichung gerade derjenigen sozialen und kulturellen Eigenheiten, die traditionell als Widerstandsfaktoren bei der Annäherung zwischen Individuen und Kulturen fungierten. Mit anderen Worten, die spätestens im französischen Poststrukturalismus auftauchenden Forderung nach der Auflösung binärer Sinnstiftungsmuster im abendländischen Denken scheint nun im Zeitalter der Postmoderne und Transkulturalität sukzessive eine schöne neue Welt Wirklichkeit werden zu lassen, ohne Friktionen und Störfaktoren – ganz deutlich sind derartige transkulturelle Aspekte normgebend und zeigen Anzeichen einer interplanetaren Utopie.

Es erscheint nicht unwichtig, hier kurz vier wesentliche Kritikpunkte an transkulturellen Konzepten à la Welsch aufzuführen. Denn der Diskurs der Transkulturalität neigt dazu, in vereinnahmender Manier alle früheren Diskurse des Inter- oder Multikulturellen entweder für sich zu vereinnahmen oder diese als obsolet oder gar gefährlich (da noch auf Binarismen basierend) abzulehnen (vgl. etwa die Debatte zur Inter- und Transkulturalität, wie sie bei Delanoy 2011 komplex erörtert ist). (1) Die nach wie vor existierenden, von Individuen so empfundenen, durchaus auch freiwillig oder gezwungen erlebten kulturellen Differenzen erscheinen nur allzu leicht als vorübergehende Irritationen innerhalb des Entfaltungsprozesses der Globalisierung abgetan zu werden. Innerhalb dieser Globalisierungsteleologie wirken gegenwärtige kulturmächtige Phänomene wie soziale Tribalisierung, religiöser Fundamentalismus (nicht allein in muslimischen Ländern) und die Renaissance nationaler oder regionaler Kräfte als vorübergehende Retardierungselemente bzw. sogar *à la longue* als indirekte Globalisierungsbeschleuniger. (2) Ähnlich ist zu konstatieren, dass Konzepte der Transkulturalität, ähnlich wie die der Postmoderne, bei genauerer Betrachtung vor allem die Befindlichkeit einer bürgerlichen, privilegierten, oftmals akademisch gebildeten Schicht in hoch- bzw. post-industriellen Ländern spiegeln; sie entwerfen letztlich das Idealbild eines horizontal wie vertikal mobilen *global player* in einer neoliberal verflüssigten, von postnationalen Wirtschaftsstrukturen beherrschten Weltgesellschaft. Spätestens seit Fredric Jameson (1991) wurde die globale Postmoderne allerdings auch als Produkt und antreibende Kraft – „the cultural logic" – der neoliberalen Ökonomisierung beschrieben. Somit bleibt fraglich, ob sozial Minderprivilegierte an den genannten Positivaspekten einer endgrenzten Transkulturalität teilhaben können und werden. (3) Schließlich bleibt zu hinterfragen, ob Transkulturalität auf ein Mehr an Vielfältigkeit, Offenheit, Buntheit und Akzeptanz des Anderen zuläuft oder auf eine vor allem auf Konsum und kulturelle Kommodifizierung beruhende Nivellierung und Verflachung von Kulturen (Habermas 1998) – eine Tendenz, welche der Globalisierungs-Diskurs mit Labeln wie Disneyfication, McDonaldization oder McWorld beschreibt. Transkulturalität kann von Individuen nicht allein als Gewinn, sondern auch und zuerst als Identitätsverlust, als Zwang der Anpassung an globale, vor allem ökonomisch geprägte Hegemoniestrukturen empfunden werden. (4) Schließlich droht der Begriff der Transkulturalität zusammen mit dem Begriff des Hybriden zum unhinterfragten Selbstläufer des kulturwissenschaftlichen und kulturdidaktischen Diskurses zu geraten – in dem in einer Art akademischem

Elfenbeinturm die weitere Existenz binärer und hierarchisierender Denkmuster mit Bezug auf Nationen und Gemeinschaften nicht mehr thematisiert bzw. mit Thematisierungsverbot belegt wird. Der Begriff des Transkulturellen erscheint dabei per se allein durch das Präfix „trans" allen anderen ähnlichen Begriffen ideologisch überlegen, die –„lediglich"! – mit Begriffen wie „multi" oder „inter" operieren.

4 *Global education* und *global issues*

Zweifellos liefert, wie gezeigt wurde, der Begriff der Transkulturalität nicht allein eine Bestandsaufnahme des derzeitigen Verhältnisses von Eigenem und Fremdem. Viel Wunschdenken, Ideologisches und Normatives haftet ihm an. Schon aus diesem Grund wundert es nicht, dass Transkulturalität als Terminus wie als Konzept in der Fremdsprachendidaktik zwar in theoretischen Diskursen der Literatur- und Kulturdidaktik zunehmend präsent ist und kritisch diskutiert wird (Antor 2006, Delonoy 2006, Doff, Schulze-Engler 2011), vor allem wenn es um hermeneutisch-phänomenologische Fragestellungen in der Tradition Gadamers geht, zugleich aber von weiten Kreisen der Fremdsprachendidaktik eher weniger als Bezugskonzept aufgegriffen wurde. Dies betrifft aus dem üblichen Verständnis der Disziplin heraus vor allem die empirisch ausgerichtete Fremdsprachendidaktik, auch wenn sie sich mit interkulturellen Fragestellungen beschäftigt, wie auch die eher linguistisch orientierte Fremdsprachendidaktik. Es überrascht auch nicht, dass Transkulturalität das Fach der Interkulturellen (Wirtschafts-) Kommunikationswissenschaft nur in Ansätzen beeinflusst, stellt es doch die Ausrichtung dieses Fachs auf die Beschreibung und Analyse von „Kulturstandards" in seiner Gänze in Frage (vgl. Gibson 2000). Wirklich überraschend ist, dass Transkulturalität als Terminus wie als Konzept in einem genuin kultur- und literaturdidaktischen Zweig der Fremdsprachenforschung bisher so gut wie nicht rezipiert wurde. Es handelt sich um den nahezu zeitgleich sich um die Jahrtausendwende in deutschsprachigen Raum unter englischsprachigen Termini wie *global education* oder *global issues* firmierenden Diskurs einer „pädagogischen Antwort auf Globalisierungsprozesse" (Janke, Surkamp 2012: 64).

Als interdisziplinäres Projekt ist die *global education* in anglophonen Ländern seit etwa einer Generation wohl etabliert (ein Überblick findet sich bei Cates 2004). Deutsche FremdsprachendidaktikerInnen betonen vor allem seine Wurzeln in anglophonen Richtungen der Friedenserziehung. Zudem erscheint der Ansatz der globalen Schlüsselthemen einen überzeugenden Ausweg aus einem doppelten Dilemma des Fremdsprachenunterrichts und seiner fachdidaktischen Diskussion zu liefern, welches sich in den 1990er Jahren ergab (unterschiedliche Ansätze zu *global issues* finden sich bei Freudenstein 1999, Einhoff 2003, Janke, Surkamp 2012, Volkmann 2012). Einerseits verstärkten sich, verdichtet in dem rein pragmatisch-utilitaristisch auf funktionale kommunikative Fremdsprachenkompetenzen ausgerichteten *Europäischen Referenzrahmen für Fremdsprachen* von 2001, reduktionistische Vorstellungen des Fremdsprachenlernens als reiner Spracherwerb, bei Vernachlässigung von literarisch-ästhetischen, erzieherischen oder bildungspolitischen Aspekten. Mit den *global issues* erscheint nun ein essenzielles Argument für einen inhaltlich, edukativ ausgerichteten Fremdsprachenunterricht gerade in der Auseinandersetzung mit der rein sprachlich-kommunikativ ausgerichteten Kompetenzorientierung gegeben. Zum anderen erschien gerade denjenigen DidaktikerInnen, welche bisher Elemente von literarisch-ästhetischer und kultureller Bildung als essenzielles, nicht auf Kosten von Sprachinstruktion zu vernachlässigendes übergeordnetes Lernziel des Fremdsprachenunterrichts hervorhoben, die bisherige Vorstellung der anglophonen Kernkulturen, die vor allem durch hochkulturelle bzw. künstlerische Manifestationen im Unterricht vertreten sein sollten, als überholt im Zeitalter des Postkolonialismus, der Kritik an männlich und westlich ausgerichteten Kulturvorstellungen. Mit der Öffnung der Perspektive auf den globalen Bezugsrahmen erschließen sich sukzessive dabei nicht allein die so genannten „neuen englischsprachigen Kulturen", sondern, wie es in Curricula nun zunehmend heißt, alle Länder, in denen Englisch als Verkehrssprache fungiert (womit auch Themen und Texte aus Ländern wie China, Japan usw. in den Englischunterricht integrierbar erscheinen). Das Erlernen des Englischen als Lingua franca des *global village* liefert damit das sprachliche Instrumentarium, welches das Individuum dazu befähigt, am Erhalt der globalen Zivilgesellschaft mitzuwirken sowie eigene Meinungen in den Diskurs der globalen Risikogesellschaft einzubringen. Eine vom BMZ-KMK beauftragte Kommission zur Förderung stellt entsprechend im „Orientierungsrahmen für den Lernbereich Globale Entwicklung" (2007) den Begriff der Nachhaltigkeit in den Vordergrund. Nur ein interdisziplinäres schulisches Projekt könne Erfolg erreichen:

> Globalisierungsprozesse bringen für uns alle im engeren und weiteren Umfeld wesentliche Veränderungen mit sich. Diese Veränderungen werden bisher eher als Problem denn als Chance gesehen. Gerade Kinder und Jugendliche sind sensibel z. B. für die Gefahren schwerwiegender Umweltveränderungen oder auch für die weltweit verbreitete Armut mit all ihren Folgeerscheinungen. Kinder und Jugendliche sollten durch die Behandlung solcher Themen im Unterricht die notwendigen Kompetenzen erwerben, die es ihnen ermöglichen, sich in einer globalisierten Welt zu orientieren und eigene Werte und Haltungen zu entwickeln. Dabei sollte das Leitbild der nachhaltigen Entwicklung ein wichtiger Bezugspunkt des Lernbereichs Globale Entwicklung sein. (BMZ/KMK 2007:15)

Denn das Lokale ist notwendig mit dem Globalen verbunden. Angesichts der planetaren Bedrohung erscheint es als fächerübergreifendes und fächerverbindendes Hauptziel des Unterrichts, dass Lernende diese internationalen Zusammenhänge begreifen und entsprechend im Sinne friedlicher, demokratischer, pluralistischer, emanzipatorischer und die Umwelt nachhaltig bewahrender Wertevorstellungen denken und handeln. So wird in einer Standardpublikation etwa der Begriff „World Citizenship" synonym verwendet:

> [G]lobal education means activity which guides towards individual and communal global responsibility; the ethic of a world citizen, which is founded in fairness and respect of human rights. It supports growth to act as a critical and media-critical citizen, promotes national and international interaction, inter-cultural dialogue and learning from one another; global education is a process helping us understand and appreciate difference and different cultures and make choices that promote development, helps to see the earth as an entity with limited resources, where one must learn both to economize resources and to share them fairly, equitably and equally increases knowledge and skills which help us understand the ever globalizing economy and influence the rapidly changing economy and its social and cultural ramifications, enhances initiative rising from an individual aspiration to work for a better world and from hope of its realization, and comprises human rights education, equality education, peace education, media education, intercultural understanding, questions relating to development and equity, and education for sustainable development. (Trotta-Tuomi, Jacott, Lundgren 2008: 4)

Wie der transkulturelle Ansatz ist der der global education ein klar normativer Ansatz, der allerdings kein Utopia weltweiter Misch- und Integrationsprozesse projiziert, sondern Prozesse von individueller Denk- und Verhaltensänderung anzustoßen versucht:

> Der Ansatz ist insofern transformatorisch, als er auf persönliche und gesellschaftliche Veränderungen gerichtet ist und sich gegen wirtschaftliche, politische und gesellschaftliche Ungleichheiten sowie gegen strukturelle Gewalttätigkeiten auf allen Ebenen wendet [...]. (Janke, Surkamp 2012: 65)

Wie Janke und Surkamp richtig betonen, ist globales Lernen beides: „Themenfeld und Unterrichtsprinzip" (2012: 65). Es wählt Schlüsselthemen der globalen Risikogesellschaft aus, die exemplarisch und unter Berücksichtigung ihrer Implikationen für die Lebenswelt der SchülerInnen behandelt werden. Der allen Richtungen der *global education* zugrunde liegende edukative Impetus wird in den beiden folgenden Zitaten deutlich. Zunächst beschreibt Cates die sozialkritische Richtung der *global education*:

> As language teachers in the 21st century, we live in critical times. Our world faces serious issues of terrorism, ethnic conflict, social inequality, and environmental destruction. How can we prepare our students to cope with these problems? What is

our responsibility as language teachers in a world of war, poverty, prejudice, and pollution? (Cates 2002: 41)

Deutlich wird in der Regel auch eine bis in die Zeit der Studentenrevolution von 1968 und auf Großtheoretiker wie Adorno und Horkheimer zurückgehende progressive Erziehungstradition, bei der die Lernenden zu kritisch-reflexiven, mündigen und Autoritäten in Frage stellenden Weltbürgern ausgebildet werden sollen. Die Broschüre der britischen Organisation Oxfam *Education for Global Citizenship: A Guide for Schools* (Oxfam 2006: 3) formuliert entsprechend folgende Bildungsziele der *global education*:

1. Asking questions and developing critical thinking skills.

2. Equipping young people with knowledge, skills and values to participate as active citizens.

3. Acknowledging the complexity of global issues.

4. Revealing the global as part of everyday local life, whether in a small village or a large city.

5. Understanding how we relate to the environment and to each other as human beings.

Doch es ist nicht allein ein kritisch-reflexives Bewusstsein, welches es auszubilden gilt. Global issues als „problems without passports" (so der ehemalige UN-Sekretär Kofi Annan, www.unfoundation.org/global-issues) lassen sich nur mit affektiven Dispositionen lösen, die auch im interkulturellen Diskurs genannt werden: Toleranz, Empathiefähigkeit, Einfühlungsvermögen, Achtung, Achtsamkeit, bewusstes Handeln, Respekt, Mitfühlen, Solidarität, sowie vor allem die von der deutschen Fremdsprachendidaktik betonte Fähigkeit zu Perspektivenübernahme, Perspektivenwechsel und Perspektivenkoordination. Verbunden ist dies mit den „Werten" des Transkulturellen, unter anderem der Abkehr vom Eurozentrismus und der Hinwendung zum Multikulturalismus, zu Minoritätenkulturen sowie zu verschiedenen Formen der Alterität und Differenz. Die Devise „think globally, act locally" steht dabei hinter der Beschäftigung mit entsprechenden Themengebieten, mit entsprechenden Texten – vor allem mit der Perspektivenwechsel anbahnenden Literatur und mit Filmen – mit demokratischen und kooperativen Aktivitäten im Klassenzimmer und schließlich im Anspruch, gewonnene Erkenntnisse in der Welt außerhalb des Klassenzimmers handelnd umsetzen.

5 Ausblick: *Ecodidactics* und die planetare Verantwortungsethik

In der Praxis des Unterrichts mag die hier konstatierte Separiertheit der Diskursfelder von Transkulturalität und globaler Erziehung vielerlei Berührungspunkte finden. Beide verbindet, wie beschrieben, ein normativer Impetus. Vorschläge zur stärkerer Berücksichtigung hybrider Kulturen wie Hong Kong oder Singapur verbinden sich so mit dem Lernthema des (gelungenen) Zusammenlebens unterschiedlicher Kulturen (Einhoff 2003), die Beschäftigung mit Bürgerkriegen in Zentralafrika kann so Beiträge zur Friedenserziehung bieten (Janke, Surkamp 2012) und die Rezeption von Dichtung zur Umweltproblemen weltweit kann Einsichten in ökologische Globalzusammenhänge verschaffen (Volkmann 2012). Verdichtung finden transkulturelle und globalerzieherische Richtungen in einer pädagogisch-didaktischen Richtung, die gleichfalls dem englischsprachigen Kulturraum entstammt und in der Fremdsprachendidaktik erste Beachtung gefunden hat – die Rede ist von der *environmental education, ecopedagogy* oder den *ecodidactics*. Auf paradigmatische Weise stellen die *ecodidactics*, wie sie für den Schulunterricht von Mayer und Wilson 2006 in der maßgeblichen Publikation *Ecodidactic Perspectives on English Language, Literature and Cultures* erschlossen wurden, zum einen die Bedeutung einer transkulturellen, global ausgerichteten Ausrichtung von Unterrichtsthemen, Inhalten und Herangehensweisen in den Vordergrund. Wenn Werner Delanoy noch das Wesen der Transkulturalität als Betonung der die Menschen verbindenden Gemeinsamkeiten betonte – „A transcultural notion of humanity rests on the belief that human beings are more than the cultures shaping their personalities." (Delanoy 2011: 289) – so geht der *ecocriticism* noch einen Schritt weiter. Er betont, dass nur eine Betonung von Gemeinsamkeiten angesichts der globalen Herausforderungen durch von Menschen verursachten Umweltkatastrophen ein Fortbestehen der Menschheit garantiere. Polemisch formuliert Goatly diese Abkehr vom akademisch tradierten Differenzdenken:

> In the context of the ecological crisis a single-minded preoccupation with sexist and capitalist-imperialist critical discourse analysis is rather like addressing the problem of who is going to fetch the deck-chairs on the Titanic, and who has the right to sit in them. (Goatly 2000: 277)

Exemplarisch lässt sich am ökokritischen Ansatz aufzeigen, wie Transkulturalitätskonzepte und Vorstellungen von globalem Lernen weit über eine reine Deskription des soziokulturellen Status quo hinausgehen. Ziel ist vielmehr die Veränderung in Einstellungen und Denkmustern: Bei den *ecodidactics* geht es konkret um eine weniger an Konsum, Materialismus und der Ausbeutung natürlicher Ressourcen orientierte Handlungsweise bei gesellschaftlichen Gruppen wie bei einzelnen Individuen. Der *ecocriticism* eröffnet zugleich eine weitere theoretische Bezugsfläche für transkulturelle Ansätze, da er in seinen Publikationen immer wieder auf ihm nahe stehende oder kongeniale Denkrichtungen kritischreflexiver, emanzipatorischer und politisch eher links anzusiedelnder Provenienz eingeht. Genannt seien etwa Paulo Freire, Henry Giroux, Lawrence Grossberg, bell hooks, Ira Shor als beispielhaft für Bezugsdisziplinen der „kritischen" Pädagogik, Philosophie, Ethik, Religionswissenschaften, Kultur- und Literaturwissenschaften. Starke Verbindungslinien werden gleichfalls zu den *race, class & gender studies* entwickelt, zum Feminismus und postkolonialen Diskurs sowie überhaupt zu nicht-westlichen Philosophien, Weltanschauungen, Religionen und esoterischen Richtungen. Transkulturelles Lernen, *global education* und *ecodidactics* laufen allerdings in Gefahr, universalistisch „richtige" und damit autoritativ wirkende Denkvorgaben und Handlungsempfehlungen zu liefern. Damit entstünden, wie John Purham (2006) betont, teilweise deutliche Spannungs- und Gegensatzverhältnisse zu kulturkritischen Pädagogik- und Didaktikrichtungen, welche Differenz, Offenheit der Positionen und Dialogizität betonen. Die gewünschte Fähigkeit zur kritischen, differenten Stellungnahme der Lernenden gilt es auch im Diskurs der Transkulturalität zu fördern.

Literatur

Antor, Heinz: Multikulturalismus, Interkulturalität und Transkulturalität. Perspektiven für interdisziplinäre Forschung und Lehre. Heinz Antor, ed. Inter- und Transkulturelle Studien. Theoretische Grundlagen und interdisziplinäre Praxis. Heidelberg: Carl Winter, 2006, 25-39.
Heinz Antor, Klaus Stierstorfer, Matthias Merkl, Laurenz Volkmann (Hrsg.): From Inter- to Transculturalism. Mediating Encounters in Cosmopolitan Contexts. Heidelberg: Winter, 2010.

Beck, Ulrich: Weltrisikogesellschaft. Frankfurt am Main: Suhrkamp, 2008.
BMZ/KMK (Hrsg.): Orientierungsrahmen für den Lernbereich Globale Entwicklung. 2007. >http://www.bne-portal.de/coremedia/generator/unesco/de/Downloads/ Hintergrundmateri-al_national/Orientierungsrahmen_20f_C3_BCr_20den_20Lernbereich_20Globale_20Entwicklung.pdflobale Erziehung< (2.2.2013).
Bredella, Lothar: Intercultural Understanding between Relativism, Ethnocentrism and Universalism: Preliminary Considerations for a Theory of Intercultural Understanding. Günther Blaicher, Brigitte Glaser, eds. Anglistentag 1993 Eichstätt. Proceedings. Tübingen: Niemeyer, 1994, 287-306.
Cates, Kip A.: Global Education. Routledge Encyclopedia of Language Teaching and Learning. Ed. Michael Byram. London: Routledge, 2004, 241-242.

Delanoy, Werner: Transculturality and (Inter-)Cultural Learning in the EFL Classroom. Werner Delanoy, Laurenz Volkmann, eds. Cultural Studies in the EFL Classroom. Heidelberg: Winter, 2006, 233-248.

Delanoy, Werner: Do We Really Need Transculturality as a Concept for Cultural Learning? Antonella Riem, Nicoletta Vasta, Maria Bortoluzzi, Deborah Saidero, eds. Identities in Transition in the English-Speaking World. Udine: Forum, 2011, 277-290.

Doff, Sabine, Frank Schulze-Engler (Hrsg.): Beyond 'Other Cultures'. Transcultural Perspectives on Teaching the New Literatures in English. Trier: WVT, 2011.

Einhoff, Jürgen: MULTI-CULTI. Didaktische Ansätze, Zielvorstellungen und Themen im Englischunterricht des 21. Jahrhunderts. Special issue PRAXIS/fsu (MULTI-CULTI im Fremdsprachenunterricht), 2003, 6-10.

Freese, Peter: Universality vs. Ethocentricity, or, the Literary Canon in a Multicultural Society. Zeitschrift für Anglistik und Amerikanistik 44.2 (1996): 155-170.

Freudenstein, Reinhold: Global Issues im Englischunterricht. Praxis des neusprachlichen Unterrichts 46.3 (1999): 237-249.

Gibson, Robert: Intercultural Business Communication. Berlin: Cornelsen, 2000.

Giddens, Anthony: Modernity and Self-Identity: Self and Society in the Late Modern Age. Stanford, CA: Stanford University Press, 1991.

Goatly, Andrew: Critical Reading and Writing: An Introductory Coursebook. London: Routledge, 2000.

Habermas, Jürgen. Die postnationale Konstellation. Politische Essays. Frankfurt am Main: Suhrkamp, 1998.

Jameson, Fredric: Postmodernism, or, The Cultural Logic of Late Capitalism. Durham: Duke UP, 1991.

Janke, Marko, Carola Surkamp: Global Education und der Film Hotel Rwanda: Neue Möglichkeiten für den neokommunikativen Fremdsprachenunterricht. Marcus Reinfried, Laurenz Volkmann (Hrsg.) Medien im neokommunikativen Fremdsprachenunterricht. Frankfurt am Main: Lang, 2012, 63-77.

Kramsch, Claire: Context and Culture in Language Teaching. Oxford: OUP, 1993.

Mayer, Sylvia, Graham Wilson (Hrsg.): Ecodidactic Perspectives on English Language, Literatures and Cultures. Trier: Wissenschaftlicher Verlag Trier, 2006.

Mills, Sara: Discourse. London: Routledge, 1997.

Oxfam: Education for Global Citizenship. A Guide for Schools. 2006. > http://www.oxfam.org.uk/~/media/Files/Education/Global%20Citizenship/education_for_global_citizenship_a_guide_for_schools.ashx< (2.2.2013).

Parham, John: The Deficiency of 'Environmental Capital': Why Environmentalism Needs a Reflexive Pedagogy. Mayer, Sylvia, Graham Wilson, eds. Ecodidactic Perspectives on English Language, Literatures and Cultures. Trier: Wissenschaftlicher Verlag Trier, 2006, 7-22.

Pratt, Mary Louise: Imperial Eyes: Travel Writing and Transculturation. London: Routledge, 1992.

Trotta Tuomi, Margaret, Liliane Jacott, Ulla Lundgren: Education for World Citizenship: Preparing Students to be Agents of Social Change. 2008. >http://www.londonmet.ac.uk/fms/MRSite/Research/cice/pubs/citizenship/citizenship-06.pdf< (2.2.2013)

Volkmann, Laurenz: Universal Truths or Ethnic Peculiarities? On Tensions Inherent in the Reception of Post-Colonial and Minority Literature. Heinz Antor, Kevin Cope, eds. Intercultural Encounters – Studies in English Literatures. Essays Presented to Rüdiger Ahrens on the Occasion of His Sixtieth Birthday. Heidelberg: Winter, 1999, 131-152.

Volkmann, Laurenz: The 'Transcultural Moment' in English as a Foreign Language. Sabine Doff, Frank Schulze-Engler, eds. Beyond 'Other Cultures': Transcultural Perspectives on Teaching the New Literatures in English. Trier: WVT, 2011, 113-128.

Volkmann, Laurenz: Intercultural Learning and Postcolonial Studies: 'Never the Twain Shall Meet'? Maria Eisenmann, Theresa Sommer, eds. Basic Issues in EFL Teaching and Learning. Heidelberg: Winter, 2011, 191-204.

Volkmann, Laurenz: Ecodidactics als Antwort auf die planetare Bedrohung? Zum Einsatz von ecopoetry im Englischunterricht. Rüdiger Ahrens, Maria Eisenmann, Julia Hammer, eds. Literatur im Interkulturellen Kontext – Zukunftsperspektiven für den Englischunterricht. Heidelberg: Winter, 2012, 393-408.

Welsch, Wolfgang: Unsere postmoderne Moderne. Weinheim: VCH, 1988 [2., durchgesehene Aufl.].

Welsch, Wolfgang: Transkulturalität. Zwischen Globalisierung und Partikularisierung. Jahrbuch Deutsch als Fremdsprache, 26 (2000): 327-351.

„Zum Glück ging das grad nicht um mich" - Transkulturelles Lernen und die Wahrnehmung von „Anders Sein"

Grit Alter

Abstract

Aktuelle Veröffentlichungen streben eine Unterscheidung von inter- und transkulturellem Lernen sowie eine praktische Übertragung in den Englischunterricht an. Konzepte wie „Didaktik des Fremdverstehens" werfen zudem Fragen der Wahrnehmung und Definition von „Anders-Sein" auf. In diesem Zusammenhang bedient sich dieser Beitrag der kanadischen Kinder- und Jugendliteratur, um ein transkulturelles Lernen zu diskutieren, das über kulturelle Fremdheit hinausgeht. Aspekte der Relevanz und Auswirkung der Begegnung mit OthernessES in der Literatur und die Hinterfragung von stereotypen Darstellungen werden anhand von gewählten Beispielen aufgezeigt.

1   Bildungsziel: Kulturelle Handlungskompetenz

„I'm glad that wasn't about me" war die Reaktion im Englischunterricht einer befreundeten Lehrerin und wissenschaftlichen Mitarbeiterin an der University of Alberta, Kanada. Sie las mit ihren Schülerinnen und Schülern einen Roman, in dem ethnisch-diversifizierte Identität dadurch verhandelt wird, dass sich ein multikultureller Protagonist auf der Suche nach einer festen Identität mit Vorurteilen und Ablehnung der ihn umgebenden Gesellschaft auseinandersetzen muss und dabei in tiefe Krisen gerät. In seiner Gegenwehr ist er zwar letztendlich erfolgreich, jedoch steht er oft am Rande der Verzweiflung. Im Anschluss an die Analyse und Reflexion des Romans verließen einige Schülerinnen und Schüler mit eben diesem Satz den Raum: „I'm glad that wasn't about me".

Dass Schule den Auftrag hat, junge Menschen zu bilden und sie für die Teilhabe am politischen und wirtschaftlichen sowie kulturellen und gesellschaftlichen Leben vorbereiten muss, steht außer Frage. In Anbetracht einer sich mehr und mehr diversifizierenden Gesellschaft und den lokalen Folgen des globalen Zusammenwachsens vor allem in den Bereichen Wirtschaft und Kommunikation liegen diese auszubildenden Kompetenzen in hohem Maße im Bereich des interkulturell-kommunikativen und sind fest in curricularen Dokumenten und fremdsprachdidaktischen Diskursen verankert.

Dieser Beitrag argumentiert für die Entwicklung inter- und transkultureller Kompetenzen abseits einer problemhaften Darstellung der kulturell Anderen und nutzt kanadische Kinder- und Jugendliteratur als Beispiele. Dabei werden diese Konzepte zunächst kurz umrissen, ihre Problemhaftigkeit dargestellt und der Versuch unternommen, transkulturelles Lernen so zu fassen, dass es eine Entwicklung ausbalancierter kultureller Handlungskompetenz ermöglicht. Das Vorhandensein von multiplen Formen der Fremdheit und deren faktische Präsentation werden als ein Moment der Eignung kanadischer Titel herausgearbeitet. Ein ausgewählter Roman wird anschließend exemplarisch vorgestellt und dessen Potenzial für transkulturelles Lernen verdeutlicht.

2 Konzeptionen kulturellen Lernens

Die unterschiedlichen Formen des kulturellen Lernens lassen sich mit den Begriffen interkulturelles Lernen, transkulturelles Lernen und Didaktik des Fremdverstehens konzeptionell fassen, wobei die jeweiligen Unterschiede je nach Verständnis oft nur durch Nuancen gebildet werden und allen dreien das Ziel, Respekt und Verständnis für den Anderen zu schaffen, gemein ist. Werner Delanoy (2012) konzipiert in einem jüngst erschienenen Essay eine Synthese aus inter- und transkulturellem Lernen, die hier ansatzweise als Orientierung dienen soll.

In seiner für die Entwicklung der interkulturellen Kompetenz wegweisenden Veröffentlichung *Teaching and Assessing Intercultural Communicative Competence* (1997) differenziert Michael Byram zwischen interkultureller Kompetenz und interkultureller kommunikativer Kompetenz und gibt an, dass erstere zunächst auch in der Muttersprache relevant ist, letztere beinhaltet, dass jemand mit interkultureller kommunikativer Kompetenz in der Lage ist, mit Menschen aus einem anderen Land in einer anderen Sprache zu kommunizieren. Diese Interaktion ist dann für Gesprächsteilnehmer erfolgreich, wenn sie fähig sind sozial-linguistische und diskursive Eigenheiten des anderen zu antizipieren und darauf entsprechend zu reagieren. Sprachliche und meta-sprachliche Fertigkeiten, Fähigkeiten, Einstellungen und kritisches kulturelles Bewusstsein kommen dabei zum Ausdruck. Heinz Antor (2007) versteht interkulturelle Kompetenz als ein Profil von Fertigkeiten und Fähigkeiten, das es einem Subjekt erlaubt, in Kontaktsituationen mit anderen Kulturen angemessen zu reagieren. Dieser Kontakt wird als friedlich, auf Kommunikation orientiert, konstruktiv und produktiv charakterisiert und ermöglicht einen positiven interkulturellen Austausch. Weil sich dieser Aspekt derart diversifiziert, können interkulturelle Kompetenzen bei Antor auch nur im Plural verstanden werden. Arnd Witte (2008) und Laurenz Volkmann (2010) fügen diesen Fertigkeiten und Fähigkeiten auch strategische und prozedurale Bezüge für die kommunikative Aushandlung von Inhalten hinzu.

In Bezug auf die Literaturdidaktik vollzog sich, vor allem initiiert durch Lothar Bredella und Herbert Christ (2007, bzw. Bredella 2010a), eine Verschiebung der Fokussierung auf eine Didaktik des Fremdverstehens. Bredella nutzt Fremdverstehen und interkulturelles Lernen dabei synonym und erklärt beide als einen Wechsel von Innen- und Außenperspektive (Bredella 2010b), wobei

Fremdverstehen den Perspektivwechsel im besonderen Maße betont, da Äußerungen und Verhaltensweisen von Personen in einer fremden Kultur in deren
Bezugsrahmen gesehen werden; ein Wechsel der Bezugsrahmen ist also notwendig. Fremdverstehen führt dabei zu Empathie und zu einer Distanzierung
von eigenen Sichtweisen und Wertvorstellungen. Bredella gibt zu bedenken,
dass die Außenperspektive entscheidend für Kritik an dem ist, was wir in der
Innenperspektive verstehen. Eine Herausforderung ist dabei die Heterogenität
von Kulturen, da mehrere Innenperspektiven möglich sind und somit ein Span-
nungsverhältnis von individuellen und kollektiven Identitäten entsteht. Dies ist
vor allem bei mehrkulturellen Identitäten der Fall, bei denen eine eindeutige Zuordnung schwierig ist.

Der Aspekt der Diversität der Kulturen dient als ein Ansatzpunkt für die Bestimmung eines transkulturellen Begriffs von kulturellem Lernen. Von z.B.
Wolfgang Hallet (2002), Christiane Fäcke (2006) sowie Werner Delanoy (2006)
wurde transkulturelles Lernen im Laufe der kulturdidaktischen Diskurse unterschiedlich konzeptualisiert und weiterentwickelt. Grundlegend gehen diese davon aus, dass transkulturelles Lernen auf einem prozesshaften, hybriden und
diskursiven Kulturbegriff basiert und der transkulturelle Aspekt in Literatur und
Gesellschaft in den Fokus rückt. Kulturen sind vor allem durch die vielseitigen
Prozesse der Globalisierung intern differenziert und extern vernetzt (vgl. Welsch
1999), sie durchdringen sich gegenseitig und schaffen multiple Identifikationsangebote für den Einzelnen. Transkulturelles Lernen lenkt die Aufmerksamkeit
bei der Konstruktion kultureller Identitäten auf individuelle Gestaltungsspiel-
räume. Bredella (2010) versteht ,transkulturell' im Sinne von ,global', wenn er
am Beispiel von Sprache ausführt, dass interkulturelles Verstehen auf transkulturelle menschliche Grunderfahrungen wie „Geburt, Tod, Liebe, Hass und
transkulturelle Vorstellungen über Beziehungen zwischen den Geschlechtern,
zwischen Alt und Jung und zwischen individuellen und kollektiven Identitäten"
angewiesen ist. Durch die Verständigung über solche Grunderfahrungen seien
jeweilige kulturelle und subkulturelle bzw. individuelle Konzepte verstehbar
(Bredella 2010b:122-123).

Bei der Integration in den Englischunterricht wird der englischsprachige
Klassenraum selber zu einem transkulturellen Erfahrungsraum; das fremdsprachliche Klassenzimmer ist im Sinne von Bhabha (1994) und Kramsch
(2009) ein kultureller Begegnungs- und Aushandlungsraum, in dem sich Lernende neue kulturelle Bedeutungen erschließen und aneignen, miteinander aus-
handeln und umdeuten. Hallet bezeichnet die Teilnehmer dieses Diskurses daher
als interkulturelle Aktanten (Hallet 2002). Kramsch hebt dabei besonders hervor, dass es sich bei diesen Begegnungssituationen um ein Ausbrechen aus der
bekannten Dualität von individuell und sozial, self and other, Muttersprachler

und Sprachlerner, C1 und C2 handelt (Kramsch 2009:233). Jan-Oliver Eberhardt (2009), Britta Freitag-Hild (2010) und Christiane Fäcke (2006) unternahmen den Versuch, transkulturelles Lernen auch empirisch nachzuweisen und zu messen. Diese kurze Betrachtung macht deutlich, dass eine klare konzeptionelle Abgrenzung von inter- und transkulturellem Lernen nicht immer möglich ist. Durch einen Rückbezug auf die Hermeneutik in der Tradition Gadamers verdeutlicht Delanoy (2012), dass kulturelles Lernen schon immer durch dialogisches Lernen charakterisiert wurde. Daher plädiert Delanoy für eine Abkehr von einem „Entweder-oder" Diskurs von inter- und transkulturellem Lernen und spricht sich für einen Dialog beider Positionen aus (cf. Delanoy 2008). Beiden Konstrukten sei inhärent, dass sie „innerkulturelle Vielfalt anerkenn[en], [...] vielfältige Verflechtung nach außen hin hervorheb[en] und für Vermischung in verschiedenster Hinsicht offen" sind (Delanoy 2008:96). Auch sei die Annahme von „Kulturen als abgrenzbare und einheitliche Größen zu denken" kein Marker für transkulturelles Lernen, weil auch in dem vermeintlichen Gegenpart „Vermischung und Veränderung im Lichte des/der Anderen [...], veränderte Bedingungen für kulturelle Entwicklungen in einer global vernetzen Welt [...] und kulturelle Binnendifferenzierung" (ebd.) Erfahrungsmomente sind.

Entscheidend für die Unterrichtspraxis, in der durch den Fremdsprachenunterricht unterschiedliche kulturelle Identifikationsmuster angeboten und reflektiert werden, ist die Entwicklung eines Verständnisses von Kultur, welches Eigenes und Fremdes als relationale, dynamische Begriffe konzipiert. Die Differenzierung zwischen Eigen und Fremd gilt als Voraussetzung des Verstehens – in der Tradition von Bakhtin (1981) ist das Eigene ohne das Andere überhaupt erst denkbar; Verstehen beruht inhärent auf Differenz. Gleichzeitig wird kulturelle Grenzüberschreitung angestrebt, Identität durch Hybridisierung charakterisiert und Austauschprozesse durch Vielstimmigkeit und Diversität begleitet. Diese komplexen Prozesse sollen sich nicht nur in den Lernzielen widerspiegeln, sondern müssen grundlegend auch in den Methoden, Materialen und Unterrichtsgegenständen zum Ausdruck kommen.

3   Repräsentation von „Anders-Sein" in multikultureller Literatur

Als Forderung an das transkulturelle Moment des kulturellen Lernens wird basierend darauf vermehrt der Bedarf einer veränderten Textauswahl geäußert. Dies sind vor allem Texte, in denen Hybridität und Komplexität der Kulturen deutlich werden. Bisher wurde dieser Forderung durch den Vorschlag erweiterter Migrations- und Integrationsliteratur (z.B. Freitag-Hild 2010) begegnet, weil diese einen Austausch über Identitätsformationen und eine dialogische Aushandlung von kulturellen Bedeutungen ermöglichen.

Die erwähnte Migrations- und Integrationsliteratur fügt sich in multikulturelle Literatur ein, die nach Joyce Hansen (1998) den Vorteil hat, dass sie dem Leser diverse menschliche Erfahrungen anbietet und aufzeigt, dass oft die Ähnlichkeiten den Unterschieden überwiegen. Eine Aufgabe von Literatur sei es, den Menschen zu helfen ihre eigenen Lebensbedingungen zu verstehen. Dies ist auch bei der Nutzung von zielsprachlicher Literatur beim kulturellen Lernen im Fremdsprachenunterricht der Fall.

Innerhalb multikultureller Erziehung (Banks in Lockwood 1992:23) und im Hinblick auf den zunehmend multikulturellen Klassenraum schlagen Bushman und Bushman (1997) Texte vor, die ihrer Meinung nach für interkulturelles Lernen sehr gut geeignet sind. Diese Texte repräsentieren Protagonisten, die bisher in der Literatur nicht vorkamen, und daher Lesern mit einem ähnlichen kulturellen Hintergrund die Möglichkeit bieten, Identifikationsfiguren zu finden und einen „Sinn der Zugehörigkeit" (Bushman/Bushman 1997:161) entwickeln zu können. Die Buchvorschläge beinhalten eine deutliche Verknüpfung eines bestimmten ethnischen Hintergrunds und einer Problemstellung bzw. lebensweltlicher Herausforderungen: Amerikaner afrikanischer Abstammung haben familiäre und soziale Probleme; Amerikaner asiatischer Abstammung müssen sich gegen Fremdbestimmung durchsetzen und sich für Gleichberechtigung von Mann und Frau einsetzen (vgl. Bushman/Parks 2006:195ff.). Die Narrationen beinhalten zerbrochene Familien, physische, psychische und strukturelle Gewalt, und führen dazu, dass das Kind, das Teil einer Minoritäten-Gruppe ist, an die unterste Stufe der sozialen Leiter platziert wird. Ein Problem besteht jedoch darin, dass die Bilder und Zusammenhänge in den Büchern die vorherrschenden sozialen Werte und moralischen Einstellungen der Zeit und der Kultur wiederspiegeln, oft ohne zu bemerken, dass der Leser diese Werte und Einstellungen unbewusst aufnimmt (vgl. McKenzie 2003:201-202). Durch die enge Verbindung von Kultur und Problem wird in diesen Texten, die multikulturelles Lernen fördern sollen, eine Farbig vs. Weiß, Norm vs. Ab-Norm, Minorität vs. Majorität, Opfer vs. Täter Dichotomie rekonstruiert statt dekonstruiert, implementiert statt aufgebrochen, verfestigt statt in Frage gestellt. Joyce Hansen fragt in diesem Zusammenhang, welches Signal junge Menschen erhalten, wenn Menschen wie sie in der Literatur komplett ignoriert bzw. in dieser Weise dargestellt werden. Sie lernen, so Hansen, dass sie entweder unbedeutend sind, dass Bücher und Literatur nichts mit ihnen zu tun haben, oder aber dass bestimmte soziale Positionen für sie vorgesehen sind.

In den aus der bisherigen fremdsprachdidaktischen Forschung und Praxis bekannten Texten wird eine ähnliche Reduzierung auf ‚cultural otherness' und eine Reduzierung des ‚cultural other' auf Migrationshintergrund und Migrationserfahrung deutlich. In inter- oder transkulturellen Gesellschaften reflektiert diese Reduzierung nur manchmal, aber nicht immer, ein Abbild der gesellschaftlichen Realität. Zudem ist die begriffsimmanente Einschränkung auf kulturelles Lernen nicht immer gerechtfertigt, da sich Anders/Gleich-Sein entlang diverser Identifizierungsmuster entfaltet. Diversität kann auch in Bezug auf sexuelle Orientierung, Religion, soziales Milieu, Lebensalter, körperliche oder psychische Beeinträchtigung oder bestimmte ethische Einstellungen dazu führen, dass sich ein Übergang der Wahrnehmung des ‚Anderen' als einen ‚Fremden' vollzieht. Im Englischen lässt sich dies an der Pluralisierung von ‚otherness' zu ‚othernessES' illustrieren, ein Begriff der eine Vielfalt von FremdheitEN einschließt. Grundlegend stellt sich in einer von Globalisierung und Hybridität geprägten Welt die Frage, wodurch ‚Anders-Sein' definiert und wann wird aus ‚anders' ‚der Andere' bzw. ‚der Fremde' wird.

Durch diese Argumentation und in Anlehnung an die Ergebnisse der Studien von Fäcke (2006) und Freitag-Hild (2010) ergibt sich eine Forderung nach entsprechenden Texten für transkulturelles Lernen, die einen neuen Zugang zu Fremdheit und Anderssein ermöglichen. An dieser Stelle sollen Titel kanadischer Kinder- und Jugendliteratur herangezogen werden, um die genannten Überlegungen zu verdeutlichen. Hier können keine konkreten Merkmale der kanadischen Kinder- und Jugendliteratur herausgestellt bzw. argumentiert werden, warum für transkulturelles Lernen ein national-definierter Korpus hinreichend sein kann. Da der Fokus auf den eigentlichen Texten liegt, muss auch eine methodologische Betrachtung an anderer Stelle stattfinden (vgl. Alter, in Vorbereitung[1]).

4 Kinder- und Jugendliteratur als Mikrokosmos der Gesellschaft

Judith Saltman (2003) argumentiert, dass „nationale Kinder- und Jugendliteratur den Mikrokosmos der literarischen und sozio-kulturellen Werte, Überzeugungen, Themen und Bilder darstellt, die Aspekte der Geographie, Geschichte und Identität beinhaltet" (Saltman 2003:311-312). Fiktionale Texte spiegeln die Gedankenwelt, in der Kulturen wahrgenommen werden, literarisch wieder. Im Anschluss an Saltmans Verständnis von Kinder- und Jugendliteratur ist es fraglich, welche Art von Mikrokosmos begünstigt wird, wenn jungen Lesern Bücher empfohlen werden, die sich auf die multikulturellen Protagonisten und deren

---

1 Dieser Artikel entsteht im Rahmen der Arbeit für eine Dissertation, die voraussichtlich im Jahr 2013 an der Westfälischen Wilhelms-Universität Münster abgeschlossen wird.

Aushalten von bzw. Ankämpfen gegen die genannten Binaritäten, Diskriminierungen und Vernachlässigungen fokussieren. Lehrer, Eltern, Bibliothekare und andere Berufsgruppen, die für die Auswahl von Lesestoff für junge Menschen verantwortlich sind und darauf Einfluss haben, müssen daher verstehen „wie der öffentliche Text des alltäglichen Lebens unser Verständnis der Welt konstruiere und Personen eine Stellung zuschreiben, von der aus sie unterschiedliche soziale, politische oder kulturelle Identitäten einnehmen können" (Luke 1997:20). Oder auch nicht. Die Rolle und Funktion, die Protagonisten in einer Narration einnehmen, ist u.a. entscheidend für das Wissen und die Einstellungen, dass die Leser über diese Person bzw. gegenüber dieser Kultur erwerben.

Während Lynch-Brown und Tomlinson davon ausgehen, dass Kinder- und Jugendliteratur interessant für junge Leser ist, weil „sie darin oft ihr eigenes Leben wiedererkennen" (Lynch-Brown/Tomlinson 199:133), ist diese Annahme fraglich, wenn man, wie durch Bushman und Bushmans Beispiele verdeutlicht, bedenkt, dass multikulturelle Protagonisten in der Literatur oft als die Opfer und durch eine sich gegen die Gesellschaft wehrende Position repräsentiert werden. Erzählungen, in denen sie vorkommen, sind oft durch negative und harsche Rahmenhandlungen geprägt, einem konfliktbeladenen Paradigma. Dieser Zusammenhang lässt sich mit der aus der Psychologie stammenden Theorie des reziproken Determinismus (Bandura 1986:22ff.) erklären. Nach Bandura erzeugen sich Welt und das Verhalten des Menschen gegenseitig; entsprechend erzeugen sich auch Darstellung von multikulturellen Charakteren und deren Selbstwahrnehmung reziprok. Dies könnte auch als positives Lernen am Model verstanden werden, jedoch liegt der Schwerpunkt der Narrationen auf dem Kampf gegen die Gesellschaft, nicht auf dem ‚Leben danach'. In Bezug auf die bereits erwähnte Diskussion um den Begriff „Thirdness" bei Claire Kramsch sei hier auf die post-strukturalistische Denkweise Homi Bhabhas verwiesen, der innerhalb seines Konzepts Third Space aus literarischer Sicht ebenfalls davon ausgeht, dass Sprecher und Schreiber durch ihre Diskurse soziale und kulturelle Realitäten schaffen, die wiederum die Akteure selber kreieren (cf. Bhabha 1994; ähnlich auch bei Bakthin 1981).

5   Identität abseits von Dichotomie

In Gegenüberstellung dazu sollen im Folgenden aktuelle kanadische Kinder- und Jugendbücher erwähnt werden, die einen ganz anderen Zugang zur Repräsentation von „Anders-Sein" und transkulturellem Lernen finden. In diesen Romanen wird der Protagonist, der in den bisher genannten Titeln das „Subjekt des Anderen" darstellte, zum Handelnden, bei dem der jeweils „andere" kulturelle Hintergrund nicht definierendes Element der Handlung ist. Bücher wie *On thin*

60 Grit Alter

ice (Bastedo 2006), *Run* (Walter 2003), *Missuk's Snow Geese* (Renaud 2008), *Will's Garden* (Maracle 2002) oder *My Mother is a French Fry and Other Proof of My Fuzzed up Life* (Sydor 2008) können die genannten Leerstellen füllen, da sie Fremdheit beiläufig thematisieren: Homosexualität kommt vor, wird aber nicht problematisiert, körperliche Einschränkung ist sinnstiftend, nicht sinnnehmend, Inuit-Kultur erklärt ein Mysterium. In dem sie davon absehen, kulturelle Identität als Problemidentität zu implementieren, bieten diese Romane einen ausbalancierteren Zugang auf kulturelles Lernen. Die Herausforderung des Daseins bezieht sich auf transkulturelle Aspekte bzw. auf Identitätsfragen, die über kulturelle Determinationen weit hinausgehen. Ein Verständnis von transkulturellem Lernen und der Ausbildung transkultureller Kompetenz findet daher Anknüpfungspunkte in der Art der Literatur, die dafür bereitgestellt wird. Für die Entwicklung transkultureller Kompetenz, die sich in einem respektvollem Umgang mit Anderen in kulturellen Handlungssituationen zeigt, sind Texte vorteilhaft, die von einer Opfer vs. Täter, Minorität vs. Majorität, Problemidentität vs. Norm-Identität absehen und vielmehr den Protagonisten als solchen in den Vordergrund stellen. Dadurch können transkulturelle Phänomene, wie von Bredella (2010b:122-123) gefordert, als menschliche Grunderfahrungen wahrgenommen werden, die losgelöst von kultureller Identität auftreten. Entscheidend ist die Wahrnehmung von Anders-Sein entlang von diversifizierteren Identitätsmustern und die Entwicklung eines Bewusstseins von einer Heterogenität der Gesellschaft, unabhängig von bzw. zusätzlich zu politischen und kulturellen Entitäten.

Im Folgenden soll dies exemplarisch anhand eines ausgewählten Textes, *The Water of Possibility* von Hiromi Goto (2001), verdeutlicht werden[2]. Dieser Fantasieroman nimmt die jungen Leserinnen und Leser mit auf die Reise in eine Welt, die neben der Realität existiert. Durch die Perspektive von der weiblichen Protagonistin Sayuri erzählt Hiromi Goto wie die japanische Mythologie der japanisch-kanadischen Protagonistin hilft, die Stärke und das Vertrauen in sich selbst zu finden, die sie für die Rettung ihres Bruders und der Sekundärwelt „Living Earth" braucht. Der offensichtliche und bewusst gewählte kulturelle Hintergrund des Mädchens fungiert dabei nicht als eine Entität, die Probleme auslöst. Vielmehr sind die Herausforderungen, denen sich Sayuri stellen muss, menschliche; transkulturelle Fragen von Selbstbewusstsein und das Hinauswachsen über sich selbst sind bedeutungstragend.

Eines Abends sind die Geschwister Sayuri und der jüngere Keiji allein zu Hause und müssen in den ‚root cellar' gehen um dort Lebensmittel zu holen. Auf magische Weise landen sie dabei in „Living Earth", wo ihnen eine Vielzahl

---

2   Eine ähnliche Diskussion des Texts aus literaturwissenschaftlicher Sicht findet sich in Alter (2012).

von Figuren aus der japanischen Mythologie begegnet, die sie bis dahin nur aus den Erzählungen und Büchern in ihren Kinderzimmern kannten. Diese Figuren sind in „Living Earth" zum Leben erweckt und versuchen sich gegen das Machtstreben des gemeinen Fuchses Uncle Mischief durchzusetzen, der im Verlauf der Erzählung Keiji entführt und in seinen Bann zieht. Sayuri wird ausgewählt ihn zu retten, kann und muss sich dabei auf die Hilfe des Kappa, der Oni und Tanuki, vor allem aber auf die der weisen Bergfrau Yamanba verlassen.

Durch das Entschwinden in die fremde Welt durch den „root cellar" verbinden sich kanadische Symbolik und japanische Mythologie. Kreiert wird dadurch ein ‚Third Space', in dem die erfolgreiche individuelle Weiterentwicklung nicht von der Transzendierung von kulturellen Aspekten von Identität abhängt, wie es in den erstgenannten Titeln der Fall ist, sondern von Mut und Vertrauen in sich selbst und andere. Die persönliche Entwicklung des japanisch kanadischen Mädchens vollzieht sich auf einer abenteuerlichen Reise durch eine fremde, magische Welt, in der es dazu beitragen kann und muss, dass diese eine bessere wird. Auf dieser Reise durchläuft Sayuri einen Reifeprozess, der ihr dann im weiteren Leben und in der Welt auf der anderen Seite des „root cellar" die Sicherheit und Stärke geben wird, in einer nach dem Umzug noch fremden Stadt in dem unbekannten Teil Kanadas zu leben und neue Sicherheit in Familienstrukturen und vor allem in sich selbst zu finden. Japanische und kanadische kulturelle Einflüsse werden ergänzend zu einander, nicht bedrohend dargestellt. Der soziale Mikrokosmos, der in dem Text repräsentiert wird, eröffnet keine Dichotomie aus kulturell Eigenem und Fremden, sondern eine Dichotomie aus Angst und Mut, Stärke und Schwäche, die unabhängig von kultureller Differenz wahrgenommen wird und damit Identifikationspotential schafft. Die vermittelten Werte gehen über kulturelle Identitäten hinaus; trotzdem kann die Erzählung nur in dieser Konstellation funktionieren und verstanden werden, und wenn sich der Leser mit kultureller Bedeutung auseinandersetzt. Diane Hoffman argumentiert ähnlich und macht deutlich, dass die Idee der Suche nach einer Identität bei multikulturellen Protagonisten übertrieben ist und überdeutlich repräsentiert wird und plädiert dafür, dass Menschen, egal woher sie stammen, einen optimistischen Blick auf sich selbst verdient haben, der über Problemhaftigkeit hinausgeht (Email-Diskurs mit Grit Alter 2011). Dies ist bei Hiromi Goto's *The Water of Possibility* und auch den anderen Titeln der Fall und Grund dafür, dass diese und ähnliche Werke den bisherigen „Kanon" an Literatur für die Entwicklung von inter- und transkulturellem Lernen entscheidend erweitern können.

In den vorgeschlagenen Romanen wird die genannte Kategorisierung von Farbig/Weiß und Opfer/Täter durch die Implementierung (kultureller) Identität aufgehoben. (Kulturelle) Identität ist nicht Problem, sondern Faktum und spielt in der Entwicklung der Narration trotzdem eine tragende Rolle. Dies jedoch in einem ergänzenden und elementaren Verständnis als sinnstiftend, kraftgebend und in gewissem Sinn mensch-definierend, nicht problem-definierend. Der Protagonist ist nicht das Problem, das gelöst werden muss, sondern wird zum Problemlöser. Vor allem in Hinblick auf den multikulturellen Leser selber stellt dies einen essentiellen Unterschied dar. Die Protagonisten sind aktiv Handelnde, die zum Ausgang der Erzählung Kreativität, Energie und Idealismus beitragen; sie sind dabei nicht einseitig positiv dargestellt, sondern aufgeklärt ausgewogen. Ein komplexer Zugang zu Literatur wird dennoch erreicht, jedoch weniger emotional überladen und für den Lerner im Sinne von sozialer Erwünschtheit unabhängiger, wenn binäre Kulturen-Konstellationen durch die Literatur nicht neu konstruiert werden.

6   Fazit

Die Beantwortung der von Werner Delanoy gestellten Frage „Quo vadis cultural learning?" (2012) stellt nach wie vor eine Herausforderung an die fach-, speziell die kulturdidaktische Forschung dar. Ein wesentliches Moment der Beantwortung dieser Frage liegt in der Wahl des (Lese-)Materials auf dem kulturelles Lernen basiert. Ich plädiere daher dafür, dass für das kulturelle Lernen in der heutigen Gesellschaft eine Vielzahl von Identifikationsmustern geboten werden. In einem Alltag, in dem Diversität und Transdifferenz immanenter Bestandteil sind, ist eine Literatur notwendig, die nicht nur die Problemhaftigkeit der Integrations- und Identitätsfindungsprozesse aushandelt und reflektiert, sondern auch, ohne diese zu negieren, *zusätzlich* positive Identifikationsmodelle bietet, damit die Abgrenzung von Eigen und Fremd unabhängig von kulturellen Differenzen gedacht werden kann. Dann könnte es nicht mehr „Ich bin froh, dass es gerade nicht um mich ging" heißen sondern „Hey, da ging es gerade um mich".

Literatur

Alter, Grit: Balancing Cultures - Multicultural Canadian Children's Literature. In: Bruti-Liberati, Luigi (Hrsg.). Interpreting Canada, New Perspectives from Europe. European Network for Canadian Studies 10, 2012, 7-23.

Antor, Heinz: Inter-, multi- und transkulturelle Kompetenz: Bildungsfaktor im Zeitalter der Globalisierung. In: Antor, Heinz (Hrsg.) Fremde Kulturen Verstehen – fremde Kulturen Lehren, Theorie und Praxis der Vermittlung interkultureller Kompetenz. Heidelberg, 2007, 111-126.

Bakhtin, Mikhail: The Dialogic Imagination, Austin, 1981.

Bandura, Albert: Social Foundations of Thought and Action, A Social Cognitive Theory, Englewood Cliffs, NJ: 1986.

Banks, James/McGee Banks, Cherry: Multicultural Education, Issues and Perspectives, Boston, 1989.

Bastedo, Jamie: On thin Ice, Markham, 2006.

Bhabha, Homi: The Location of Culture, London, 1994.

Bredella, Lothar: Das Verstehen des Anderen, Kulturwissenschaftliche und literaturdidaktische Studien, Tübingen, 2010 (hier zitiert als 2010a).

Bredella, Lothar: Fremdverstehen und interkulturelles Lernen. In: Hallet, Wolfgang/Königs, Frank (Hrsg.): Handbuch Fremdsprachenunterricht, Seelze-Velber, 120-125 (hier zitiert als 2010b).

Bredella, Lothar/ Meißner, Franz-Joseph/ Nünning, Ansgar/ Rösler, Dietmar (Hrsg.): Wie ist Fremdverstehen lehr- und lernbar?, Tübingen, 2000.

Bredella Lothar/Christ, Herbert (Hrsg.): Fremdverstehen und interkulturelle Kompetenz, Tübingen, 2007.

Bushmann, John/ Parks Haas, Kay/Hazlett, Lisa/ Hayn, Judith: Diversity in Young Adult Literature. In: Bushmann, John/Parks Haas, Kay (Hrsg.): Using Young Adult Literature in the English Classroom, Upper Saddle River, NJ, 2006, 186-204.

Byram, Michael: Teaching and Assessing Intercultural Communicative Competence, Clevedon, 1997.

Delanoy, Werner: Transculturality and (Inter-)Cultural Learning in the EFL Classroom. In Werner Delanoy/ Volkmann, Laurenz (Hrsg.): Cultural Studies in EFL Classroom, Heidelberg, 2006, 233-248.

Delanoy, Werner: Transkulturalität und Literatur im Englischunterricht. In Gnutzmann, Claus/Königs, Franz G./ Zöfgen, Ekkehard (Hrsg.): Fremdsprachen Lehren und Lernen, Lehren und Lernen mit literarischen Texten 37, 2008, 95-108.

Delanoy, Werner: From „Inter" to „Trans"? Or: Quo Vadis Cultural Learning? In: Eisenmann, Maria/Theresa Summer (Hrsg.): Basic Issues in EFL Teaching and Learning, Heidelberg, 2012, 157-167.

Eberhardt, Jan-Oliver: Interkulturelle Kompetenz als Bildungsstandard von Fremdsprachenunterricht: zwischen Anspruch und Wirklichkeit. In: Grenzen überschreiten: sprachlich, fachlich, kulturell: Dokumentation zum 23. Kongress für Fremdsprachendidaktik der DGFF, Leipzig, 30.9.-1.10.2009, Hohengehren, 2009, 205-218.

Fäcke, Christiane: Transkulturalität und fremdsprachliche Literatur, Eine empirische Studie zu mentalen Prozessen von primär mono- oder bikulturell sozialisierten Jugendlichen, Frankfurt a.M., 2006.

Freitag-Hild, Britta: Theorie, Aufgabentypologie und Unterrichtspraxis inter- und transkultureller Literaturdidaktik, British Fictions of Migration im Fremdsprachenunterricht, Trier, 2010.

Goto, Hiromi: The Water of Possibility, Regina, 2001.

Hallet, Wolfgang: Fremdsprachenunterricht als Spiel der Texte und Kulturen, Intertextualität als Paradigma einer kulturwissenschaftlichen Didaktik, Trier, 2002.

Hansen, Joyce: Multicultural Literature: A Story of Our own. In: Brown, Jean E./Stephens, Elaine C. (Hrsg.). United in Diversity – Using Multicultural Young Adult Literature in the Classroom, Urbana, 1998, 13-19.

Kramsch, Claire: Third culture and language education. In: Cook, Vivian/Wei, Li (Hrsg.). Contemporary Applied Linguistics 1, 2009, 233-254.

Lockwood, A.T.: Education for Freedom. In: Focus in Change 7, 1992, 23–29.

Luke, Carmen: Media Literacy and cultural studies. In: Muspratt, Sandy/Luke, Alan/Freebody, Peter (Hrsg.): Constructing critical literacies, Teaching and learning textual practice, Creskill, NJ, 1992, 19-49.

Maracle, Lee: Will's Garden, Penticton, 2002.

McKenzie, Andrea: The changing faces of Canadian children, Pictures, power and pedagogy. In: Hudson, Aida/ Cooper, Susan-Ann (Hrsg.): Windows and Words, A look at Canadian Children's Literature in English, Ottawa, 2003, 201-218.

Saltman, Judith: Children's Literature at the Millenium. In: Hudson, Aïda/Cooper, Susan-Ann (Hrsg.): Windows and Words, A Look at Canadian Children's Literature in English. Ottawa, 2003, 23-34.

Sydor, Colleen: My Mother is a French Fry and Further Proof of my Fuzzed up Life, Toronto, 2008.

Volkmann, Laurenz: Fachdidaktik Englisch, Kultur und Sprache, Tübingen, 2010.

Walters, Eric: Run, Toronto, 2003.

Welsch, Wolfgang: Transculturality – the Puzzling Form of Cultures Today. In: Featherstone, Mike/Lash, Scott (Hrsg.): Spaces of Cultures, City, Nation, World, London, 1999, 194-213.

Lesetagebücher als Initiatoren und Begleiter transkultureller Lernprozesse

Daniela Anton

Abstract

Lernenden sollen im Unterricht Möglichkeiten der Auseinandersetzung mit unterschiedlichen kulturellen Identitätsentwürfen und zur Ausbildung eines gefestigten Selbstbildes eröffnet werden. Im Rahmen des transkulturellen Lernens bietet sich eine solche Auseinandersetzung besonders durch die Beschäftigung mit hybriden literarischen Texten an, deren Einsatz nicht erst in der Oberstufe eine Berechtigung findet. Ein Beispiel für einen solchen Text stellt Doris Pilkington Garimaras Roman *Rabbit-proof Fence* dar, der aufgrund der abgebildeten hybriden Identitäten vielfältige Ansatzpunkte für transkulturelle Lernprozesse bietet.

Im Folgenden soll mit dem Lesetagebuch eine konkrete unterrichtspraktische Möglichkeit vorgestellt werden, transkulturelle Lernprozesse anzustoßen und Heterogenität und Hybridität zum Gegenstand des Unterrichts zu erheben. Dabei wird die persönliche Reflexion der Leseerfahrung der Lernenden mithilfe der individualisierten Bearbeitung verschiedener Text- und Filmsequenzen angeregt und vielfach Perspektivenwechsel angebahnt. Dies eröffnet nicht nur die Chance der Transparentmachung kognitiver, affektiver und pragmatischer Leistungen der Lernenden, sondern auch der Erweiterung des traditionellen Kulturbegriffs in Richtung eines offenen Verständnisses von Kultur.

1 Einleitendes zu kulturellem Lernen im Englischunterricht

Ein besonderes Potential des Fremdsprachenunterrichts ist sicherlich in der Auseinandersetzung mit unterschiedlichen kulturellen Identitätsentwürfen und der Ausbildung eines gefestigten Selbstbildes durch den Umgang mit Anderem zu verorten. Dies ist insbesondere relevant in einer Zeit, in der Gesellschaften aufgrund vielfältiger Bewegungen durch die Begriffe Pluralität, Heterogenität und Hybridität charakterisiert werden können, was die Vorstellung von homogenen, voneinander abgrenzbaren Nationalkulturen überwunden erscheinen lässt. Diese hohe innere Differenziertheit, die Vernetzung, Überlagerung und die Komplexität moderner Gesellschaften wird durch eine realweltliche sowie wissenschaftstheoretische Veränderung des kulturellen Weltbildes abgebildet:

> Raum, Bewegung, Geschichte(n) und Erfahrungen sowohl von Individuen als auch von Gemeinschaften werden zunehmend miteinander verknüpft und fordern auf diese Weise den herkömmlichen Kulturbegriff und die herkömmliche disziplinorientierte wissenschaftliche Forschungs- und Arbeitsweise heraus. (Saal 2007:21)

Wesentliche Muster und Themen unterschiedlicher kultureller Herkunft sind längst übernational geworden und führen dazu, dass Lebensformen sich grenzüberschreitend reproduzieren und es zu einer kulturellen Pluralisierung und Hybridisierung möglicher Identitäten kommt, da Kulturen füreinander zu

Binnengehalten oder Trabanten werden (Welsch 2010:43). Auf der Makroebene zeigt sich diese Struktur im ökonomischen Prozess globaler Produktions- und Marktintegration, in globalen politischen Regulierungen und in der kulturellen Entwicklung zu einer Weltgesellschaft mit einer Vielzahl globaler Dörfer (Bolscho 2005:31). Auf der Mikroebene wird die neue kulturelle Struktur durch die Einzelpersonen reflektiert, welche sich als kulturelle Mischlinge darstellen, die sich aufgrund der Einflüsse unterschiedlicher kultureller Muster bei der Identitätsbildung ergeben. Diese gesellschaftliche und individuelle Hybridität gilt es, bewusst zu machen und unterrichtlich zu verarbeiten. Dabei kommt dem Fremdsprachenunterricht eine besondere Verantwortung zu, da er dazu beitragen kann,

> auf essentialistische Vorstellungen von Kultur und Identität aufmerksam zu machen und Lernende im Sinne eines zeitgemäßen pluralistischen und hybriden Verständnisses dieser Kategorie für die Pluralität, Heterogenität und Hybridität individueller und kultureller Identitätskonzepte zu sensibilisieren. (Freitag 2007:181)

Transkulturelle Ansätze in der Nachfolge Wolfgang Welschs verfolgen dieses Ziel, während sie gleichzeitig nach der grenzüberschreitenden Hervorhebung von Gemeinsamkeiten und nach Integration derselben streben (Fäcke 2002; Antor 2006; Delanoy 2008; Freitag-Hild 2007, 2010). Grundsätzliche Schwierigkeiten bei der Planung von Sequenzen zum transkulturellen Lernen ergeben sich dabei dadurch, dass sich dieses bisher weitgehend einer konkreten, allgemeingültigen Bestimmung entzieht sowie dass es zum aktuellen Zeitpunkt nur wenig durch Curricula oder Richtlinien der BRD widergespiegelt wird und deshalb selten durch gängige Unterrichtsmaterialien angeregt wird. Zusätzlich führen die Komplexität des transkulturellen Lernens und seine relative Abhängigkeit von literarischen Texten häufig dazu, dass eher die Oberstufenjahrgänge bei den Vorschlägen zu konkreten Unterrichtsentwürfen berücksichtigt werden.

Für den vorliegenden Artikel müssen auf den genannten Grundlagen zwei notwendige Einschränkungen vorgenommen werden. Zum einen kann Welschs Konzept der Transkulturalität zwar als Zielvorstellung des Unterrichts gelten, die komplette Auflösung der konzeptuellen Grenzen von Einzelkulturen gehen jedoch noch vielfach über den *Status Quo* hinaus, da das Denken der meisten Menschen und somit auch der Lernenden nach wie vor von monokulturellen Kategorien und von der Vorstellung voneinander getrennter kultureller Traditionen geprägt sein dürfte (Antor 2006:36). Dies macht eine unterrichtliche Thematisierung desselben sowie das Anknüpfen an dieser Ausgangslage erforderlich.

Zusätzlich stellen transkulturelle Lernprozesse hohe kognitive sowie affektive Anforderungen an Lernende, weshalb insbesondere in der Mittelstufe beachtet werden muss, dass die Bereitschaft der Lernenden, das erst im Aufbau befindliche, fragile Selbstbild im Rahmen von Perspektivenübernahmen zu verlassen, eine große Herausforderung für dieselben darstellt, was eine mögliche Beeinträchtigung einer offenen Haltung gegenüber Anderem bedingen könnte. Dies dürfte insbesondere für solche Jugendliche gelten, die sich zwischen zwei oder mehreren Kulturen hin- und her gerissen fühlen (Caspari/Schinschke 2009:278). Transkulturelles Lernen ist demnach nur sukzessive aus dem interkulturellen Lernen und insbesondere durch Zuhilfenahme literarischer Texte möglich, die eine sensible Auseinandersetzung mit unterschiedlichen kulturellen Identitätsentwürfen erlauben. Dabei können durch unbewusste oder bewusste Perspektivenübernahme andere Lebensarten erfahren werden, es kann jedoch auch ein generelles Bewusstsein dafür geschaffen werden, dass Menschen in anderen kulturellen, sozialen oder geschichtlichen Kontexten ähnliche universell menschliche Erfahrungen machen können wie man selbst (Risager 2007:7).

Im Folgenden soll nun zunächst der Stellenwert der Beschäftigung mit Literatur im Rahmen des transkulturellen Lernens dargestellt werden, bevor auf das Konzept des Lesetagebuchs eingegangen wird, das anschließend anhand eines unterrichtspraktischen Beispiels konkretisiert wird.

2   Die Rolle von Literatur in transkulturellen Lernprozessen

Die rein kognitive Vermittlung kulturrelevanter Inhalte dürfte nur selten zu einer lebensweltlichen Übertragung gewonnener Erkenntnisse oder zur Veränderung von Einstellungen bei den Lernenden führen, weshalb die Verbindung mit affektiven und pragmatischen Lernzielen angestrebt werden muss. Ausgehend von einem veränderten Kulturbegriff ist dabei zu fordern, dass der unterrichtliche Fokus vor allem auf die Untersuchung individueller und kultureller Hybridität gelegt wird, um Lernende „für kulturelle und individuelle Perspektivenvielfalt zu sensibilisieren und individuelle kulturelle Aushandlungsprozesse in Gang zu setzen" (Freitag 2007:183). Dabei wirken besonders solche Verfahren für die Auseinandersetzung mit Hybridität förderlich, bei denen sich die Lernenden in andere Personen „eindenken, einfühlen und ihre Identität körperlich sowie sprachlich nacherleben" (Abendroth-Timmer 2000:37) können. Aus diesem Grund bietet sich die Lektüre literarischer Texte im Rahmen des transkulturellen Lernens an, da hierbei Fähigkeiten zum Perspektivenwechsel, zur Perspektivenkoordination und -integration sowohl auf der Ebene der Figuren und der Handlung als auch bei der Interaktion zwischen Text und Leser notwendig sind und über diese eingeübt werden (Caspari 2005:102).

Die Lektüre literarischer Texte stellt mit Blick auf die Auseinandersetzung mit medial vermittelten unterschiedlichen Weltentwürfen sowie die durch kreative Textverfahren zu ermöglichende Schülerorientierung ein Desiderat dar. Insbesondere narrative Literatur kann dabei als Vermittler sowie Erprobungsinstrument transkultureller Kompetenzen wirksam werden, da ihr die Rolle zukommt, „mit fremdkulturellen Lebensentwürfen und fiktiven Individuen zu konfrontieren, von der Norm abweichende Personen darzustellen und im Lernenden affektive und kognitive Dimensionen anzusprechen" (Burwitz-Melzer 2003:109). Besonders Texte, die kulturelles Missverstehen auf der Ebene der Figuren abbilden, bergen dabei das Potenzial, identifikationsstiftend zu wirken, die Schüler herauszufordern und zu Stellungnahmen zu provozieren. Dasselbe gilt für die Darstellung von Protagonisten, die Emotionen zeigen und solche bei den Lernenden evozieren. Ansgar Nünning schreibt im Rahmen des interkulturellen Lernens solchen Texten eine ähnliche Funktion zu, die von Autoren verfasst wurden, die zu den ethnischen Minderheiten zählen, sowie Texten, in denen Probleme des Verstehens auf der Ebene der erzählerischen Vermittlung mit formalen Mitteln inszeniert werden, beispielsweise durch einen *unreliable narrator* oder Multiperspektivität (Nünning 2000:113f.).

Ein Text, der aufgrund der Personenkonstellation sowie der dargestellten Problematik sinnvoll im Rahmen des transkulturellen Lernens eingesetzt werden kann, um Lernende für kulturelle und individuelle Hybridität und gesellschaftliche Pluralität zu sensibilisieren, ist *Rabbit-proof Fence* von Doris Pilkington Garimara (2008), der auch in verkürzter Form in mehreren aktuellen Lehrbuchreihen abgedruckt ist. Diese Verbindung von Lehrbuchinhalten und extensiver Lektüre der vereinfachten Ausgabe der *Oxford Bookworms Library* weist dabei den Vorteil auf, dass durch die der Textbehandlung vorgeschaltete Lehrbucheinheit eine Einführung in die Thematik und eine Einordnung in einen geografischen, historischen oder kulturellen Kontext geleistet werden kann.

Rabbit-proof Fence basiert auf einer wahren Begebenheit und schildert die Flucht dreier halb-Aborigine Mädchen der *stolen generation* aus einer Erziehungsanstalt, in der sie zu Haushaltshilfen ausgebildet werden sollen. Trotz widriger äußerer Umstände, wie Hitze und Nahrungsmangel sowie der Verfolgung durch die Polizei und einen Spurensucher, gelingt es den Dreien mithilfe des *Rabbit-proof Fence* als Wegweiser, die etwa 1.500 Meilen bis zu ihrem Heimatort zurückzulegen, wobei eines der Mädchen jedoch kurz vor ihrem Ziel gefangen und in die Erziehungsanstalt zurückgebracht wird.

Der Text erfüllt in vielfacher Hinsicht die von Britta Freitag-Hild formulierten Textmerkmale als Grundlage inter- und transkultureller Lernprozesse (Freitag 2007:183f.). Er bietet Identifikationspotential für die Lernenden, wobei sich diese in kulturell hybride Individuen einfühlen und eindenken können, die in individuellen Grenzerfahrungen und in ihrem Bedürfnis nach Zugehörigkeit dargestellt werden. Die angebotenen Möglichkeiten der Perspektivenübernahme ergeben sich dabei insbesondere aufgrund der Multiperspektivität des Textes, unterschiedlicher einbezogener Textformate sowie der Darstellung der Protagonisten, die als Sympathieträger und Identifikationsfiguren dienen, während die Vertreter der Kolonialpolitik Distanzierungsmöglichkeiten bieten. Zusätzlich eröffnet der Text Möglichkeiten zur Stellungnahme sowie zur aktiven Teilhabe an fremdsprachigen Diskursen und er ermöglicht das kritische Hinterfragen essentialistischer Kultur- und Identitätskonzepte und die Bewusstmachung der Heterogenität und Hybridität von Kultur(en) und Identität(en). Dies wird insbesondere durch die Darstellung kultureller Konflikte sowie von Erfahrungen der Ausgrenzung bedingt, die im Ausspruch „You not Mardu, you not wudgebulla! [...] You nothing! You just a mongrel dog!'" (Pilkington Garimara/Bassett 2008:4) ihren Ausdruck finden.

Die literarisch verarbeitete Hybridität zeigt den Zwiespalt der Halb-Aborigines zwischen der von ihnen angenommenen und ihnen zugewiesenen Identität, wobei sie bei der Überwindung von Grenzen auf Unverständnis auf beiden Seiten stoßen. Dies dürfte anschaulich die Situation vieler Kinder und Jugendlicher in deutschen Klassenzimmern beschreiben, die zwischen verschiedenen Kulturen aufwachsen und an die unterschiedliche kulturelle Erwartungen herangetragen werden. Dadurch kann die Lektüre des Romans somit die Auseinandersetzung mit der eigenen hybriden Identität sowie mit alltagsweltlichen Formen individueller und kollektiver Hybridität ermöglichen.

3   Lesetagebücher als Vermittler transkultureller Lernprozesse

Lesetagebücher (*reading logs*) bieten die Möglichkeit einer intensiven Auseinandersetzung mit literarischen Texten, wobei sie insbesondere ein Mittel zur Individualisierung und Differenzierung darstellen.

Ziele, die mit ihrem unterrichtlichen Einsatz verfolgt werden können, liegen vor allem im Bereich des vertieften Textverständnisses und der eigenständigen Steuerung von Lernprozessen, die eine selbstständige Auswahl und den zielführenden Einsatz unterschiedlicher Strategien umfasst (Henseler/Surkamp 2007:16). Differenzierungspotential ergibt sich dabei durch die flexible Zeiteinteilung, die Ausgestaltung des Lesetagebuchs sowie die Auswahl der fakultativen Aufgabenstellungen, die die unterschiedlichen Voraussetzungen, Interessen und Fähigkeiten der Lernenden berücksichtigen. Nichtsdestotrotz sind eine intensive Betreuung und Begleitung durch die Lehrkraft und eine Einbindung in das Unterrichtsgeschehen weiterhin notwendig, besonders in Klassen, in denen die Arbeit mit *reading logs* zuvor noch nicht eingeübt wurde. Dies kann beispielsweise durch die gemeinsame Besprechung einzelner Kapitel oder die Bereitstellung vorstrukturierter Arbeitsblätter geleistet werden. Für den vorliegenden Beitrag ist jedoch insbesondere das Potential von Lesetagebüchern hervorzuheben, weite Freiräume für inter- sowie transkulturelle Lernprozesse zu schaffen.

Die in einer achten Klasse eines Würzburger Gymnasiums durchgeführte literarische Sequenz zu *Rabbit-proof Fence* umfasste neun Unterrichtsstunden, wobei die Lesetagebücher, die durch einen Katalog obligatorischer sowie fakultativer *tasks* gelenkt wurden, durch die Lernenden in der darauffolgenden Ferienwoche abgeschlossen wurden. Der Zeitrahmen sowie die Zielsetzungen des Lesetagebuchs wurden im Vorfeld transparent gemacht und die Möglichkeit der kreativen Gestaltung in Eigenverantwortung betont. Zusätzlich wurden alle Arbeitsblätter auch per E-Mail bereitgestellt, sodass eine Bearbeitung am Computer erfolgen konnte, was bei einigen Schülern und Schülerinnen zu einer großen Motivationssteigerung beitrug. Es erfolgte eine intensive und weitgehend selbstständige Bearbeitung der Aufgaben, die durch Gruppen- und Partnerarbeitssequenzen, Rollenspiele sowie Unterrichtsgespräche begleitet wurde. Dabei wurde ein multimedialer Ansatz auf der Grundlage eines erweiterten Textbegriffs gewählt, der die Arbeit mit dem adaptierten Roman, der Verfilmung von Phillip Noyce sowie unterschiedlichen authentischen Quellen und Internetrecherchen verband und den Einbezug alltäglicher Seh- und Lesegewohnheiten der Lernenden in den Unterricht ermöglichte.

Während der Lektüre des Romans wurde der Fokus durch gezielte Fragestellungen mehrfach auf die Reflexion der produzierten Texte und der eigenen kulturellen Realität gelegt. Während alle Lernenden die kulturelle Hybridität der Hauptperson Molly wahrnahmen, reagierten sie mehrheitlich bei der Frage zu ihrer eigenen kulturellen Identität erwartungsgemäß mit Antworten, die auf ein statisch-essentialistisches Kulturverständnis schließen lassen:

> I am Sonja and I come from Germany, my parents are definitely white and they come from Europe like me. I live my whole life here in Germany.[1]

Bei anderen Lernenden führte die Fragestellung bereits zu Aussagen über eigene kulturelle Hybridität, wobei diese jedoch ausnahmslos durch die Herkunft der Eltern bedingt war und sich somit maßgeblich auf geographische Kategorisierungen bezog. Generell bildete diese erste Selbstreflexion jedoch einen guten Ausgangspunkt für die spätere Untersuchung der individuellen Entwicklung.

Weitere Aufgabenstellungen im Rahmen kultureller Lernprozesse zielten vornehmlich auf kognitive und pragmatische Lernprozesse. Dabei handelte es sich insbesondere um Rechercheaufgaben zu historischen Ereignissen oder Analysen von Filmszenen und deren Vergleich mit den Inhalten des Buches. Es wurde jedoch immer versucht, eine kritische Reflexion der Lernenden anzuschließen, sodass diese affektiv involviert wurden und eine kritische Urteilsfä-

---

1   Die Schülerbeispiele wurden unverändert mit den etwaigen Fehlern übernommen.

higkeit ausbilden konnten. Beispielsweise provozierte die Aufforderung, nach einer Internetrecherche zur *stolen generation* die eigene Reaktion zu der Tatsache darzustellen, dass es in Australien möglich war, Kinder aufgrund ihrer Herkunft und genetischen Disposition von ihren Eltern zu trennen, teilweise sehr emotionale Reaktionen der Lernenden. Während einige Schüler das Vorgehen als moralisch und ethisch falsch einstuften und angaben, sie seien entsetzt und traurig, vollzog eine Schülerin einen Perspektivenwechsel auf ihr eigenes Leben und bemerkte, sie wolle eher sterben, als von ihrer Familie getrennt zu werden.

Perspektivenübernahme, -koordination und -integration ermöglichen die Sensibilisierung für fremde Positionen, die Herausbildung eines Kulturbewusstseins sowie die Reflexion eigener Standpunkte. Außerdem verhindert die zeitweilige Einnahme unterschiedlicher Innensichten die vorschnelle Be- oder Verurteilung von Personen oder Situationen nach eigenen Vorstellungen (Caspari 2005:102). Aus diesem Grund wurden insbesondere *tasks* angeboten, bei denen es um das Nachvollziehen, Imaginieren, sich Hineinversetzen, Gefühle Zeigen, Vergleichen und empathisch Sein ging. Durch dieses Angebot unterschiedlicher kreativer Verfahren, die auch differenziertes Arbeiten ermöglichten und Hilfen zur Einübung des Perspektivenwechsels enthielten, um affektive Lernziele zu erreichen, wurden die Lernenden als Individuen mit speziellen Bedürfnissen wahrgenommen (Caspari 2005:109). Die multitextuelle und multiperspektivische Darstellung unterschiedlicher Szenen und die zahlreichen Leerstellen des Textes ermöglichten dabei die Aufnahme, den Nachvollzugs und die Umarbeitung durch die Lernenden. Beispielsweise verfassten sie Dialoge zwischen unterschiedlichen Charakteren, entwickelten Interviews mit den Hauptpersonen, schrieben Passagen des Buches aus verschiedenen Perspektiven oder verfassten Briefe an Personen aus dem Buch, was auch handlungs- und schülerorientiertes Lernen im Unterricht ermöglichte. Unter anderem erfolgte die Ausarbeitung und Präsentation des im Text erwähnten Telefongesprächs zwischen einer Landwirtin und der Polizei, in dem diese den Aufenthaltsort, das Ziel und den Zustand der Mädchen preisgibt (Pilkington Garimara/Bassett 2008:29). Der folgende Brief, der das im vorherigen Perspektivenwechsel erworbene Wissen um die Beweggründe der Landwirtin verarbeitet, entstand im Anschluss an die Reflexion darüber, ob Mrs Flanagan eine bösartige Person sei:

Dear Mrs. Flanagan,

I've heard about your phone call with the superintendent. First of all I want to say that I think it was very nice of you to help the three girls when you gave them something to eat and warm clothes. I also believe that you didn't want to do anything wrong when you called Mr Neville. But actually that was no good idea! […] Perhaps you don't know that life at the settlement is very hard and bad and all children there are homesick and sad. This is the reason why they try to escape! Please think about it and next time don't call the police!

Yours sincerely, Nadia

Ein Aufgabenkomplex zielte explizit auf Perspektivenvergleich ab. Als Vorarbeit wurde zunächst anhand eines online zugängigen Filmausschnitts als Hausaufgabe der Standpunkt der weißen Australier bezüglich der ‚half-castes‘ erarbeitet. Die Lernenden konnten dadurch ein Bewusstsein dafür entwickeln, dass die Kolonialherren die vollständige Eliminierung gemischtrassiger Personen anstrebten:

> Are we to allow the creation of an unwanted third race? Should the coloureds be encouraged to go back to the black or should they be advanced to white status and be absorbed in the white population? [...] [I[n the third generation, or third cross, no trace of native origin is apparent. The continuing infiltration of white blood finally stamps out the black colour. The Aboriginal has simply been bred out." (Noyce 2002:0:11:42-0:12:45)

Auch wurde nach Anschlussmöglichkeiten im Vorwissen und im individuellen Umfeld der Lernenden gesucht. Diese zogen Parallelen zu historischen Kontexten wie dem Genozid, der Unterdrückung der *Native Americans* und der Ausgrenzung von Menschen mit dunkler Hautfarbe. Auf die Frage, ob sich auch heute noch Menschen fühlten wie Molly in *Rabbit-proof Fence*, wurde beispielsweise auf die Ausgrenzung von Menschen mit Behinderung oder von Ausländern eingegangen, es wurden jedoch auch eigene Erfahrungen einbezogen:

> I felt like Molly in one situation, too, because I make music by myself and occur on stages and others excluded me because of that. The novel showed me that other people feel like this, too.

Die durch die Interaktion mit der Textwelt angeregte Reflexion sollte Lernende nicht nur für kulturelle Gemeinsamkeiten und Andersartigkeit sensibilisieren, sondern sie auch zu einer kritischen Betrachtung und Relativierung des eigenen und fremden Standpunktes führen, ihnen die Perspektivengebundenheit von Wirklichkeitserfahrungen verdeutlichen und ihnen die Übertragung der neuerworbenen schulischen (Er-)Kenntnisse auf die außerschulische Lebenswelt ermöglichen (Voigt 2010:5). Interessant ist dahingehend die Reflexion einer Schülerin, die angab, ihr Verhalten anderen Menschen gegenüber aufgrund der Lektüre in Zukunft ändern zu wollen:

> I think when now a people from an other land would come, I think I would look for his/her charakter and not for his/her coulour.

Trotzdem kann auch nach der erfolgreichen Einübung von Perspektivenübernahmen der Transfer auf die außerhalb liegende Ebene der realen Lebenswelt keineswegs garantiert werden (Nünning 2000:98), die Beispiele zeigen jedoch, dass die Lernenden sich aktiv mit der Thematik auseinandergesetzt haben. Abgeschlossen wurde dieser inhaltliche Komplex durch die Darstellung einer Situation aus zwei verschiedenen Perspektiven. Die Lernenden wurden aufgefordert, in der Form einer Erzählung Mollys und einer Rede Mr. Nevilles, des *Chief Protector of Aborigines*, zu erklären, warum die Halb-Aborigines von ihren Familien getrennt werden. Auch wenn eingewendet werden kann, dass die Identifikation mit den Kolonialherren und der Nachvollzug der Beweggründe Mr. Nevilles moralisch fragwürdig ist, auch wenn dieser insbesondere in der filmischen Inszenierung viele menschliche Züge trägt, konnte durch die Aufgabenstellung die Perspektivengebundenheit von Wirklichkeitserfahrungen verdeutlicht werden und den Lernenden die Möglichkeit eröffnet werden, nach der sorgfältigen Prüfung unterschiedlicher Perspektiven ihren eigenen Standpunkt auszubilden. Dies erforderte nicht nur einen Perspektivenwechsel, sondern zusätzlich die Berücksichtigung der richtigen Sprachebene. Ein besonders gelungenes Beispiel einer Schülerin ist im Folgenden abgedruckt:

> Ladies and Gentlemen, the half-castes have to be brought to our settlement and have to be educated. In the outback they have no chances to have a good life in the future. They are half white, so they are more intelligent. The whiter ones may be educated in normal schools. The darker ones go to separate schools. They are not intelligent enough. Here in Moore River they have more chances to get for example a good domestic servant or a farmer in the future. With our excellent plan we will make a better world with better workers. We give this children a chance to have a good future and their kids not to live in the bush. Thanks for listening.

> Mum, they take us away because they don't want us to live in the bush, right? They think the others aren't worth to go to the settlement! But they aren't right! Even when they think I'm intelligent I want to stay with you all nevertheless. They teach the children who are "more white" more then me and my cousins. At Moore River they treat us like we're small and stupid. They think we are just dirty. We are to silly for a good job later! We can get domestic servants and that's the best for us. These people make me sick. They don't know anything about me or us.

Als Abschluss der Arbeit mit der Lektüre wurde nochmals die Reflexion des Kulturbegriffes angeregt. Dies geschah zunächst über die Beschäftigung mit Auto- und Heterostereotypen, durch den Vergleich der Charaktere aus dem Roman mit Identitätsentwürfen heutiger Aborigines sowie durch die Beschäftigung mit einem Ausschnitt aus Ken Loachs „Ae fond Kiss" (2004). Darin hält die Schülerin Tahara eine flammende Rede vor ihrer Schule, in der sie postuliert:

> I am a Glaswegian, Pakistani, teenager, woman. Woman of Muslim descent who supports Glasgow Rangers in a Catholic school. 'cos I'm a dazzling mixture and I'm proud of it. (Loach 2004:0:03:49-0:04:09)

Im Rahmen der Erarbeitung des semantischen Bedeutungsfeldes von Kultur wurde eine Ausweitung des Kulturbegriffs auf aktuelle transkulturelle Konzepte sowie die Diskussion über die prinzipielle Unwahrscheinlichkeit monokultureller Individuen und Gesellschaften in einer solchen transkulturellen Welt geleistet. Dadurch war es möglich, im Unterricht „auf interne Differenzierungen, kulturelle Hybridisierungen und die kulturellen Wahlmöglichkeiten eines Individuums innerhalb einer Kultur aufmerksam" zu machen und den Blick auf „die individuelle und kulturelle Stimmenvielfalt und auf hybridkulturelle Phänomene innerhalb einer Kultur" (Freitag 2007:182) zu lenken. Dies erlaubte den Lernenden die Erfahrung, den Ausspruch „You not Mardu, you not wudgebulla!" (Pilkington Garimara/Bassett 2008:4) als allgegenwärtige Realität zu betrachten. Schließlich führte dies außerdem dazu, dass sich die weitgehend monokulturellen Aussagen, die die Lernenden zu Beginn der Einheit getroffen hatten, in eher transkulturelle Aussagen verwandelten:

> I am a mixed-race: a Russian, a German, an Orthodox, a pianist, a flutist, a horse-rider, a singer, a teenager and a Japan fan.

4   Abschließendes

Wie anhand des konkreten Unterrichtsbeispiels deutlich geworden sein dürfte, eröffnen Lesetagebücher die Möglichkeit, über die Beschäftigung mit unterschiedlichen Textformen einen differenzierten Zugang zur Handlung zu gewinnen und die Lernenden durch den interaktiven Umgang mit den Texten zu Koproduzenten am literarischen Text zu befördern. Solche handlungs- und schülerorientierten Verfahren tragen dazu bei, „sich subjektiv-individuell, emotional und erfahrungsbezogen mit einem Thema auseinanderzusetzen und sich die verschiedenen Themenbereiche selbst kreativ zu erschließen" (Voigt 2010:5f.), was eine ganzheitliche Ausrichtung des Lernprozesses und eine Intensivierung des Verstehensprozesses zur Folge hat.

Aktuell bestehen noch viele Fragen im Bereich der Bewertung der Produkte und Prozesse und Lesetagebücher werden sicherlich schon aufgrund des notwendigen zeitlichen und organisatorischen Rahmens sowie individueller Vorlieben der Lernenden und Lehrenden nicht grundsätzlich die Lektüre literarischer Texte begleiten können. Nichtsdestotrotz stellen sie eine gute Möglichkeit dar, transkulturelle Lernprozesse zu initiieren und zu intensivieren.

Literatur

Abendroth-Timmer, Dagmar: Lernziel ‚interkulturelle Kompetenz' oder: Wie zeitgemäß sind unsere Lehrwerke? In: Fery, Renate/Raddatz, Volker (Hrsg.): Lehrwerke und ihre Alternativen, Frankfurt a.M., 2000, 35-45.

Antor, Heinz (Hrsg.): Inter- und transkulturelle Studien, Theoretische Grundlagen und interdisziplinäre Praxis, Heidelberg, 2006.

Bolscho, Dietmar: Transkulturalität – ein neues Leitbild für Bildungsprozesse. In: Datta, Asit (Hrsg.): Transkulturalität und Identität, Bildungsprozesse zwischen Exklusion und Inklusion, Frankfurt a.M., 2005, 29-38.

Burwitz-Melzer, Eva: Allmähliche Annäherungen, Fiktionale Texte im interkulturellen Fremdsprachenunterricht der Sekundarstufe I, Tübingen, 2003.

Caspari, Daniela: Kreative Textarbeit als Beitrag zum Fremdverstehen. In: Gehring, Wolfgang (Hrsg.): Kulturdidaktik im Englischunterricht, Oldenburg, 2005, 101-117.

Caspari, Daniela/Schinschke, Andrea: Aufgaben zur Feststellung und Überprüfung interkultureller Kompetenzen im Fremdsprachenunterricht, Entwurf einer Typologie. In: Hu, Adelheid/Byram, Michael (Hrsg.): Interkulturelle Kompetenz und fremdsprachliches Lernen, Modelle, Empirie, Evaluation. Tübingen, 2009, 273-287.

Delanoy, Werner: Transkulturalität und Literatur im Englischunterricht. In: Fremdsprachen Lehren und Lernen, 37, 2008, 95-123.

Fäcke, Christiane: Auseinandersetzung mit Fremdheit durch Literatur? Driss Chraïbi: La civilisation, ma mère!... Ein Text im fortgeschrittenen Französischunterricht. In: Französisch heute 33 (3), 2002, 399-407.

Freitag, Britta: British Fictions of Migration: Theorie und Praxis inter- und transkultureller Ansätze in der Literaturdidaktik. In: Doff, Sabine/Schmidt, Torben (Hrsg.): Fremdsprachenforschung heute, Interdisziplinäre Impulse, Methoden und Perspektiven, Frankfurt a.M., 2007, 181-194.

Freitag-Hild, Britta: Theorie, Aufgabentypologie und Unterrichtspraxis inter- und transkultureller Literaturdidaktik, British Fictions of Migration im Fremdsprachenunterricht. Trier, 2010.

Henseler, Roswitha/Surkamp, Carola: Lesen individualisieren. In: Der Fremdsprachliche Unterricht Englisch 89 (5), 2007, 16-19.

Loach, Ken (Regie): Ae Fond Kiss, Film, UK, 2004.

Noyce, Phillip (Regie), Rabbit-proof Fence, Film, Australien, 2002.

Nünning, Ansgar: ‚Intermisunderstanding', Prolegomena zu einer literaturdidaktischen Theorie des Fremdverstehens, Erzählerische Vermittlung, Perspektivenwechsel und Perspektivenübernahme. In: Bredella, Lothar/Meißner, Franz-Joseph/Nünning, Ansgar/Rösler, Dietmar (Hrsg.): Wie ist Fremdverstehen lehr- und lernbar? Tübingen, 2000, 84-132.

Pilkington Garimara, Doris/Bessett, Jennifer: Rabbit-proof Fence, Oxford, 2008.

Risager, Karen: Language and Culture Pedagogy, From a National to a Transnational Paradigm. Clevedon, 2007.

Saal, Britta: Kultur in Bewegung, Zur Begrifflichkeit von Transkulturalität. In: Mae, Michiko/Saal, Britta (Hrsg.): Transkulturelle Genderforschung, Ein Studienbuch zum Verhältnis von Kultur und Geschlecht, Wiesbaden, 2007, 21-36.

Voigt, Matthias: Africa's Time Has Come, Interkulturelles Lernen am Beispiel Südafrika. In: Der Fremdsprachliche Unterricht Englisch 44 (2), 2010, 2-7.

Welsch, Wolfgang: Was ist eigentlich Transkulturalität? In: Darowska, Lucyna/Machold, Claudia (Hrsg.): Hochschule als transkultureller Raum? Kultur, Bildung und Differenz in der Universität. Bielefeld, 2010, 39-66.

„And that's when I knew I was going to be okay" – Das Potential literarischer Texte für transkulturelles Lernen in der Mittelstufe

Maike Berger

Abstract

Bisherige Forschungsarbeiten zum transkulturellen Lernen mit literarischen Texten haben sich hauptsächlich mit der gymnasialen Oberstufe beschäftigt. Im vorliegenden Aufsatz wird die These vertreten, dass auch mit jüngeren Schülerinnen und Schülern transkulturelles Lernen möglich ist. Jugendromane präsentieren häufig transkulturelle Identitäten und können daher im Englischunterricht der Mittelstufe eingesetzt werden, um transkulturelle Lernprozesse bei Jugendlichen zwischen 14 und 16 Jahren zu ermöglichen. Nachdem dargelegt wurde, wie literarische Texte transkulturelle Identitäten inszenieren und warum sie daher im Fremdsprachenunterricht eingesetzt werden können, erfolgt eine Analyse von Sherman Alexies Jugendroman *The Absolutely True Diary of a Part-Time Indian*, in der die Präsentation der transkulturellen Identität des Protagonisten im literarischen Text den Schwerpunkt der Untersuchung bildet. Sodann werden Aufgabenbeispiele vorgestellt, die zeigen, wie der Roman im Englischunterricht der Mittelstufe eingesetzt werden kann, um transkulturelle Lernprozesse zu initiieren. Im letzten Abschnitt des Aufsatzes werden einige Kriterien genannt, anhand derer die Auswahl literarischer Texte zum transkulturellen Lernen in der Mittelstufe stattfinden kann.

1 Einleitung, oder: Warum literarische Texte in der Mittelstufe?

Die transkulturelle Fremdsprachendidaktik und insbesondere die Literaturdidaktik haben sich bisher eher auf die gymnasiale Oberstufe als auf die Mittelstufe konzentriert (z.B. Fäcke 2006, Freitag-Hild 2010). Dies mag zum einen daran liegen, dass etwa *British Fictions of Migration* und andere Texte, die transkulturelles Lernen fördern können, aufgrund ihrer thematischen und sprachlichen Komplexität eher für die Oberstufe geeignet sind. Zum anderen wird die Frage, ob transkulturelles Lernen überhaupt schon in der Mittelstufe möglich ist, kontrovers diskutiert. Das Hauptargument gegen transkulturelles Lernen in der Mittelstufe ist häufig, dass Schülerinnen und Schüler in diesem Alter – mitten in der Pubertät – noch nicht in der Lage seien, Hybridisierung und Hybridität von Identitäten und die Verflüssigung von Grenzen zu akzeptieren, da sie in ihrer eigenen Identitätsbildung vielmehr nach Abgrenzung und der Herausbildung einer stabilen Identität strebten.

Allerdings sprechen einige Gründe für die Integration transkulturellen Lernens in den Fremdsprachenunterricht der Mittelstufe. Erstens betreffen transkulturelle Phänomene in einer globalisierten Welt Jugendliche genauso wie Erwachsne, und gerade Jugendliche sind etwa über soziale Netzwerke wie Facebook global vernetzt, identifizieren sich mit Kulturen wie HipHop oder sind Fans der *Harry Potter-* oder *Twilight*-Bücher – allesamt Phänomene, die weltweit Schülerinnen und Schüler weitgehend unabhängig von ihrer Nationalität und ihrem Kulturkreis begeistern und deshalb mit dem Begriff ‚transkulturell' gefasst werden können. Wenn nun die schulische Bildung das transkulturelle Lernen nicht schon in der Mittelstufe implementiert, sondern transkulturelle Phänomene erst in der Oberstufe thematisiert, würde dies zu einer Privilegierung derjenigen Schülerinnen und Schüler führen, die Abitur machen und diejenigen ausschließen, die nach der neunten oder zehnten Klasse ins Berufsleben treten. Dem sollte die Institution Schule entgegenwirken, da transkulturelle Phänomene alle Menschen, wenn auch sicherlich in unterschiedlichem Maße, betreffen. Auch die Bildungspolitik reagiert auf aktuelle gesellschaftliche Entwicklungen und bezieht daher Transkulturalität und transkulturelles Lernen zunehmend in offizielle Bildungsdokumente ein. So ist transkulturelle Kompetenz im hessischen Kerncurriculum, das seit dem Schuljahr 2011/12 für die Sekundarstufe I gültig ist, eine von drei Teilkompetenzen, die zusammen die Diskursfähigkeit ausmachen, die laut Curriculum das Ziel des fremdsprachlichen Lernens sein soll (vgl. HKM o.J.:15). Außerdem spielen transkulturelle Identitäten und das Finden einer eigenen Identität in einer globalisierten Welt in aktueller Jugendliteratur, die durchaus auch kommerziell erfolgreich ist, eine große Rolle.

Im Folgenden soll daher zunächst dargelegt werden, wie literarische Texte transkulturelle Identitäten inszenieren und inwiefern sie aus der Sicht der fremdsprachendidaktischen Forschung und der Bildungspolitik für das Auslösen transkultureller Lernprozesse im Unterricht der Mittelstufe geeignet sind. Anschließend soll mit Sherman Alexie's Roman *The Absolutely True Diary of a Part-Time Indian* (2007)[1] ein literarischer Text vorgestellt werden, in dem der jugendliche Protagonist seine eigene, transkulturelle Identität finden muss. Wie dieser Roman zum transkulturellen Lernen in der Mittelstufe eingesetzt werden kann, wird anhand einiger Aufgabenbeispiele dargelegt werden. Abschließend werden einige Kriterien präsentiert, anhand derer literarische Texte ausgewählt werden können, um transkulturelle Lernprozesse im Fremdsprachenunterricht der Mittelstufe anzuregen.

---

1   Im Folgenden abgekürzt durch *ATD*.

2   Transkulturelles Lernen durch literarische Texte

Der Einsatz literarischer Text zum transkulturellen Lernen erscheint aus mehreren Perspektiven sinnvoll. Zum einen plädiert die transkulturelle Fremdsprachendidaktik für den Einsatz literarischer Texte und begründet dies wie folgt:

> Anglophone texts [...] are [...] transcultural products per se: they often engage intimately with local cultures, traditions and languages, but they do so by employing a globally mediated communicative framework, and often enough in full awareness of the fact that the societies, cultures and people they explore are themselves products of 'overlapping territories and intertwined histories' (Said 1993:1). (Doff & Schulze-Engler 2011:4)

Literarische Texte sind also fremdsprachliche Produkte, die aus den im Fremdsprachenunterricht behandelten Kulturkreisen stammen und somit authentische Produkte darstellen, die nach entsprechender Aufbereitung durch die Lehrkraft im Unterricht behandelt werden können. Gerade für Schülerinnen und Schüler in der Mittelstufe, die häufig mit didaktisierten Materialien wie dem Lehrbuch arbeiten, können authentische literarische Texte eine Motivation darstellen, da die Jugendlichen realisieren, dass sie schon ‚echte' fremdsprachliche Texte verstehen können.

Zum zweiten sind literarische Texte aus der Perspektive der Literaturwissenschaft, aber auch der Literaturdidaktik, als Ort zu sehen, in denen transkulturelle Identitäten inszeniert werden (vgl. Hallet 2011a:55-56, Tunkel 2012:79). Diese Inszenierung geschieht, wie im Folgenden am Beispiel von Alexie's Roman gezeigt werden soll, indem Figuren im Text ihre eigene Identität thematisieren und über sie reflektieren. Insbesondere die Zugehörigkeit zu verschiedenen Kulturen wird in diesen Texten behandelt, wobei ‚Kultur' hier im Sinne der transkulturellen Theorie nicht unbedingt als ‚Nationalkultur' aufgefasst werden sollte, sondern auch Jugendkulturen wie etwa HipHop als ‚Kultur' gelten. Auch im Dialog mit anderen Charakteren, die sich ebenfalls mit ihrer eigenen Identität beschäftigen, können literarische Figuren ihre Positionen und kulturellen Zugehörigkeiten mit anderen vergleichen und somit immer weiter herausbilden, ausdifferenzieren und individualisieren. Somit wird deutlich, dass die eigene Identität immer in Beziehung zur Umwelt steht und nicht statisch ist, sondern eine kontinuierlichen Entwicklungsprozess unterliegt, in dem Positionen auch verändert werden können.

Nicht nur auf der Textebene werden in literarischen Texten transkulturelle Identitäten thematisiert, denn literarische Texte treten im Sinne der Rezeptionsästhetik auch immer in einen Dialog mit dem Leser oder der Leserin. So erfahren Schülerinnen und Schüler

im fremdsprachigen literarischen Text auch viel über ihr eigenes Denken und Fühlen, über ihre eigenen sozialen Praktiken und ihr Verhalten, über ihre eigenen kommunikativen und interaktionalen Gewohnheiten, über ihre Identität und ihre Selbst-
entwürfe. [...] Im Horizont des literarischen Textes oder eines Filmes und in der un-
ausweichlich vergleichenden Rezeption erkennen sich die Lernenden selbst als (andere) Individuen und kulturelle Akteure wieder. (Hallet 2011b:118)

Die oben beschriebene textimmanente Auseinandersetzung zwischen verschiedenen Charakteren lässt sich also auch auf das Verhältnis zwischen Text und
Leserin bzw. Leser übertragen: In Auseinandersetzung mit dem Text können
eigene Positionen und Identitätszuordnungen entweder gefestigt, oder auch
überprüft und eventuell verändert werden. Dabei sollte beim transkulturellen
Lernen immer von einem weiten Kulturbegriff ausgegangen werden, der über
die Auffassung von Kultur als Nationalkultur hinausgeht[2], wie am Beispiel von
Alexies Roman zu zeigen sein wird.

Schließlich wird der Einsatz literarischer Texte in der Mittelstufe auch von
der Bildungspolitik gefordert, „[d]a literarische Texte einen sprachlichen Zuge-
winn und darüber hinaus zahlreiche kulturelle und persönlichkeitsbildende Er-
fahrungsmöglichkeiten bieten" (HKM o.J.:11). Literarischen Texten wird also
vom Curriculum her das Potential eingeräumt, dass sie sowohl sprachliche als
auch kulturelle Kompetenzen fördern, wenn sie entsprechend didaktisch aufbereitet werden. Dementsprechend bergen sie die Möglichkeit, zwei der drei Teilkompetenzen der Diskursfähigkeit (vgl. HKM o.J.:15) auszubilden, nämlich die
transkulturelle Kompetenz und die kommunikative Kompetenz. Somit sollten
literarische Texte schon in der Mittelstufe sowohl aus Sicht der Fremdsprachendidaktik wie auch der Bildungspolitik in einen Fremdsprachenunterricht einbezogen werden, dessen Ziel es ist, Jugendliche diskursfähig und kompetent in einer globalisierten, transkulturellen Welt zu machen. Wie ein solches Unterrichtsbeispiel zum transkulturellen Lernen aussehen könnte, soll im Folgenden
gezeigt werden.

3   Die Frage nach der eigenen Identität - *The Absolutely True Diary of a Part-Time Indian* als Beispiel für einen transkulturellen Jugendroman

Alexie's Roman führt exemplarisch vor, wie in einem literarischen Text eine
transkulturelle Identität inszeniert wird. Junior Arnold Spirit, der vierzehnjährige
Protagonist, gehört zum Stamm der Spokane und lebt in einem Reservat im

---

2   Vgl. Volkmann (2005) zum *cultural turn* und dessen Auswirkungen auf die Vermittlung
von Kultur.

Bundesstaat Washington. Seine Familie ist sehr arm und kämpft mit vielen Problemen, etwa Alkoholismus und Perspektivlosigkeit. Nach Juniors eigener Aussage sind diese Probleme nicht nur typisch für die Bewohner seines Reservats, sondern auch für *Native Americans* im Allgemeinen. Der intellektuell wie sportlich hochbegabte Junior jedoch bricht aus der Welt seines Reservats aus und besucht die kilometerweit entfernte Highschool in Reardan, die einen deutlich besseren Ruf als die Schule im Reservat hat und ihm daher die Chance zum sozialen Aufstieg bietet. Allerdings ist Junior dort der einzige *Native American* und muss sich in der Welt seiner reichen weißen Mitschülerinnen und -schüler zurechtfinden, die – so erscheint es Junior zunächst – ein völlig anderes, sorgenfreies Leben führen und sich daher von ihm deutlich unterscheiden. Doch nicht nur die Unterschiede zwischen ihm selbst und den weißen Jugendlichen bereiten Junior Probleme; er wird außerdem von den anderen Bewohnern des Reservats, insbesondere von seinem besten Freund Rowdy, als Verräter angesehen, weil er das Reservat verlässt, um sich fortan auch in der Welt der ‚Weißen‘ zu bewegen. Somit steht Junior mit seinem Schulwechsel zwischen zwei Welten und muss in beiden Grenzen überwinden. Dies tut er aber nicht nur durch das verbale Erzählen seiner Geschichte, sondern auch durch das Zeichnen von Comics, das Junior wie folgt begründet:

> I draw because words are too unpredictable. I draw because words are too limited. If you speak and write in English, or Spanish, or Chinese, or any other language, then only a certain percentage of human beings will get your meaning. But when you draw a picture, everybody can understand it. (*ATD*:5)

Zeichnen ist für Junior demnach ein transkultureller Akt. Er erkennt nationale Grenzen, die durch sprachliche Grenzen noch verstärkt werden, und überwindet diese, indem er seine Gedanken in Bilder umsetzt. Durch das Schaffen von Bildern werden also Trennungen zwischen Menschen aufgehoben. Demnach leugnet Junior die Existenz von Grenzen nicht, überwindet diese aber durch das Zeichnen.[3]

Am Anfang seiner Schulzeit in Reardan werden Junior die Unterschiede zwischen ihm und seinen weißen Mitschülerinnen und Mitschülern besonders deutlich. An seinem ersten Schultag nimmt er die anderen Jugendlichen als radikal anders als sich selbst wahr:

> Then the white kids began arriving for school. They surrounded me. Those kids weren't just white. They were *translucent*. [...] They stared at me, the Indian boy with the black eye and the swollen nose, my going-away gifts from Rowdy. Those white kids couldn't believe their eyes. They stared at me like I was Bigfoot or a UFO. What was I doing at Reardan, whose mascot was an Indian, thereby making

---

3   Zu weiteren Funktionen der Comics im Roman siehe Grunewald (2012:330-333).

me the only *other* Indian in town? So what was I doing in racist Reardan, where more than half of every graduating class went to college? Nobody in my family had ever gone near a college. Reardan was the opposite of the rez. It was the opposite of my family. It was the opposite of me. I didn't deserve to be there. I knew it; all of those kids knew it. Indians don't deserve shit. (*ATD*:56, Hervorh. im Orig.)

Begleitet wird diese Textpassage von einem Comic, in dem Junior die Unterschiede zwischen ihm selbst und seinen neuen Mitschülerinnen und Mitschülern verdeutlicht. In einer Art ‚*Split Screen'* sieht der Leser, was aus Juniors Sicht die weißen Jugendlichen auf der einen und ihn selbst auf der anderen Seite ausmacht. Während die anderen Kinder reich sind, Markenkleidung besitzen[4] und ihnen alle Möglichkeiten offenstehen, erwartet Junior für sich ein Schicksal von Armut, Krankheit und einer unklaren Identität zwischen der Geschichte seines Stammes und der problematischen Realität im Reservat. In dieser Situation resümiert Junior: „I felt like two different people inside of one body. No, I felt like a magician slicing myself in half, with Junior living on the north side of the Spokane River and Arnold living on the south." (*ATD*:61)

Junior steht hier zwischen zwei Kulturen und muss in ihnen bzw. in einem ‚dritten Raum' zwischen ihnen seinen eigenen Platz finden. Auf mehreren Ebenen werden an dieser Stelle des Romans eindeutige Grenzen definiert: Erstens im Comic, in dem durch die Mitte der abgebildeten Person ein vertikaler Strich verläuft und die Elemente der beiden Seiten – Juniors Realität auf der einen, die eines reichen weißen Jugendlichen auf der anderen – nicht zu vereinen sind. Zweitens verbalisiert Junior die Unterschiede zwischen ihm und den weißen Kindern, indem er deren äußere Erscheinung mit seiner eigenen vergleicht und das, was ihn am deutlichsten von den anderen abhebt – insbesondere die unterschiedlichen Hautfarben – besonders betont. Drittens fühlt er sich „sliced in half" (*ATD*:61) und ordnet nicht nur die eine Hälfte seiner Identität dem Gebiet nördlich und die andere Hälfte dem Gebiet südlich des Spokane River zu – mit dem Fluss als klarer Trennlinie – sondern lässt sich im Reservat mit seinem Rufnamen Junior ansprechen, während er in der Schule seinen Geburtsnamen Arnold verwendet.

Bis hierhin könnte die starke Gegenüberstellung scheinbar unvereinbarer Gegensätze mit interkulturellen Termini gefasst werden, da es sich um eine Begegnung zweier Kulturen handelt, die aber für sich bleiben und von Junior zunächst nicht miteinander in Einklang gebracht werden können, obwohl er sich in beiden bewegen muss. Im Laufe des Romans lernt Junior jedoch seine Mitschülerinnen und Mitschüler besser kennen. Diese treten ihm viel weniger kritisch und vorurteilsbehaftet gegenüber als er zu Beginn befürchtet hatte. Außerdem

4   Zur Rolle des ‚Branding' in diesem Comic siehe Grunewald (2012:328-329).

liegen hinter ihren scheinbar perfekten Fassaden Probleme, die den Problemen Juniors ähnlicher sind als er vermutet hätte. Des Weiteren setzt sich Junior intensiv mit seiner Familie, den Traditionen seines Stammes und seiner eigenen Identität auseinander. So kommt er am Ende des Romans zu dem Schluss:

> I realized that, sure, I was a Spokane Indian. I belonged to that tribe. But I also belonged to the tribe of American immigrants. And to the tribe of basketball players. And to the tribe of bookworms. And the tribe of cartoonists. And the tribe of chronic masturbators. And the tribe of teenage boys. And the tribe of small-town kids. And the tribe of Pacific Northwesterners. And the tribe of tortilla chips-and-salsa lovers. And the tribe of poverty. And the tribe of funeral-goers. And the tribe of beloved sons. And the tribe of boys who really missed their best friends. It was a huge realization. And that's when I knew I was going to be okay. (*ATD*:217)

Die Bezeichnung ‚tribe' kann hier als Metapher für Kultur angesehen werden. Im Gegensatz zu früher, als er glaubte, die Welt sei in ‚Weiße' und ‚Indianer' eingeteilt (vgl. *ATD*:176), erkennt Junior, dass sich seine Identität nicht nur über die Zugehörigkeit zum Stamm der Spokane Indians definiert (vgl. Meyer 2012:295), sondern dass er in allen diesen Kulturen, die je ihre eigenen Regeln haben, ‚zu Hause' ist und dass diese multiple Zugehörigkeit möglich ist, ohne dass Teile der eigenen Identität verleugnet werden müssen. Das Phänomen ‚Transkulturalität' wird im literarischen Text inszeniert, indem sich die literarische Figur selbst einer Vielzahl von Kulturen zuordnet, die gerade nicht nur National- und Stammeskulturen umfassen, sondern auch Kulturen, die sich über Alter, Familienzugehörigkeit, soziale Schicht, persönliche Interessen und alltägliche Gewohnheiten und Vorlieben definieren.

Der Begriff ‚Kultur' wird somit im Verlauf des Romans zu einer zunehmend weiter gefassten Kategorie, und Junior als Protagonist bildet eine *trans*kulturelle Identität aus: Seine Denkweise geht *über* die traditionelle Zweiteilung und strikte Opposition ‚White vs. Indian' *hinaus* und vereint auch andere Kategorien in seiner Identität, die dadurch zu einer hybriden Identität wird, in der je nach Situation und Umfeld, in dem Junior sich bewegt, bestimmte Teile dominieren und andere in den Hintergrund treten.

4   Transkulturelles Lernen mit *The Absolutely True Diary of a Part-Time Indian*

Der Roman ist aus verschiedenen Gründen für den Einsatz in der Mittelstufe geeignet, wenn man transkulturelle Lernprozesse initiieren möchte. Schülerinnen und Schüler in der Mittelstufe können sich mit dem vierzehnjährigen Protagonisten gut identifizieren. Er ist nicht nur im gleichen Alter wie die Fremdsprachenlernerinnen und -lerner, sondern setzt sich mit Dingen auseinander, die kul-

turübergreifend für Jugendliche in der Pubertät relevant sind. Das Verhältnis zur
eigenen Familie, die Frage nach der Herkunft, dem Umgang mit Traditionen und
der eigenen Zukunft sind Themen, die nicht nur für einen jungen *Native Ameri-*
can, sondern auch für Jugendliche aus anderen Kulturkreisen relevant sind. Ein
weiteres großes Themenfeld des Romans ist die Schule mit ihren verschiedenen
Aspekten, etwa der Beziehung zu den Mitschülerinnen und Mitschülern, das
Dazugehören und die eigene Beliebtheit, das Verhältnis zu den Lehrkräften,
schulische Leistungen und Zukunftsperspektiven. Auch hier lassen sich zahlreiche Verbindungen zur Lebenswirklichkeit von Schülerinnen und Schülern der
Mittelstufe herstellen. Sprachlich ist der Roman für Englischlernende dieses Al-
ters durchaus anspruchsvoll. Allerdings beinhaltet der Roman, wie schon erwähnt, nicht nur Schriftsprache, sondern auch Comics, die das Verständnis unterstützen, und die im Buch behandelten Themen können als so relevant und
motivierend angesehen werden, dass die Bereitschaft der Lernenden, sich auch
mit einem sprachlich anspruchsvolleren Text zu beschäftigen, als hoch einge-
schätzt werden kann (vgl. Engel et al. 2010:30).

Das größte Potential für das transkulturelle Lernen mit dem Roman liegt
darin, dass er, wie oben dargestellt, das Finden der eigenen Identität im Spannungsfeld vieler verschiedener Kulturen und Identifikationsangebote thematisiert. Gerade die im vorigen Kapitel zitierten Passagen eignen sich besonders für
das Anstoßen transkultureller Lernprozesse. Die erste Passage bietet sich durch
die Kombination der ‚*Split Screen*'-Zeichnung und dem Kapitel „How to Fight
Monsters" besonders an. Die Lernenden können, wie von Engel et al. (2010:36)
vorgeschlagen, die Zeichnung durch die Informationen ergänzen, die der Text zu
Juniors wahrgenommenen Differenzen zwischen ihm und den weißen Jugendlichen bietet. Eine weitere Möglichkeit ist, dass die Lehrkraft die Zeichnung vor
dem Lesen des Kapitels völlig ohne Beschriftung an die Schülerinnen und Schüler austeilt, so dass diese darüber spekulieren können, warum Junior sich als
„sliced in half" zeichnet und selbst Merkmale benennen könnten, durch die Junior sich ihrer Meinung nach von den anderen unterscheidet. Beim anschließenden Lesen des Kapitels können die Lernenden ihre eigenen Vermutungen mit
den Ausführungen Juniors vergleichen und anschließend diskutieren, welche
Aspekte besonders zu Abgrenzungen und Unterschieden zwischen Menschen
führen können. Als weiterführende Aufgabe könnten die Schülerinnen und
Schüler überlegen, inwiefern sie eine Differenz zwischen sich und anderen spü-
ren und dann ein eigenes ‚*Split Screen*'-Bild für sich selbst erstellen. Da dies
eine sehr persönliche Aufgabe ist, müssen die Zeichnungen der Lernenden nicht
unbedingt in der Klasse besprochen werden – stattdessen stehen der Denkpro-
zess und die Schärfung der Wahrnehmung von Differenz im Vordergrund.

Voraussetzung für die Arbeit mit der zweiten Textstelle ist, dass die Schülerinnen und Schüler den Romanverlauf bis zu diesem Abschnitt kennen, damit sie nachvollziehen können, warum sich Junior gerade den von ihm genannten ‚tribes' zuordnet. In Gruppen- oder Partnerarbeit könnten die Lernenden einen der ‚tribes' auswählen und im Romantext Stellen suchen, die Juniors Zuordnung zu dem gewählten ‚tribe' erklären. Durch die Vielfalt der genannten ‚tribes' können so zum Ende der Unterrichtseinheit die ‚großen Themen' des Romans nochmals genannt, rückblickend bearbeitet und zusammengeführt werden. In einer anschließenden Plenumsdiskussion könnten die Schülerinnen und Schüler analysieren, warum Junior sich so vielen ‚tribes', also Kulturen, zuordnen kann, ohne dass dies für seine Identität problematisch ist. Die Jugendlichen können durch diese Aufgabe Juniors Entwicklung erkennen, die er im Roman durchläuft, und so nachvollziehen, wie er Grenzen überwindet und seine eigene, transkulturelle Identität ausbildet.

Als Abschluss der Unterrichtseinheit könnten die Lernenden überlegen, welchen ‚tribes' sie sich selbst zuordnen würden. Hier könnten sie auf die von Junior etablierten Kategorien zurückgreifen, aber auch eigene erfinden, die sie dann in Kleingruppen oder im Plenum ihren Mitschülerinnen und Mitschülern vorstellen und ihre Wahl begründen. Da Fragen der Identität und Zugehörigkeit eine sehr private Ebene berühren, bleibt es den Schülerinnen und Schülern selbst überlassen, wie persönlich sie ‚ihre tribes' gestalten. Daher sollte auf eine Bewertung durch die Lehrkraft verzichtet werden. Im Idealfall verstehen die Lernenden durch diese Aufgabe, dass sich auch ihre eigene Identität aus vielen verschiedenen Zugehörigkeiten zusammensetzt und sie nicht nur einer festgefügten (National-)Kultur angehören. Somit findet hier transkulturelles Lernen statt, indem die Schülerinnen und Schüler über ihr eigenes Verhaftetsein in vielen Kulturen und somit über ihre eigene transkulturelle Identität reflektieren.

5   Statt eines Fazits: Kriterien zur Textauswahl

Literarische Texte sind, wie oben dargelegt, zum transkulturellen Lernen in der Mittelstufe geeignet. Ein besonders hohes Potential für den Einsatz im Unterricht der Mittelstufe bieten Texte, die transkulturelle Phänomene inszenieren und in denen Charaktere ihre Zugehörigkeit zu verschiedenen Kulturen ausdrücklich thematisieren. Die gewählten Texte sollten weiterhin authentisch, inhaltlich relevant und motivierend sein und sich durch altersgemäße Themen auszeichnen. Somit können sie für die Lernenden Identifikationsmöglichkeiten bieten und bei entsprechender didaktischer Aufbereitung in Form von geeigneten Aufgaben dazu führen, dass Schülerinnen und Schüler dazu angeregt werden, sich mit ihrer eigenen transkulturellen, hybriden Identität auseinanderzusetzen.

Es ist zweifelsohne wichtig, dass die Lehrkraft auch darauf achtet, dass die gewählten Texte sprachlich und strukturell nicht zu schwierig sind, um die Lernenden nicht zu überfordern und somit ihre Motivation zu senken. Allerdings sind Schülerinnen und Schüler durchaus bereit, sich auch mit schwierigeren Texten zu beschäftigen, wenn diese inhaltlich den Prinzipien der *relevance* und *meaningfulness* genügen (vgl. Hallet 2011b:97).

Literatur

Alexie, Sherman: The Absolutely True Diary of a Part-Time Indian, London, 2007.
Doff, Sabine/Schulze-Engler, Frank (Hrsg.): Beyond ‚Other Cultures‘, Transcultural Perspectives on Teaching the New Literatures in English, Trier, 2011.
Doff, Sabine/Schulze-Engler, Frank: Beyond ‚Other Cultures‘, An Introduction. In: Doff, Sabine/Schulze-Engler, Frank (Hrsg.): Beyond ‚Other Cultures‘, Transcultural Perspectives on Teaching the New Literatures in English, Trier, 2011, 1-14.
Engel, Julia/Möller, Stefan/Reschke, Claudia: 'I draw because words are too limited.', Mit Text-Bild-Kombinationen das Lesen unterstützen. In: Der fremdsprachliche Unterricht Englisch 107 (44), 2010, 30-37.
Fäcke, Christiane: Transkulturalität und fremdsprachliche Literatur, Eine empirische Studie zu mentalen Prozessen von primär mono- oder bikulturell sozialisierten Jugendlichen, Frankfurt et al., 2006.
Freitag-Hild, Britta: Theorie, Aufgabentypologie und Unterrichtspraxis inter- und transkultureller Literaturdidaktik, British Fictions of Migration im Fremdsprachenunterricht, Trier, 2010.
Grunewald, Amina: Ethnic Labeling and Imaging, Stereotyping by Branding vs. Native Counter-Narratives. In: Hebel, Udo J. (Hrsg.): Transnational American Studies, Heidelberg, 2012, 323-340.
Hallet, Wolfgang: Transcultural Fictions and Identities in the EFL Classroom: Zadie Smith, *White Teeth*. In: Doff, Sabine/Schulze-Engler, Frank (Hrsg.): Beyond ‚Other Cultures‘, Transcultural Perspectives on Teaching the New Literatures in English, Trier, 2011, 47-63 (hier zitiert als 2011a).
Hallet, Wolfgang: Lernen fördern Englisch, Kompetenzorientierter Unterricht in der Sekundarstufe I, Seelze, 2011 (hier zitiert als 2011b).
Hebel, Udo J. (Hrsg.): Transnational American Studies, Heidelberg, 2012.
[HKM] Hessisches Kultusministerium (Hrsg.): Bildungsstandards und Inhaltsfelder, Das neue Kerncurriculum für Hessen, Sekundarstufe I – Gymnasium. Moderne Fremdsprachen. Wiesbaden, o.J
http://www.iq.hessen.de/irj/servlet/prt/portal/prtroot/slimp.CMReader/HKM_15/IQ_Internet/med/4c2/4c22d584-b546-821f-012f-31e2389e4818,22222222-2222-2222-2222-222222222222 [31.07.2012]
Meyer, Sabine N.: From Nationalism to Cosmopolitanism? Contemporary Native American Literature and the Transnational Turn, in: Hebel, Udo J. (Hrsg.): Transnational American Studies, Heidelberg, 2012, 283-303.

Tunkel, Nora: Transcultural Imaginaries, History and Globalization in Contemporary Canadian Literature, Heidelberg, 2012.
Volkmann, Laurenz: Die Vermittlung kulturwissenschaftlicher Inhalte und Methoden. In: Stierstorfer, Klaus/Volkmann, Laurenz (Hrsg.): Kulturwissenschaft Interdisziplinär, Tübingen, 2005, 271-301.

Transcultural Art:
Mit Street Art transkulturelle Lernprozesse initiieren
Henriette Dausend

Abstract

Die Idee einer transkulturellen Beschaffenheit heutiger Lebenswelten hat zunehmend Einfluss auf den Fremdsprachenunterricht. Menschen werden nicht länger zwischen zwei oder mehreren Kulturen verorten, sondern als „hybride Kulturträger" (McPherson 2007:19) beschrieben. Für den Unterricht ergibt sich der Wunsch vermehrt sprachliche wie kulturelle Kompetenzen zu schulen, welche die soziokulturellen Lebenswelten der Lerner fokussieren. In Folge der zunehmenden Heterogenität in Schule und Gesellschaft muss das fremdsprachliche Lernen für weitere Sprach- und Kultursystemen geöffnet und neue Inhalte und Lernaufgaben angeboten werden.

In diesem Beitrag wird dargestellt, auf welche Weise lebensweltlich und soziokulturell bedeutsame Inhalte wie *Corporate Logos*, *Emoticons* und *Street Art* im Englischunterricht genutzt werden können, um umfassende fachliche und überfachliche Kompetenzen zu schulen. Des Weiteren werden Lernaufgaben im Sinne eines transcurricularen Lernens skizziert, welches von einer fächer- wie kompetenzübergreifenden Vermittlung sprachlicher und kultureller Fähig- und Fertigkeiten ausgeht. Der Artikel schließt mit einer beispielhaften Lernaufgabe, die Street Art in einem übergreifenden Unterrichtsformat demonstriert.

1 Transkulturelle Identitäten stärken

Kultur und Identität sind zwei hybride Konstrukte, deren Definition aufgrund ihrer prozesshaften Beschaffenheit und Komplexität schwer fällt (vgl. McPherson 2007:22f). Im Folgenden steht daher weniger eine konkrete Abgrenzung im Vordergrund als vielmehr die Bedeutung von Kultur und Identität in sprachlichen Lernkontexten der Institution Schule. Während Kultur die Werte, Normen, Rituale, Überzeugungen und Symbole einer bestimmten sozialen Einheit beschreibt, stellt Identität das Wissen dieser Einheit über ihre kulturellen Grundsätze dar (vgl. Kramsch 2004:24). Identität ist ferner das Bewusstwerden und Reflektieren der eigenen kulturellen Grundsätze. Dieses gilt sowohl für Gesellschaften als auch für Individuen und ist in Zeiten zunehmender physischer und digitaler Mobilität global zu denken. Zeitgenössische Kulturen sind weniger an politischen und geografischen Faktoren zu erkennen als an globalen Einstellungen und Werten (vgl. McPherson 2007:19). Während die traditionellen Kulturgrenzen in Folge zunehmender interner Disparitäten und Durchdringungsprozesse aufweichen, formen sich neue Kulturen innerhalb diversitärer Gesellschaften.

„Die Identifikation mit multiplen kulturellen Identitäten führt zur Entwicklung
transkultureller Identifikationsentwürfe, die traditionelle Kulturgrenzen durch-
brechen" (Freitag 2010:126).

Folglich setzt sich die Identität des Einzelnen aus unterschiedlichen kulturellen
Mustern zusammen. Auf der gesellschaftlichen Ebene verbinden sich diese indi-
viduumsbezogenen Portfolios kultureller Identität (Ich-Identität) zu einem hybriden Gesamtbild kultureller Einflüsse (Wir-Identität) (vgl. Nieke 2012:112).
Es entsteht eine Wechselwirkung zwischen Individuum und Kollektiv, indem
die vorhandenen Werte und Einstellungen in einem sozial-kulturellen Dialog
verhandelt werden. Folglich sind transkulturelle Lernprozesse kein Wunsch der
schulischen Sozialisation, sondern eine notwendige Reaktion auf ein hybrides
Kulturverständnis (vgl. Bredella 2010:16f, Freitag 2010:125).

„We must respond with all our cognitive and affective abilities and must be willing
to modify and correct certain assumptions of our frame of reference and reconstruct
that of the other culture. […] In order to be able to relativize and to become aware of
differences, we need commonalities" (Bredella 2010:22f).

Ziel des Englischunterrichts ist es, dass die Lerner Schlüsselkompetenzen ausbilden, mit Hilfe derer sie in hybriden kulturellen Umgebungen angemessen
handeln können (vgl. Hallet 2010:129).

2   Transkulturelle Lernprozesse initiieren

Auch wenn das kulturelle Lernen einen Teil des allgemein-schulischen Bil-
dungsauftrages darstellt (vgl. Hallet 2010:129), ist der Fremdsprachen-unterricht
ein kultureller Erfahrungsraum per se, da Sprachlernen zugleich Kulturlernen
ist.

If, however, language is seen as a social practice, culture becomes the very core of
language teaching. (Kramsch 2004:8)

Nach Kramsch stellt die Sprache das Medium dar, welches Werte und Normen
transportiert. Durch diese Funktion wird das jeweilige kulturelle Verständnis zu
einem immanenten Bestandteil von Sprache. Da sich im Zuge zunehmender kultureller Hybridität die Sprachenvielfalt vor allem in westlichen Kulturen erhöht
(vgl. Hallet 2011:14), wächst die Bedeutung des Englischen als Verkehrssprache
(*lingua franca*) zwischen den Kulturen. Der Englischunterricht wird zu einem
Ort der didaktisierten kulturellen Begegnung im Sinne eines *third space* (vgl.
Bhabha 1994), in welchem sich unterschiedliche Kulturen begegnen. Diese werden im Unterrichtsdiskurs realisiert, indem sprachliche und kulturelle Bedeutungen ausgehandelt werden (vgl. Kramsch 2004:47). Im Verständnis eines
transkulturellen Lernens wird neben der Fremdwahrnehmung auch die Selbst-

wahrnehmung fokussiert. In der Auseinandersetzung mit dem Kollektiv gestalten die Schüler zunehmend eigene Räume, in denen sie konkret handeln sowie im metaphorisch Verständnis ihre sprachlichen und kulturellen Eigenheiten ausleben (vgl. Nieke 2012:112f). Diese Eigenräume der Ich- und Wir-Identität lassen sich gestalten, wenn Schüler

* andere Werte und Normen sowie Einstellungen und Haltungen erfahren und reflektieren.
* Perspektiven anderer einnehmen und auf eigene Bedeutungszusammenhänge spiegeln.
* eigene Befindlichkeiten im Kontext anderer Einstellungen reflektieren, adaptieren und weiterentwickeln.
* in hybriden und diversitären Gesellschaften eigene Standpunkte mitteilen und verteidigen sowie angemessen handeln.

Ein an Vielfalt orientierter Englischunterricht wird trotz der Vorwürfe, ein künstlicher Raum zu sein, lebendig. Die heterogene Zusammensetzung der Lerngruppe spiegelt in authentischer Weise die sprachliche wie die kulturelle Heterogenität der Gesellschaft wieder und bietet vielfältige Ansatzpunkte für diskursorientierte Lernaufgaben (vgl. Hallet 2011:14). In dieser diversitären Konstellation werden die individuellen Potentiale der Lerner genutzt, um lebensweltliche Bezüge herzustellen und Inhalte hinsichtlich der kulturellen und sprachlichen Prägungen der Lerner zu diskutieren und zu reflektieren (vgl. Bach/Timm 2009:21). Folglich sind Inhalte und Methoden notwendig, die eine lebensweltnahe, problemlösende und reflexive Auseinandersetzung mit Sprache und Kultur erlauben.

3   Transkulturelle Inhalte nutzen

Im Zuge des kulturellen Wandels haben sich die „Formen und Modi soziokultureller Praxis" (Hallet 2010:131) verändert. Folglich müssen Inhalte berücksichtigt und Lernaufgaben formuliert werden, welche diesen neuen Handlungsfokus aufgreifen. Schüler werden zu „interkulturellen Handlungsträgern" (Freitag 2010:128) wenn sie sich sinnhaft und reflexiv den visuellen sowie textlichen Herausforderungen von Diskursen in virtuellen und globalen Kontexten stellen. Im Unterricht sollten daher Themen mit ökonomischen, sozialen oder politischen Hintergründen, um lebensweltbezogen transkulturelle Kompetenzen zu fördern. In welcher Weise Inhalte relevant werden, wird anhand der Beispiele *Corporate Logos*, *Street Art* und/oder *Emoticons* gezeigt.

3.1   Corporate Logos

Unter Logos werden graphische Elemente, Symbole oder *icons* verstanden, die ein Produkt oder eine Marke repräsentieren. In einer einzigen Graphik werden Inhalte und Werte auf logographischer Ebene zusammengefasst (vgl. van Riel/Fombrun 2007:27). Das Ziel von Logos ist es, Produkte und Dienstleistungen abzugrenzen und in der Öffentlichkeit zu kommunizieren (vgl. Deese 2011: 56). Das stark ökonomische Interesse, welches durch Logos transportiert wird, zwingt dazu kritisch mit der Selbstdarstellung und dem Angebot von Firmen umzugehen. Mündige Bürger sollten daher in der Lage sein, die visuellen Darstellungen hinsichtlich marktwirtschaftlicher Interessen der Anbieter zu hinterfragen. Ihre Omnipräsenz, Transkulturalität sowie Besetzung mit Emotionen lässt die Logos zu einem Genre soziokultureller Kommunikation werden, welches es in einem sprachlich und kulturell heterogenen Unterricht zu thematisieren ist. Wie Deese darstellt, funktionieren Logos als Repräsentanten bestimmter Werte und Normen über sprachliche Grenzen hinaus.

> Population of consumers may not be familiar with the language of the country in which the company is established or headquartered, but the universality of the meaning behind the logo nevertheless allows those who understand the meaning(s) represented with the logo to engage in immediate recognition. (Deese 2011:56)

Die Kompetenz Logos lesen, hinterfragen und bewerten zu können, ist daher notwendig, um Schüler „zu einer ‚mündigen', also lebensweltbezogenen, selbstbewussten, selbstverantwortlichen und partnerschaftlichen Lebens-führung" (Bach/Timm 2009:19) zu befähigen. Bereits im Kleinkindalter lernen Schüler Verbindungen zwischen Gegenständen, Emotionen und deren *corporate identity* herzustellen (vgl. Deese 2011:56f). Die starke lebensweltliche Beeinflussung der Lerner durch Markenlogos legitimiert und zwingt zur Thematisierung dieses Inhaltes.

3.2   Emoticons

Emoticons tragen eine ähnlich subtile Bedeutung wie Logos. Sie repräsentieren jedoch kein Produkt, sondern den emotionalen Zustand einer Person in einer unpersönlichen Kommunikationssituation.

> Emoticons are a form of modern literacy that provide an emotional context to e-mail, text messaging, and other means of technological communication. (Deese 2011:23)

Emoticons werden durch typographische Zeichen, wie Punkte, Klammern und Bindestriche, in den digitalen Fließtext eingebaut. Auf diese Weise werden emotionale Befindlichkeiten unpersönlichen Zeichenkombinationen zugeordnet.

Verglichen mit der Bedeutung altägyptischer Hieroglyphen sieht Deese (2011: 21f) in den visuellen Zeichen den einzigen Weg, in der Kürze der digitalen Nachrichten emotionale Zustände zu beschreiben.

Die Nutzung von Emoticons wächst mit der Zunahme an digitalen Texten, welche die traditionellen Formen textlicher Strukturen wandeln. Die ursprüngliche Schriftlichkeit wird durch die Reduktion von Zeichen sowie deren Repräsentation von Gefühlen verändert (vgl. Harder 2011:26f). Durch die zunehmende Bedeutung digitaler Medien im Alltag der Schüler stellen Emoticons einen geeigneten Zugang dar, um diese Interaktionsform (vor allem auf der affektiven Ebene) zu thematisieren. Der universelle Einsatz von Emoticons in jeglichen kulturellen Kontexten, macht diese zu einem global relevanten Inhalt. Im Unterricht bieten sich Übungen z.b. bezüglich der japanischen Darstellungsweise von Emoticons, der Zuweisung von Emotionen zu bestimmten Emoticons sowie dem Erstellen eigener Zeichen an (vgl. Schmidtke 2010:21f). Ferner erfahren die Lerner, auf welche Weise sich die digitale Kommunikation von traditionellen Formen unterscheidet und inwiefern Emotionen mitgeteilt werden können.

3.3 Street Art

Eine weitere soziokulturelle Ausdrucksform ist Street Art. Konkret werden Bilder, Graphiken, Karikaturen, Satzfragmente an Fassaden, Schilder und Pfeiler gesprüht, gemalt oder geklebt. Diese „optische Besetzung des öffentlichen Raumes" (Stahl 2009:21) zielt darauf, auf ökonomische Weise zum einen in der eigenen *community* Ruhm zu erlangen, indem riskante und ästhetisch ansprechende Kunst publiziert wird, zum anderen individuelle Bedürfnisse einer breiten Öffentlichkeit mitzuteilen (vgl. Krause/Heinicke 2006:9). Passanten werden für ihre Umgebung sowie für soziale oder kulturelle Missstände sensibilisiert. Die meist provokativen Aussagen von Werken sind die Basis für diskursive Aushandlungsprozesse zwischen Individuen (Lunn 2006:20f).

Street Art wird im Unterricht eingesetzt, um thematisch orientiert Einstellungen der Künstler zu beschreiben, zu analysieren sowie die Haltungen der Schüler zu diskutieren. Sprachbarrieren werden durch die visuellen Mittel gemindert, so dass Street Art universell gelesen werden kann. Die Inhalte sind regional oder global verankert, aber immer einer gewissen kulturellen Überzeugung zuordbar. Im Unterricht kann Street Art neben motivierenden Stimuli zu Sprachproduktionen und Reflexionsprozessen als Gegenstand eines transkulturellen Kulturverständnisses genutzt werden.

Um diese neuen Inhalte angemessen einzusetzen, müssen Lernaufgaben entwickelt werden, in welchen sowohl die kulturelle wie sprachliche Vielfalt der Inhalte, Lerngruppen und Zielkompetenzen verknüpft werden.

4   Transkulturelle Methoden einsetzen

Die Komplexität der exemplarisch dargestellten neuen Inhalte des fremdsprachlichen Lernens erfordert, dass diese in vielfältigen Bezügen konkretisiert werden. Im Englischunterricht können verstärkt zielsprachliche und -kulturelle
Aspekte von Corporate Logos, Emoticons und Street Art eingebunden werden.
Um die literalen und kulturellen Lernprozesse im Sinne transkulturellen Lernens
zu erweitern, muss fachbereichsübergreifend unterrichtet werden. Dabei geht es
weniger um eine Verlagerung fremdsprachlichen Lernens in Fächer wie Mathe-
matik, Biologie oder Geographie, sondern vielmehr um die verstärkte und über-
greifende Wahrnehmung der sprachlichen und kulturellen Heterogenität der
Lerner sowie des Lernfeldes Schule. In diesem Sinne geht das Konstrukt des
Transcurricularen Lernens von einer gleichberechtigten Stellung aller Sprachen
und Kulturen in der schulischen Bildung aus. Es ist das erklärte Ziel, neben
konkreten fachlichen Kompetenzen vor allem eine soziokulturelle und -
sprachliche Handlungsfähigkeit zu fördern.

Für den Unterricht bedeutet dies, dass neben ziel- (Englisch) und schul-
sprachlichem (Deutsch) Lernen weitere Sprachen genutzt werden. Diese werden
entweder kontrastiv im Sprachunterricht oder als Medium im Sachfach eingesetzt. Die kulturellen Diversitäten werden thematisiert, indem zum einen jedes
Fach in seiner thematischen und sprachlichen Besonderheit wahrgenommen
wird und zum anderen die gesellschaftlichen Hintergründe aller in der Institution
Schule aufeinander treffenden Personen berücksichtigt werden.

Um die kulturellen Lernprozesse im Unterricht selbst zu stärken, sind neben
den Inhalten auch die Methoden zentral. Eine ausgewogene Balance zwischen
kollektiven und individuellen Sozialformen (vgl. Thaler 2010:17ff) sowie inner-
und außerschulischen Handlungsräumen (vgl. Bach/Timm 2009:21) unterstützt
die Ausbildung der Fremd- sowie der Selbstwahrnehmung und ermöglicht Erfahrungen in der Selbstwirksamkeit sowie in gruppendynamischen Prozessen.
Ein solches Lehren und Lernen bildet die Persönlichkeit des Einzelnen sowie
dessen Engagement in der Gesellschaft und fördert letztendlich die Gesellschaft
als solche (vgl. Bach/Breidbach 2009:300).

Diese Zieldimensionen fordern Aufgabenformate, in welchen die soziokulturell wichtigen Inhalte in deskriptiven, analysierenden und handelnden Aktivitäten zusammengeführt werden. Um Lernaufgaben rund um die neuen Inhalte zu formulieren, können sich Lehrkräfte an dem Modell SEE – GET – USE
orientieren.

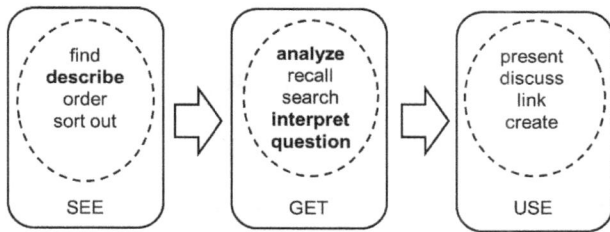

| find **describe** order sort out | analyze recall search **interpret** **question** | present discuss link create |
| SEE | GET | USE |

Abb. 1:   *Aufgabenformate für transkulturelle Inhalte*

Stark visuell geprägte Unterrichtsgegenstände müssen in einem ersten Schritt (SEE) hinsichtlich ihrer Kompositionsmerkmale beschrieben werden (Goldstein 2008:14ff). In einem zweiten Schritt werden die Beschreibungen genutzt, um das Logo, das Kunstwerk oder das Emoticon zu analysieren und zu interpretieren (GET). In diesem Stadium nutzen die Lerner ihr soziokulturelles Wissen und Können, um die Aussagen der Produzenten zu erschließen und in einen gesellschaftlichen Zusammenhang zu bringen.

> For individuals who encounter these images, they immediately engage in a form of meaning translation, enabling both the company and the consumer to use the multiliteracy to predict the quality of the products offered. (Deese 2011:57)

Wie sich im Zitat erkennen lässt, geht es darum, die Produkte, Werke und Zeichen zu verstehen und zu hinterfragen. Auf Grundlage der erarbeiteten Bedeutungen werden in einem dritten Aufgabenformat weiterführende Aktivitäten angeboten, die mehr als den ursprünglichen Inhalt umfassen (USE). Die Lerner

• entwerfen eigene Logos.
• verändern Logos und beobachten die Wirkung der neuen.
• erstellen einen Guide, der Informationen zu Logos, Produkten und Herstellern bietet.
• entwerfen Skizzen auf welche andere Weise Emotionen in digitaler Kommunikation ausgedrückt werden können.
• interviewen Handy- und Internetnutzer zu ihrem Umgang mit Emoticons.
• erstellen eine Ausstellung mit eigenen und „professionellen" Street Art Werken in der Schule.
• schreiben einen Artikel zum Projekt „Street Art" für die Schülerzeitung.

Weiterhin muss beachtet werden, dass auch neben einer guten Lernaufgaben vor allem die Wahl des Inhaltes sorgfältig geschehen muss. Bach und Timm (2009: 20) weisen darauf hin, dass in einem *„pick-and-choose*-Angebot [...] zusätzliches Engagement, methodische Sicherheit und eine fremdsprachliche Flexibilität [sowie] eine ausgeprägte *cultural awareness* bezüglich eigenkultureller und fremdkultureller Phänomene" seitens der Lehrkräfte erforderlich ist, um ein angemessenes Angebot an Inhalten auszuwählen. Auf welche Weise neue Inhalte in die Methodik des Transcurricularen Lernens konkret eingesetzt werden können, wird am Beispiel Street Art im folgenden Kapitel beschrieben.

5   Street Art = Transcultural Art

Rückblickend auf die Beschreibungen von Street Art in Kap. 3.3 lässt sich festhalten, dass dieses Phänomen eine Kommunikation im öffentlichen Raum unter Verwendung künstlerischer Mittel ist (Dausend i Dr.). Der starke soziokulturelle und gesellschaftliche Bezug der Werke macht sie zu einem Elemente zeitgenössischer Kultur (vgl. Krause/Heinicke 2006:55). Diese Omnipräsenz von Street Art in den heutigen Stadtbildern zeigt, dass sich diese Form urbaner Interaktion nicht mehr nur in subkulturellen Sphären abspielt. Diese Allgegenwärtigkeit bewirkt einen globalen Einfluss der Kultur, welcher diese über ihre eigentlichen Grenzen hinaus transportiert. Diese Globalisierung kultureller Kommunikation führt dazu, dass Street Art auch als transkulturelle Kunst (*Transcultural Art*) bezeichnet werden kann.

Ein Beispiel (vgl. Abb. 1) wurde 2010 in Dresden fotografiert und als Inhalt in eine Unterrichtseinheit integriert. In dieser werden einzelne Lernaufgaben im Englisch- Deutsch-, Kunst- und Politikunterricht durchgeführt, die in Bezug auf den Inhalt sowie die Zielkompetenz der Schüler integrativ aufeinander aufbauen (vgl. Tab.1).

Abb. 1:   *„You rock – You rule" Street Art in Dresden 2010*

Tab. 1:   *Beispielaktivitäten für das Werk „You rock – You rule"*

	SEE	GET	USE
Englisch	...relevantes Vokabular der Bildbeschreibung ins Englische übersetzen	...die Bedeutungen der Begriffe „rock" und „rule" in Kleingruppen klären ...die Bedeutung von Verben und Nomen am Bsp. „rock" and „rule" im Plenum diskutieren	...Herrscherbeschreibungen und Wortspiele in zwei der gängigen Schul-, Ziel oder Muttersprachen verfassen
Deutsch		...im Deutschen sowie ihren Muttersprachen nach Worten, bei denen das Namenwort zugleich ein Verb ist in Kleingruppen suchen	...ein ähnliches Wortspiel erstellen ...das Spiel „Teekesselchen" im Plenum spielen
Kunst	...alle Elemente des Bildes im Plenum beschreiben		...ihre Wortspiele und Herrscherbilder visualisieren
Politik		...die Geste des Lineals sowie die Stellung beider Figuren zueinander analysieren ...über den Gegensatz von „rocken" und „herrschen" diskutieren	...ein für sie typisches Bild (Skizze und Beschreibung) eines Herrschers in Aushandlung mit einem Partner erarbeiten

Die Darstellung verdeutlicht, inwieweit sprachliche und kulturelle Lerninhalte in verschiedenen Unterrichtsfächern und Aufgabenformaten verknüpft werden können. Auf diese Weise wird den Lernern ein multimodaler Zugang zu relevanten Unterrichtsinhalten geboten. In konkreten Anwendungsaufgaben werden Bedeutungen ausgehandelt und reflexive Denkprozesse angestoßen. Sprachliche und kulturelle Kompetenzen werden somit integrativ und umfassend geschult.

6   Fazit

Wie das Zitat von Bredella im ersten Kapitel verdeutlicht, sind es die Gemeinsamkeiten des sozialen Zusammenlebens, welche die eigene sowie die gesellschaftliche Sicht prägen. Die Schule als Lebensraum vielfältiger Kulturen bietet eine gemeinsame Basis, auf welcher soziokulturelle Bedeutungen ausgehandelt werden können und müssen. Dabei steht die Ausbildung des Einzelnen ebenso im Mittelpunkt wie die der Gemeinschaft. Diese werden unterstützt, indem lebensweltliche und reflexive Inhalte sowie Lernaufgaben thematisiert werden. Die theoretischen Herleitungen in diesem Artikel verweisen auf das Potential der neuen Inhalte für einen fachlichen und überfachlichen Kompetenzzuwachs der Lerner in heterogenen Lerngemeinschaften. Ferner bleibt im Unterricht zu beobachten, ob der skizzierte Mehrwert auch tatsächlich erreicht wird.

Literatur

Bach, Gerhard/Timm, Johannes-Peter: Handlungsorientierung als Ziel und als Methode. In: G. Bach/ J.-P. Timm (Hrsg.), Englischunterricht, Tübingen, 2009, 1-22.

Bach, Gerhard/Breidbach, Stephan, Fremdsprachenkompetenz in der mehrsprachigen Wissensgesellschaft. In G. Bach/ J.-P. Timm (Hrsg.), Englischunterricht, Tübingen, 2009, 280-303.

Bredella, Lothar (2010): How to Conceive of Intercultural Understanding – Considering the Tensions Between the Liberal and the Communal Concept of the Self? In: Antor, Heinz (Hrsg.): From Interculturalism to Transculturalism: mediating encounters in cosmopolitan contexts, Heidelberg: Winter, 15-39.

Dausend, Henriette: STREET ART – Fostering discourse literacies with graffiti, stickers, stencils and paste-ups, i.Dr.

Deese, William B.: Emoticons. In: Eugene F. Provenzo, Jr. (et. al), Multiliteracies beyond text and the written word, Charlotte, 2011, 21-24.

Deese, William B.: Corporate Logos. In Eugene F. Provenzo, Jr. (et. al), Multiliteracies beyond text and the written word, Charlotte, 2011, 55-58.

Freitag, Britta: Transkulturelles Lernen. In: Wolfgang Hallet/Frank G. Köngs (Hrsg.), Handbuch Fremdsprachenunterricht, Seelze, 2010, 125-128.

Goldstein, Ben: Working with images, a resource book for the language classroom, Cambridge, 2008.

Hallet, Wolfgang: Kulturelles Lernen. In: Wolfgang Hallet/Frank G. Köngs (Hrsg.), Handbuch Fremdsprachenunterricht. Seelze, 2010, 129-132.

Hallet, Wolfgang: Lernen fördern Englisch, Kompetenzorientierter Unterricht in der Sekundarstufe I, Seelze, 2011.

Harder, Maribel G.: Instant and Text Messaging, In: Eugene F. Provenzo, Jr. (et. al), Multiliteracies beyond text and the written word, Charlotte, 2011.

Kramsch, Claire: Context and Culture in Language Teaching, Oxford, 2004.

Krause, Daniela/Heinicke, Christian: Street Art. Die Stadt als Spielplatz, Berlin, 2006.

Lunn, Matthew: Street Art Uncut, London, 2006.

McPherson, Annika: Trans-Formationen: Aufgaben und Grenzen transkultureller Analyseansätze. In: Cecile Sandten/ Martina Schrader-Kniffki/ Kathleen Stark (Hrsg.): Transkulturelle Begegnungen, Trier, 2007.

Nieke, Wolfgang: Kompetenz und Kultur, Beiträge zur Orientierung in der Moderne, Wiesbaden, 2012.

Schmidtke, Inge: Lesestrategien: Sachtexte: Methoden und Tests zur Texterschließung, 3./4. Klasse, Buxtehude, 2010.

Stahl, Johannes: Street Art, Königswinter, 2009.

Thaler, Engelbert: Lernerfolg durch Balanced Teaching, Berlin, 2010.

Van Riel, Cees B.M./Fombrun, Charles J.: Essentials of Corporate Communications, New York, 2007.

Bretter, die die Welt vereinen? Inter- und transkulturelles Lernen in einem internationalen Theaterprojekt

Stefanie Giebert

Abstract

Gemeinsam in einer multinational zusammengesetzten Gruppe in einer Fremdsprache Theater spielen: fördert dies interkulturelles und/oder transkulturelles Lernen? An einem interdisziplinären Theaterprojekt aus dem Hochschulbereich soll gezeigt werden, dass es idealerweise beidem dienlich sein kann. Der erste Teil des Beitrags gibt einen Überblick über Potenziale und Risiken von dramapädagogischen Methoden im Fremdsprachenunterricht und ihren Bezug zum inter-/transkulturellen Lernen, während der zweite Teil ein Praxisbeispiel aus dem universitären Englischunterricht beschreibt: Studierende unterschiedlicher Fachrichtungen und Herkunftsländer inszenieren eine moderne Shakespeare-Bearbeitung, die sich mit zahlreichen Aspekten einer globalisierten Wirtschaft beschäftigt, nicht zuletzt auch interkulturellen Begegnungen im Geschäftsleben.

1 Einleitung

„From the four corners of the earth they come": die Verehrer der Portia in Shakespeares *The Merchant of Venice* – aber auch die Studierenden, die im Sommer 2011 in einem Theaterprojekt an der Hochschule Reutlingen eine moderne Nacherzählung des Stückes auf die Bühne bringen möchten. Europa, (Nord-)Amerika und Asien sind vertreten und schon die Teilnehmerstruktur des Projektes birgt das Potenzial für inter- und transkulturelle Lernerfahrungen. Doch auch ohne eine multikulturelle Besetzung sind (fremdsprachliche) Theateraktivitäten geradezu prädestiniert zur Erkundung sowohl eigener wie auch fremder Identität(en) und Kultur(en). Die Potenziale von Dramapädagogik für *inter*kulturelles Lernen werden exemplarisch unter anderem in den Aufsatzbänden von Byram (1998) und Bräuer (2002) anhand zahlreicher Beispiele aufgezeigt. Doch auch *trans*kulturelles Lernen kann, gerade in längeren Theaterprojekten, stattfinden: die Teilnehmer werden sich ihrer multiplen Identitäten (als Studierende eines Faches, Angehörige einer Kultur, etc.) bewusst, erweitern diese außerdem durch die Annahme einer Rolle im Stück und überbrücken alle Unterschiede dennoch durch gemeinsame Identifikation mit dem Projekt.

2 Potenziale und Chancen für das inter- / transkulturelle Lernen

Wenn von Dramapädagogik im Fremdsprachenunterricht die Rede ist, so beinhaltet dies normalerweise ein breites Spektrum an Formen, das zeitlich von wenige Minuten umfassenden Spielen und Übungen mit Fokus auf Teilaspekten – wie z. B. Ausdruck, Wahrnehmung oder Gruppendynamik – bis zu mehrmonatigen Inszenierungsprojekten reicht[1]. Ebenso vielfältig sind mögliche Spielimpulse: von improvisierten Szenarien/Rollenspielen, die auf Sachtexten, Bildern, Situations- und Charakterbeschreibungen basieren können, über das Nachspielen und Ausschmücken von Lehrbuchdialogen bis hin zur Inszenierung von Dramentexten oder dem in Szene setzen anderer literarischer Gattungen wie Kurzgeschichten, Romanen, Gedichten ist alles möglich.

Was macht nun Theater/Drama[2] als Methode im Vergleich zu anderen Ansätzen besonders geeignet für inter- und transkulturelle Lernprozesse? Das häufigste in Plädoyers für den Einsatz von Dramenpädagogik im inter-/ transkulturellen (Fremdsprachen-)Lernen vorgebrachte Argument ist ganzheitliches Lernen. Im *drama classroom* werden alle Dimensionen verbreiteter Komponentenmodelle interkultureller Kompetenz (z.B. Straub 2010:18) eingebunden. Nicht nur, wie im herkömmlichen Unterricht, die kognitive Dimension, sondern auch die Handlungsdimension und die affektive Dimension und, mit beiden verbunden, wird die Körperlichkeit von (interkultureller) Kommunikation thematisiert. Was bedeutet dies im Einzelnen?

Erstens, die Berücksichtigung von non-verbalen und para-verbalen Aspekten der Kommunikation, wie etwa Körpersprache, räumlicher Aspekte (z. B. Nähe und Distanz) sowie stimmlicher Aspekte (z. B. Intonation, Lautstärke und Pausen). In Bezug darauf schlägt Benedikt Kessler daher vor, Michael Byrams Modell der fünf *savoirs* zu ergänzen – um ein *savoir percevoir*, ein „kritisches körperliches Bewusstsein" (Kessler 2008:57), das z. B. umfasst, fremde Körpersprache deuten zu können und sich der eigenen bewusst zu sein; insgesamt ein Verständnis für das „Verhältnis von Sprache, Kultur und Bewegung bzw. Körperlichkeit [...], das jeden Sprecher, gleich welcher Kultur er angehört, prägt" (ibid. 55).

Zweitens die Handlungsdimension: Lernende lesen oder hören nicht nur etwas über eine andere Kultur, sondern handeln (wenn auch nur für kurze Zeit) als Teil dieser Welt und Erkenntnisse werden möglich, die Fels und McGivern leicht mystisch als „space moments of learning that come into being in the interstices between the real world(s) and not-yet real world(s) of performance"

---

1   Für eine Klassifizierung von Spielformen nach ihrer Offenheit/Geschlossenheit bzw. Improvisations- /Vorlagenorientierung nehmen Kao und O'Neill vor, cf. Kao 1998:6.

2   Drama oder Theater? Eine Tendenz in der Fachliteratur ist es, von Theater/theatre zu sprechen, wenn ein ästhetisch anspruchsvolles Endprodukt das Ziel der Arbeit ist, von drama dagegen wenn andere Zielsetzungen, zum Beispiel fremdsprachliche oder soziale Lernprozesse im Vordergrund stehen und das Spiel mit Rollen stärker Mittel zum Zweck als Ziel in sich selbst ist. Der Gebrauch der Bezeichnungen ist jedoch nicht einheitlich.

(2002:25) bezeichnen – es sind Aha-Erlebnisse, spontane Einsichten, die mit konventionellem Lernen oft nicht erreicht werden.[3] Darüber hinaus macht Drama den Lernenden bewusst, dass ihr Handeln Folgen hat: Auch wenn alles relativ risikolos in geschützten "Spielräumen" (Surkamp 2007:139) bzw. der „nopenalty area" (Heathcote 1991:130) der Fiktion stattfindet, sollte dies den Lernenden, vor allem bei den freien, improvisierten Spielformen, wo sie im Spiel mit ihren Entscheidungen den Verlauf der Handlung bestimmen, eindrücklich bewusst werden. Und selbst bei Verwendung von geschlossenen Spielvorlagen ist es etwas anderes, ob man die Folgen einer Entscheidung nur lesend wahrnimmt oder sie am eigenen Körper erlebt.

Drittens und mit den vorher genannten verbunden ist die affektive Dimension – es geht nicht nur um Wissen über trans-/interkulturelle Situationen, sondern auch um die Emotionen, die im Handeln erlebt und vielfach non-verbal ausgedrückt werden. Lernende können etwa die Gefühle von Unsicherheit und Orientierungslosigkeit, die ein Fremder erleben mag, der in einem unbekannten Land ankommt, besser nachfühlen, wenn sie eine entsprechende Situation nachspielen. Die Erfahrung sollte natürlich in einer anschließenden Reflexionsphase diskutiert werden, durch das Ausprobieren wird sie aber eindrücklicher (zur Nachhaltigkeit des Lernens von Inhalten, die Lerner emotional berühren siehe Edlinger und Hascher 2008).

Ein vierter Aspekt fällt unter das Stichwort Perspektivenwechsel, der durch Drama/Theater wohl so umfassend wie durch kaum eine andere Herangehensweise erreicht werden kann. Zunächst einmal kann hier (mehr oder weniger wörtlich) ein ‚walking in someone else's shoes' ausprobiert werden. Die Lernenden sehen Geschehnisse aus Sicht eines Anderen und übernehmen dessen Innenperspektive. Zum anderen werden sie dabei beobachtet – von Mitspielenden und dem wie auch immer zusammengesetzten Publikum (oder vielleicht auch einer Kamera, siehe hierzu z. B. Collins 2002) und bekommen Rückmeldungen über ihre Wirkung – sehen sich also auch aus der Außenperspektive. Insbesondere der Einsatz einer Kamera und der Vergleich dieser (tendenziell) objektiven Perspektive mit den Wahrnehmungen des Publikums kann zum Verständnis darüber beitragen, wie vielfältig ‚Realität' wahrgenommen werden kann. Ein anderer interessanter Einsatz der Außenperspektive kann es sein, wenn die Lernenden nicht nur sich selbst, sondern ihre ganze Kultur von außen

---

3   Durch den häufig gegebenen Zeitmangel im schulischen Unterricht werden Rollenspiele hier meistens nur als Kurzzeitaktivität durchgeführt – hier wäre es interessant zu untersuchen, ob bereits kurze 'Ausflüge' in andere Welten die gewünschten Einsichtspotenziale haben oder ob hierfür eine längere Auseinandersetzung mit einer Rolle im Rahmen eines mehrtägigen/-wöchigen Prozesses nötig ist.

betrachten. Zum Beispiel indem sie improvisieren, wie Außerirdische zu Besuch auf der Erde ihre Kultur wahrnehmen würden: Was würden sie wahrnehmen? Welche Missverständnisse könnten sich daraus ergeben, dass bestimmte kulturelle Praktiken für ‚Inländer' natürlich und selbsterklärend sind, nicht aber für ‚Ausländer' (Fleming 2002:56)?

Des Weiteren, und dies hier als letzter Punkt, sind Drama-Aktivitäten im Allgemeinen auf kooperatives Lernen ausgerichtet. Arbeit in der Gruppe und die Notwendigkeit, mit anderen zu interagieren fördern also soziale Kompetenzen und selbst wenn es sich um eine monokulturelle Gruppe handelt, werden durch das Zusammenspiel unterschiedlicher Persönlichkeiten immer Toleranz und Empathie der Lernenden gefordert sein, um die Aktivitäten erfolgreich auszuführen.

Um es zusammenzufassen: das Potenzial von Dramenpädagogik im trans- und interkulturellen Lernen ist der eines ganzheitlichen und damit besonders nachhaltigen Lernprozesses, der soziale Kompetenzen fördert und den Lernenden idealer Weise Spaß macht und dadurch die Lernmotivation fördert.

3   Risiken

Natürlich gibt es auch Risiken beim Einsatz von Drama-Methoden und einige davon resultieren gerade aus der Ganzheitlichkeit des Ansatzes: Körperlichkeit, Emotionen, Persönliches und Gruppendynamik können, vor allem im schulischen Umfeld mit jugendlichen Lernern, Probleme mit sich bringen.

Unerwartete Gruppeneffekte und Disziplinprobleme können in der relativ offenen Atmosphäre des *drama classroom* leicht auftreten, dessen sollte man sich bewusst sein und sicherstellen, dass die Lerner das in sie gesetzte Vertrauen nicht missbrauchen: etwas Albernheit und höhere Lautstärke im Klassenraum können durchaus produktiv sein – aber komplettes Abschweifen ist natürlich nicht erwünscht. Auf der anderen Seite können Furcht vor Blamage und Berührungsängste (zum Teil im wörtlichen Sinn) gerade bei jugendlichen Lernern, bei denen Selbstbild und das Verhältnis zum eigenen Körper häufig noch instabil und problematisch sind, zu Hemmungen im Spiel und/oder Ablehnung der ganzen Spielsituation führen.

Die Integration persönlicher Haltungen und eigener Erfahrungen im inter-/ transkulturellen Lernen sind wichtig, vor allem, um sich der eigenen kulturellen Prägungen bewusst zu werden. Jedoch kann gerade bei jüngeren Lernern das Bewusstsein dafür, dass die eigenen Werte kulturell geprägt sind, noch schwach entwickelt sein und dann unreflektiert ins Spiel einfließen. Einerseits kann es so zu Schwierigkeiten beim Perspektivenwechsel kommen – im Rollenspiel wird ein auf eigenen Werten beruhendes Verhalten dargestellt und nicht das, welches die fiktionale Figur in der Situation wahrscheinlich zeigen würde. Andererseits kann es problematisch werden, wenn sich eine Rolle als zu nah an der eigenen Person erweist, also eine fiktive Figur Haltungen zeigt, die beim Spielenden einen ‚wunden Punkt' berühren, was wiederum zur Ablehnung der ganzen Spielsituation führen kann.

Ein allmähliches Heranführen an die Methode ist vermutlich das Sinnvollste, um Problemen vorzubeugen. Kurze Übungen mit eher wenig Körpereinsatz, parallele Arbeit in Paaren oder Kleingruppen, die vor der Arbeit in größeren Gruppen bzw. vor dem Vorspielen liegen, können helfen, Nervosität und Ängste abzubauen (Surkamp 2007:141 bzw. Schewe 2002:80). Nach allen Spielphasen, vor allem aber bei unerwarteten Reaktionen, ist die Reflexion sehr wichtig: Was genau ist passiert? Warum haben die Spielenden so gehandelt? Wie stark waren sie vielleicht von eigenen Erfahrungen beeinflusst? Wie hätten sie alternativ handeln können?

Im Idealfall kann so die wichtige Kompetenz der Perspektivenkoordinierung (Surkamp 2007:136) erlernt werden: Lerner werden sich der eigenen Haltung bewusst, können sich in fremde Haltungen einfühlen, aber auch sowohl die eigene, wie auch fremde Haltungen kritisch in Frage stellen.

Insgesamt, hier sind sich die Kommentatoren einig, muss, wer Dramapädagogik einsetzt, mit dem Unerwarteten rechnen, sich darauf einstellen, dass ein Teil der Kontrolle an die Lernenden abgegeben wird und dass Emotionen und Gruppendynamiken oft schwer steuerbar sind. Es ist also eine Methode mit erhöhtem Risiko, noch dazu eine zeitaufwändige. Die möglichen Resultate rechtfertigen aber doch oftmals den Sprung ins Ungewisse.

4   Praxis-Beispiel

Wie die Arbeit in einem längerfristigen (ca. 3 Monate dauernden) Theaterprojekt mit inter-/transkulturellen Aspekten aussehen kann, möchte ich an einem Praxisbeispiel aus dem Hochschulbereich zeigen. An der Fachhochschule Reutlingen leite ich seit einigen Semestern ehrenamtlich ein englischsprachiges Theaterprojekt, in dem inter- und transkulturelles Lernen bereits informell stattfindet, da sich die Gruppe international und interdisziplinär zusammensetzt. Das Angebot wird genutzt von internationalen und deutschen Studierenden mit und ohne Migrationshintergrund, die von zwei Hochschulen stammen (FH Reutlingen und Universität Tübingen) und dort verschiedenste Fächer studieren (von Sprachen über Wirtschaftswissenschaften bis zu Naturwissenschaften) und außerdem sehr unterschiedliche Englischkenntnisse mitbringen.

Hauptziele des Projekts sind es einerseits, das Kulturangebot der Hochschule zu erweitern und andererseits den Studierenden einen alternativen Zugang zum Englischlernen zu bieten, mit einem besonderen Schwerpunkt auf Wirtschaftsenglisch. Die Teilnahme ist freiwillig, es gibt weder Noten noch Creditpunkte. Das Projekt ist klar produktorientiert – am Ende steht eine Aufführung auf dem Campus. Diese Produktorientierung bringt viele, vor allem zeitliche Einschränkungen mit sich, da viel Zeit für Wiederholungen von Szenen benötigt wird. Andererseits aber ist diese Zeit für eine intensive Auseinandersetzung mit einer Rolle hilfreich. Die Produktorientierung resultiert paradoxerweise gerade aus der Freiwilligkeit der Veranstaltung, denn die Erfahrung zeigt, dass es für die Studierenden am Ende ein konkretes Ziel geben muss, auf das hingearbeitet wird, damit sie an der Veranstaltung teilnehmen.

Ich beziehe mich im Beispiel auf das im Sommersemester 2011 durchgeführte Inszenierungsprojekt. Ziel war, basierend auf Shakespeares *The Merchant of Venice* als dramatischer Vorlage, ein eigenes Skript für eine in die heutige Zeit und globalisierte Wirtschaftswelt übertragene Version der Geschichte zu erstellen, zum Teil zusammen mit den Studierenden, und dies mit ihnen zu inszenieren. Der Ausschnitt mit interkulturellem Fokus, den ich hier vorstelle, ist also nur ein Teilaspekt des sehr viel umfassenderen Projekts: „Wie kann man den *Merchant of Venice* ins 21. Jahrhundert übersetzen?"

Im Unterrichtsbeispiel geht es um den Handlungsstrang, in dem im Original die wohlhabende junge Portia eine Reihe von Gästen aus verschiedenen Ländern empfängt, die alle um ihre Hand werben. Hier gibt es eine Szene (I, 2), in der Portia sich bei ihrer Dienerin Nerissa über die bereits dagewesenen Bewerber beklagt und eine größere Menge von Vorurteilen gegenüber den verschiedenen Bewerbern bzw. nationale Stereotypen zum Vorschein kommen, so wie zwei weitere Szenen (II, 6 und II, 9) in der die nächsten zwei Bewerber einen Test zu bestehen versuchen. Unsere moderne Umdeutung der Vorlage war folgende: eine Konzernerbin sucht einen neuen Geschäftsführer und die internationalen Bewerber müssen eine Art Assessment Center durchlaufen. Im Folgenden stelle ich exemplarisch zwei Sitzungen vor und gebe Hinweise, wie diese in Bezug v. a. auf interkulturelles Lernen noch nachhaltiger gestaltet werden könnten, wenn wieder ein ähnliches Projekt durchgeführt wird.

Szenario A: Die ethnozentrische Chefin

Mit einer Gruppe Studierender las ich die 'Vorurteilsszene' im Original und wir begannen, um Ideen für unser Skript zu sammeln, ein Brainstorming zu aktuellen nationalen Stereotypen. Eine andere Kleingruppe ließ ich folgendes Szenario improvisieren: Eine Firmenchefin sucht einen neuen Geschäftsführer, geht mit ihrer Assistentin die Bewerbungen durch, hat aber gegen alle Bewerber Vorurteile aufgrund deren Herkunft. Fazit: Die Studierenden hatten Spaß am Spielen mit Vorurteilen, wobei zukünftig mehr Reflexion dazu wünschenswert wäre.

Szenario B: 'Küsse und Kaffee'

Eine Kleingruppe improvisierte eine Szene zum folgenden Szenario: Die Konzernerbin und ihre Assistentin bereiten sich darauf vor, internationale Bewerber zu empfangen. Die Bewerber bereiten sich ebenfalls vor. Gespielt werden sollte eine Situation in der die Bewerber in der Firma eintreffen – Begrüßung und Smalltalk, inklusive mindestens eines, auf kulturellen Unterschieden beruhenden, Missverständnisses.

Die Kleingruppe, die die Szene improvisierte, bestand aus zwei chinesischen, zwei französischen und einer deutschen Studierenden. In der Szene spielten die Chinesen Chinesen, die Franzosen Franzosen, während die Deutsche die Regie übernahm. Hauptpunkte der Szene: die chinesischen Geschäftsleute haben sich über französische Umgangsformen informiert und glauben nun, dass sich Franzosen zu jeder Begrüßung küssen. Zu Beginn der Szene stürmen sie auf die überraschten Franzosen zu und begrüßen sie mit *bisous*. Die Franzosen ihrerseits haben beschlossen, den Chinesen, weil sie China mit Tee assoziieren, nicht Kaffee, sondern Tee anzubieten. Die Chinesen hätten eigentlich lieber Kaffee, wie sie in einigen *asides* deutlich machen, sind aber zu höflich, um das Missverständnis aufzuklären.

Es folgte eine kurze Fragerunde, zunächst fragte ich die französischen Studierenden, in welchen Kontexten sie *bisous* für angemessen halten – Antwort: nur im privaten Umfeld. Dann stellte ich an alle Anwesenden die Frage, ob sie schon einmal Dinge bekommen hätten, die sie gar nicht wollten, weil sie zu höflich waren um nachzufragen. Auch hier wäre eine intensivere Reflexion sinnvoll gewesen.

Wie könnte man die Sitzungen nun nachhaltiger im Sinne des inter- und transkulturellen Lernens gestalten? Da die Behandlung von interkulturellen Aspekten im Projekt zu diesem Zeitpunkt eher als ein Aspekt unter vielen stattfand, waren die Sitzungen nicht explizit daraufhin ausgerichtet, es wäre aber leicht möglich, durch einige Ergänzungen einen Fokus hierauf zu legen.

Szenario A, zum Zweiten

Hier könnte man zum beispielsweise eine Pantomime-Übung vorschalten (Schewe 2002:79): Einige Teilnehmer werden gebeten, Länder pantomimisch darzustellen, die anderen raten, um welches Land es sich handelt – mit anschließender Reflexion über das Gezeigte: Was wurde gezeigt? (Stereo-)typisches Verhalten? Bestimmte Bräuche? Berühmte Personen? Falls möglich: Wie denken Studierende, die aus den dargestellten Ländern kommen, über die Darstellungen? Wie würden sie selbst ihr Land darstellen? Idealerweise kann hier eine Bewusstmachung von Auto- und Heterostereotypen stattfinden.

Dann erst würde ich die Szene im Originalskript lesen – überraschen die Vorurteile, die Portia über ihre Bewerber hat? Zum Beispiel, dass sie den Italiener als Pferdenarren verspottet und den Schotten für streitsüchtig hält? Hier würde ich Zeit für Reflexion einplanen und eine Diskussion über eine historische Dimension von Stereotypen und ihren möglichen Wandel anregen.

Dann würde ich die Improvisationsaufgabe mit der ethnozentrischen Chefin ausbauen und im Nachhinein über mögliche Auswirkungen im beruflichen Umfeld diskutieren: eventuelle eigene Erfahrungen, Wissen über gesetzliche Regelungen zu Diskriminierung in Deutschland und anderen Ländern (z. B. USA nur Bewerbungen ohne Foto und ähnliches), Gründe für ethnozentrisches Verhalten, um so eine Diskussion über das Thema *Diversity* im Arbeitsumfeld anzustoßen. Anschließend könnte man noch die Reaktionen der Bewerber improvisieren lassen, die vermuten, dass sie aufgrund ihrer Nationalität abgelehnt wurden – sind sie resigniert, wütend, ziehen sie Konsequenzen? Gerade für eine Zielgruppe von (Wirtschafts-)Studierenden, die möglicherweise später einmal im Bereich Personal tätig werden, ist eine Sensibilisierung für Aspekte, die über wirtschaftliche Überlegungen hinausgehen, sicherlich sinnvoll.

Szenario B, zum Zweiten

Auch hier würde ich eine Aufwärmübung vorschalten, zum Beispiel zu Raumwahrnehmung und Perspektivenwechsel (Axtmann 2002:45) oder eine Spiegelübung, zur Schärfung der Wahrnehmung und Einstimmung auf kooperatives Arbeiten[4]. Daran sollte sich wieder eine Improvisation des vorher genannten Szenarios (also ein kulturelles Missverständnis in einer Begrüßungssituation) anschließen. Wenn internationale Teilnehmer anwesend sind, können diese gerne zunächst wieder die eigene Nationalität spielen. Dann aber fände ich es reizvoll, dies auch einmal umzukehren. Ich würde die Spielszene zunächst ausführlich diskutieren, vor allem in puncto Körpersprache. Bewegen sich die Franzosen anders als die Chinesen, z. B. in ihrer Gestik oder Raumnutzung? Was sind

---

4   Spiegelübungen werden teilweise in Zweiergruppen durchgeführt und je ein Teilnehmer imitiert das Verhalten des anderen oder in größeren Gruppen, in der eine Person das Verhalten vorgibt, manchmal ist es zusätzlich Aufgabe der Beteiligten (oder eines Beobachters) zu erkennen, wer gerade die 'Führungsrolle' innehat.

die Eindrücke der Beobachter? Was denken die Spieler? Der nächste Schritt wäre, die Beobachter die Szene nachspielen zu lassen und auch daraufhin wieder die Erfahrungen zu besprechen – wie wirkt es auf die jetzt Beobachtenden? Finden Sie sich wieder? Wie fühlt sich die fremde Körpersprache für die jetzt Spielenden an? Eine weitere Möglichkeit wäre, die Szene nach dem Missverständnis 'einzufrieren' und mit Hilfe des Publikums Handlungsalternativen zu finden, die die Missverständnisse möglichst ohne Gesichtsverlust für die dargestellten Figuren aufklären und ihnen eine Befriedigung ihrer Wünsche (z. B. nach Kaffee) ermöglichen, so dass hier ein interkulturell kompetentes Verhalten direkt ausprobiert werden kann.

5   Fazit: Lernprozesse

Wie ermöglicht die Arbeit im geschilderten Theaterprojekt den Lernern nun interkulturelle und transkulturelle Lernprozesse?

Interkulturelles (und interdisziplinäres) Lernprozesse findet implizit statt, insofern als die Teilnehmer ihre kulturelle (und disziplinäre) Prägung in die allgemeinen Interaktionen und die Probenarbeit einbringen und sich mit kulturell/disziplinär geprägtem Verhalten anderer Teilnehmer auseinandersetzen müssen. Es findet jedoch auch explizit statt, insofern als kulturelle Besonderheiten und interkulturelle Unterschiede in den inszenierten Stücken thematisiert und reflektiert werden.

Transkulturelle Lernprozesse finden statt im Sinne einer Transzendierung kultureller Unterschiede durch die Notwendigkeit, als gemischtes Team ein gemeinsames Ziel zu erreichen, unterstützt durch die Tatsache, dass die Arbeitssprache Englisch für die meisten Teilnehmer nicht Muttersprache ist, sondern als lingua franca dient und sie sich im Projekt mit vielerlei Varianten des Englischen auseinandersetzen müssen. Außerdem finden transkulturelle Lernprozessen statt im Sinne des sich-Bewusstwerdens über multiple Identitäten und Hybridität. Die Teilnehmer bringen schon durch ihre Herkunft und Studienrichtungen multiple Identitäten mit, so dass sich verschiedenste Schnittmengen ergeben (möglicherweise verstehen sich sogar zwei Chemiestudierende aus verschiedenen Ländern leichter als zwei deutsche Studierende, von denen einer Chemie und der andere Anglistik studiert). Durch ihr Engagement im Projekt teilen alle jedoch die Zugehörigkeit zu einer gemeinsamen 'Subkultur' (der des Amateurtheaters). Des Weiteren kommt es zu einer immer mit der Theaterarbeit verbundenen Reflexion über Selbst und Rolle und schließlich erschaffen die Teilnehmer in einer besonderen Art von 'drittem Raum' ein hybrides Produkt, das die zwei Welten Kunst und Wirtschaft in Form eines Theaterstücks mit wirtschaftlichen Themen zusammenbringt.

110 Stefanie Giebert

Literatur

Axtmann, Ann: Transcultural Performance in Classroom Learning, in Bräuer, Gerd: Body and Language, Westport, 2002: 39-49.
Collins, Timothy: Video Recording and Playback Equipment, in: Bräuer, Gerd: Body and Language, Westport, 2002: 113-133.
Edlinger, Heidrun, Hascher, Tina: Von der Stimmung- zur Unterrichtsforschung, Überlegungen zur Wirkung von Emotionen auf schulisches Lernen und Leisten, in: Unterrichtswissenschaft, 2008: 36, 55-70.
Fels, Lynn, McGivern, Lynne: Intercultural Recognitions Through Performative Inquiry, in: Bräuer, Gerd. Body and Language. Westport, 2002: 19-36.
Fleming, Michael: Cultural Awareness and Dramatic Art Forms. in: Byram, Michael: Language Learning in Intercultural Perspective: Approaches through Drama and Ethnography. Cambridge, 1998: 147-57.
Heathcote, Dorothy: Collected Writings on Education and Drama. Chicago, 1991.
Kao, Shin-Mei und O'Neill Emily. Words into worlds, Learning a second language through process drama. Stamford, 1998.
Kessler, Benedikt: Interkulturelle Dramapädagogik. Frankfurt am Main: Lang, 2008.
Küppers, Almut, Kessler, Benedikt: A Shared Mission, Dramapädagogik, interkulturelle Kompetenz und holistisches Fremdsprachenlernen" in: Scenario, Journal for Drama and Theatre in Foreign and Second Language Education, 2/2008. <http://publish.ucc.ie/journals/scenario/2008/02/kesslerkueppers/02/de>
Straub, Jürgen, Weidemann Arne, Nothnagel, Steffi: Wie lehrt man interkulturelle Kompetenz?, Theorien, Methoden und Praxis in der Hochschulausbildung. Bielefeld, 2010.
Surkamp, Carola: Fremdes spielerisch verstehen lernen, Zum Potenzial dramatischer Texte und Zugangsformen im Fremdsprachenunterricht. in: Bredella, Lothar & Christ, Herbert: Fremdverstehen und interkulturelle Kompetenz. Tübingen, 2007. 133-147.

Raising Awareness for a Global World:
Deborah Ellis' *Parvana's Journey*

Julia Hammer

Abstract

Eine sich verändernde Gesellschaft stellt neue Ansprüche, insbesondere auch an die Schulen. Sie reklamiert aktuelle Bildungsinhalte und fordert unter den Postulaten der Gegenwartsbewältigung und Zukunftspropädeutik eine adäquate Umformung und Neuausrichtung. Im angelsächsischen Raum hat sich das Konzept der *global education* – zunächst im Kontext politischer Bildung und erziehungswissenschaftlicher Bezüge – entwickelt und ist mittlerweile auch im Englischunterricht fest verankert, denn besonders der Englischunterricht und die englische Sprache als *lingua franca* scheinen hierfür prädestiniert zu sein. Zu seiner literatur- und kulturphilosophischen und sprachlich-kommunikativen Komponente, die ihre Berechtigung beibehalten, treten Dimensionen sozialer, politischer, ökologischer sowie ökonomischer Bildung. Sie sollen Nachhaltigkeit, Solidarität und Frieden vermitteln. Im vorliegenden Beitrag werden die inter-, transkulturellen und globalen Ansätze des Fremdsprachenunterrichts diskutiert. Anhand von Deborah Ellis' *Parvana's Journey* wird ein konkretes, praxisorientiertes Beispiel zum globalen Lernen exemplarisch vorgestellt.

1   Interkulturelles und transkulturelles Lernen

Der Englischunterricht umfasst traditionell mehr als die Vermittlung fremdsprachiger Kompetenzen. Das Konzept des interkulturellen Lernens, das Anfang der 1980er Jahre im Fremdsprachenunterricht aufkam (‚Stuttgarter Thesen' der Robert-Bosch-Stiftung von 1982), löste einen regelrechten Boom aus. Die Idee der Beziehung, auf die beide Seiten zusteuern müssen, ist das Kriterium, das auch heute noch bei interkulturellen Begegnungen aktueller denn je erscheint und eine aktive Gestaltung des Miteinanderlebens mit der „Beziehungsqualität einer gegenseitigen Akzeptanz, Toleranz und Gleichwertigkeit der Kulturen" erlaubt (Fuchs 2007:33).

Die interkulturelle Ausrichtung des Fremdsprachenunterrichts plädiert für eine Anknüpfung an unmittelbare Erfahrungsbereiche der Lernenden und deren Fremdbilder, die durch Medien oder Auslandserfahrungen entstanden. Die Lerner sollen die Chance bekommen, sich bewusst mit den Besonderheiten einer fremden Kultur bzw. mit der eigenen Kultur und deren Perspektive auseinanderzusetzen. Diese Kompetenz gibt den Menschen bei interkulturellen Zusammentreffen Orientierung und befähigt sie, die kulturellen Besonderheiten anderer Kulturen respektvoll wahrzunehmen. Das Ziel besteht in einem möglichst konfliktfreien Umgang mit den Menschen anderer Kulturen.

Interkulturelle Kompetenz ist also die Fähigkeit, in fremden Situationen und mit dem Fremden Normalität zu stiften und dadurch Kohäsion zu bewirken. Interkultur wird dabei in Kultur transformiert, indem durch Normalitäten Kohäsion erzeugt wird. Durch die Erzeugung von Normalität kann eine Grundlage für Kommunikation, Interaktion und Kooperation geschaffen werden.

In der englischen Fachdidaktik setzt sich aber auch zunehmend eine multikulturelle und transkulturelle Ausrichtung durch. Der interkulturelle Ansatz im Fremdsprachenunterricht erfuhr durch den multikulturellen eine erste inhaltliche Erweiterung, die wenig wahrgenommen wurden. Sie trägt dem Tatbestand Rechnung, dass „mehrere Subkulturen und Kulturen innerhalb der Grenzen eines Staates existieren können" (Einhoff 1996:248), und konzentriert sich auf intrakulturelle Differenzen. Die regionalen, ethnischen und sprachlichen Unterschiede innerhalb eines Kulturraums werden dabei berücksichtigt:

> The multicultural approach includes a specific focus on the ethnic and linguistic diversity of the target country or countries, [...]. It also deals with the relations between target countries and the learner's own, and other countries, including migratory relations (where do immigrants and refugees come from, and why?). The teaching may be focused on national and ethnic identities. It may include comparisons between the target countries and the learners' own, thereby inviting learners to develop a reflective attitude to the cultures of their own country (Risager 1997:248f.).

Das multikulturelle Lernen bezieht vor allem die intrakulturellen Differenzen mit ein, stellt somit inhaltlich eine Weiterentwicklung des interkulturellen Lernens dar und unterscheidet sich von dessen Konzepten nicht grundsätzlich. Als oberstes Lernziel steht auch hier die interkulturelle Kompetenz. Deren Komplexität spiegelt jedoch die Vielschichtigkeit der Wirklichkeit wider, auf die sich multikulturelles Lernen richtet. Als Themen eignen sich Phänomene des menschlichen Alltags wie „childhood, growing up, family, school life, relationships, love, images of women and men" (ebd.:248f.) sowie migrations-relevante Themen.

Migrationsbewegungen, angestiegene Mobilität sowie die Verwendung weniger Sprachen als *lingua franca* haben heute zu einer gegenseitigen Durchdringung verschiedener Kulturen geführt. Forderungen nach trans-kultureller Bildung kamen als Antwort auf die zunehmende Verflechtung der Welt zustande, die sich immer stärker zu EINER Welt – zum globalen Dorf – entwickelt. Aus fremdsprachendidaktischer Sichtweise wird der transkulturelle Ansatz wie folgt beschrieben:

> The transcultural approach takes as its point of departure the interwoven character of cultures as a common condition for the whole world: cultures penetrate each other in changing combinations by virtue of extensive migration and tourism, worldwide communication systems for mass and private communication, economic interdependence, and the globalization of goods. [...] The widespread use of languages as lingua francas [*sic*] (i.e. used in situations where none of the speakers has the language in question as his or her first language) is one of the expressions of the internationalised world. The transcultural approach focuses on the life of individuals and

groups in contexts characterised by more or less cultural and linguistic complexity
[...]. The teaching deals not only with the traditional target countries, but also with
other countries, areas or cultural contexts, if this may contribute to language learning
(ebd.:248f.).

Die transkulturellen Themen gleichen im großen Maße den genannten Kriterien
des multikulturellen Ansatzes wie etwa Vermischung der Kulturen oder hybride
Identitäten und nehmen transkulturelle Themen und globale Problemkomplexe
mit auf. Sie müssen bedeutender Gegenstand des modernen Englischunterrichts
sein.

Dennoch ist es – trotz der inhaltlichen Neuorientierung des transkulturellen
Lernens – nicht sinnvoll, den Terminus des interkulturellen Lernens ganz auf-
zugeben. Die Traditionen bei der Vermittlung und vor allem die Gegensätze
zwischen dem Fremden und dem Eigenen sollen im Rahmen des Englischunterrichts eindeutig erhalten bleiben. Die vorausgegangenen Aufarbeitungen stellen
allerdings dar, dass es sich bei dem multikulturellen und transkulturellen Ansatz
in der Fremdsprachendidaktik vor allem um inhaltliche Ergänzung handelt.

Eine solche inhaltliche Erweiterung, verbunden mit methodisch-
didaktischen Realisierungen, wird dem modernen Fremdsprachenunterricht in
Zukunft zugrunde liegen. Konsequenterweise wird interkulturelles Lernen daher
nicht (weiter) als bidirektionales Lernen betrachtet, sondern die Themen der
Multikulturalität und -lingualität, der transkulturellen Erscheinungsformen und
der fremden und eigenen Kulturen werden miteinbezogen. Risager vertritt die
Ansicht:

> The ideal is still the mediator's competence: intercultural and communicative com-
> petence, but with new tasks: the competence to use the language as contact language
> in all kinds of situations characterized by cultural and linguistic complexity, among
> others as a lingua franca in international and interethnic communication (ebd.:249).

2   Weiterentwicklung zum globalen Lernen

Doch dem gegenwärtigen Bildungssystem gelingt es nur ansatzweise, Jugendliche auf die Herausforderungen der realen Welt vorzubereiten. Nicht nur die
Wirtschaft, sondern auch die Pädagogik vermeldet ständig, dass die Schule Jugendliche nicht adäquat für die reale Lebenswelt ausbildet. Der amerikanische
Bildungsexperte Edwin Reischauer forderte daher bereits in den 1970er Jahren
folgerichtig:

> We need a profound reshaping of education [...]. [H]umanity is facing grave diffi-
> culties that can only be solved on a global scale. Education is not moving rapidly
> enough to provide the knowledge about the outside world and the attitudes toward
> other people that may be essential for human survival (Reischauer 1973:4).

Wenn der Englischunterricht Jugendliche in ihrer Auseinandersetzung mit der veränderten Welt unterstützen will, steht er vor der Notwendigkeit, seine Inhalte und Lernbereiche zu erweitern und neu zu konzipieren. Ohne ein Bildungskonzept mit Realitätsnähe wird er weltfremd und verfehlt seinen Auftrag der Sozialisation, Enkulturation und Bildung.

Globales Lernen wird als pädagogische Antwort auf die globalen Herausforderungen unserer Zeit verstanden und ist dabei inhaltliches Konzept, Prinzip und Methode zugleich. Inhaltlich stehen global relevante Themen wie beispielsweise Welthandel, Armut und Nachhaltigkeit im Mittelpunkt. Die Methoden des globalen Lernens ermöglichen es, eine weltweite Perspektive anzunehmen und (z.T. lokale) Themen und Probleme in einem globalen und ganzheitlichen Zusammenhang zu betrachten. Perspektivenwechsel sollen dabei zu einer Reflexion der eigenen Identität und zu einem Überdenken des eigenen Lebensstils führen. Die Schüler sollen lernen, in der zusammenwachsenden Welt als mündige Weltbürger Orientierung zu gewinnen, Handlungskompetenz zu erwerben und Verantwortung wahrzunehmen. Globales Lernen wird wie folgt definiert:

> [...] global education consists of efforts to bring about changes in the content, methods and social context of education in order to better prepare students for citizenship in a global age. (Tye/Kniep 1991:5)

Das Konzept des globalen Lernens kann interdisziplinär, aber auch fachspezifisch umgesetzt werden. Dabei geht es nicht allein um eine inhaltliche Aufnahme von globalen Themengebieten und auch nicht darum, dass in jeder Stunde thematisch alles auf die Globalisierung ausgerichtet ist. Globales Lernen steht für eine regelmäßige Aufnahme globaler Perspektiven. Dabei konzentriert es sich bevorzugt auf handlungsorientierte Lernmethoden, auf offene Lehrgänge und interaktive, partizipierende, kooperativ-strukturierende Ansätze, die einen Perspektivenwechsel ermöglichen und Komplexität ertragbar und durchschaubar machen (Scheunpflug/Schröck 2000). Auf diesem Weg kann der Lerner globale Konzepte verstehen und wahrnehmen, problemlösende Fähigkeiten herausbilden und seine sozialen Fertigkeiten besser ausprägen als „Kompetenz der nachhaltigen Lebensgestaltung und der demokratischen Beteiligung an der Entwicklung einer zukunftsfähigen Gesellschaft" (Schreiber/Schuler 2005:6).

Begründungen und Zielsetzungen weisen Übereinstimmungen mit dem bereits beschriebenen Konzept des interkulturellen Lernens auf, und auch bei einem Blick auf die methodisch-didaktischen Herangehensweisen und Lernziele ergeben sich zahlreiche Ähnlichkeiten. Doch trotz Übereinstimmungen sind auch Unterschiede – vor allem hinsichtlich ihrer Herangehensweisen – vorhanden und die Ansätze nicht vollständig identisch. Globales Lernen geht über das interkulturelle Lernen hinaus, indem es, anstatt auf eine reine literatur- und kulturphilosophische sowie sprachlich-kommunikative Ausrichtung abzuzielen, friedensfördernde und nachhaltige Konzepte durch politische, ökologische und ökonomische Dimensionen in den Fremdsprachenunterricht integriert, ohne jedoch auf die interkulturellen Implikationen verzichten zu können.

Für die Zukunft des Englischunterrichts wird also entscheidend sein, wie die Verbindung zwischen individuellen Erfahrungen, intendierten interkulturellen Kompetenzen und den globalen Herausforderungen hergestellt werden kann. Einhoff betont, dass man Lerner nicht adäquat auf die Zukunft vorbereiten könne, wenn globale Themen ausgeklammert bleiben. Volkmann bezeichnet die Aufnahme der globalen Dimension in den Englischunterricht als eine „exciting extension", die für ihn nicht nur verwirrende, sondern auch spannende Merkmale bereithält (Volkmann 2010:155).

3   Unterrichtssequenz zu *Parvana's Journey*

Die vorliegende Unterrichtseinheit konzentriert sich darauf, die Lerner mit Ansätzen der Friedenserziehung vertraut zu machen und Einblicke in ein vom Krieg zerstörtes Land bereitzustellen. Die Lerner sollen sich ferner mit Prinzipien des Fremdverstehens und Konflikttrainings vertraut machen.

Parvana's Journey kann als Grundlage für eine Unterrichtseinheit dienen. Der Roman handelt von der knapp 14-jährigen Parvana, die in Kabul, der Hauptstadt Afghanistans, lebt. Als ihr Vater ins Gefängnis eingewiesen wird, weil er in England studiert hat, sorgt Parvana für die Familie. Nachdem ihr Vater freigelassen' worden ist, will die Familie nach Mazar-I-Charif fliehen, eine Stadt, die zu diesem Zeitpunkt noch nicht an die Taliban gefallen war. Während die Mutter und Parvanas Geschwister sich bereits auf den Weg gemacht haben, bleibt Parvana bei ihrem Vater. Die Lage in Kabul spitzt sich aber derart zu, so dass der Kontakt zur Mutter abbricht. Parvanas Vater wird krank und stirbt nach kurzer Zeit. Parvana muss sich nun alleine auf die Suche nach ihrer Mutter machen. Sie trifft auf ihrem Weg Jugendliche, die ebenfalls in den Wirren des Krieges ihre Angehörigen verloren haben. Gemeinsam sind sie auf der Flucht und erfahren Hunger, werden Zeugen des Schicksals, das die Bevölkerung in den Kriegsgebieten erleidet und auch ihre eigenen Ängste werden den Lesern deutlich vor Augen geführt.

Die dialogreiche Erzählung überzeugt durch große Beobachtungsgabe und durch ihre realistische Darstellung das täglichen Überlebenskampfs in Afghanistan. Neben der Thematik ‚Afghanistan unter dem Taliban-Regime' und einer vertieften Betrachtung der Gender-Rolle, ist auch die Initiation der Hauptcharaktere und das völlig fremde Schulwesen eine Auseinandersetzung wert. Schulbildung ist für Mädchen grundsätzlich verboten, aber selbst unter Jungen gibt es eine erschreckend hohe Zahl von Analphabeten.

Ellis schreibt über den Krieg und das Leben in Afghanistan in einer Art, die Jugendliche anspricht, ohne zu stark zu vereinfachen. Mit unverwechselbaren Identifikationsfiguren – allen voraus Parvana – und einer Empathie stiftenden Erzählweise eignet sich der Einsatz von Literatur für solche konfliktreichen und ambivalenten Themen besonders. Bredellas Argumente zum Fremdverstehen mit literarischen Texten unterstreichen, dass diese „ihre Leser besonders involvieren [...], [und] die Wertvorstellungen ihrer Leser an[sprechen]" (Bredella 2000:134). Literarische Zugänge eröffnen Motivation und ein hohes Identifikationspotenzial und erreichen damit eine Dekonstruktion der mentalen Kategorie ‚fremd'. Nach Bredella kann der Leser „an den Gedanken und Gefühlen der Charaktere Anteil nehmen [...], die Welt mit deren Augen sehen, [...] [und] auch deren Perspektive [übernehmen]" (ebd.). Fiktion und Realität stellen dabei für ihn keine Gegensätze dar: „Gerade die erfundenen Charaktere und Ereignisse vermögen an der Realität etwas sichtbar und erfahrbar zu machen, was man ohne diese Erfindung nicht wahrnehmen könnte" (ebd.). Der Roman ist für Unterrichtsprojekte in den Jahrgangsstufen 8-10 geeignet. Er weist vergleichsweise wenig Text und eine in der Regel geringe sprachliche Komplexität auf, was ihn für die Mittelstufe attraktiv macht.

3.1   Durchnahme im Englischunterricht

Laut der *Education for Global Citizenship: A Guide for Schools* (Oxfam 2006: 3) muss eine kritische, globale Bildung folgenden Anforderungen genügen und entsprechende Fähigkeiten vermitteln:

- asking questions and developing critical thinking skills
- equipping young people with knowledge, skills and values to participate as active citizens
- acknowledging the complexity of global issues
- revealing the global as part of everyday local life, whether in a small village or a large city
- understanding how we relate to the environment and to each other as human beings

Diese Kriterien sollen als Untersuchungsgrundlage für den Roman *Parvana's Journey* dienen.

Um über Afghanistan vor und während dem Taliban-Regime Informationen zu erhalten, können die ersten drei Kapitel aus *Parvana's Journey* gelesen werden. Sie verweisen auf die Einschränkungen des familiären Alltagslebens in Kabul unter dem Taliban-Regime. Entscheidend ist dabei, dass kein einseitiges, zum Beispiel ausschließlich negatives Bild Afghanistans im Rahmen des globalen Lernens geprägt wird. Der Englischunterricht muss vor allem von den durch die Medien vorgegebenen Stereotypen abweichen, um eine Abstumpfung gegenüber den globalen Themen zu vermeiden.

Um diese Ziele zu erreichen, ergeben sich Herangehensweisen und Grundsätze hinsichtlich der Methodik. Globales Lernen ist als Unterrichts-prinzip zu sehen, um globales Verständnis durch altersadäquate und den Möglichkeiten der Jugendlichen im Fremdsprachenunterricht entsprechende Lernerfahrungen zu schaffen. Dies bedeutet nicht nur eine vermehrte Arbeit mit authentischen Materialien (verschiedenen Textsorten), sondern auch einen Einsatz unterschiedlicher Medien (wie beispielsweise Internetrecherchen und verschiedene Formen von Telekommunikation).

Um die Herausforderungen Afghanistans kritisch nachzuvollziehen und allgemeine Länderinformationen über den Krieg in Afghanistan eigenständig zu erhalten, können daher Expertengruppen gebildet werden, in denen Jugendliche im Rahmen von Lernen-durch-Lehren (LDL)-Phasen *five-minute-talks* zu den in *Parvana's Journey* dargestellten Themen präsentieren.

Allgemeine Länderinformationen zu den Folgen von über 25 Jahre Krieg und Bürgerkrieg, Flucht und Migration, Landminen, die Stellung der Frau und der islamische Glaube in Afghanistan können für die einzelnen Expertengruppen zu Flucht und Migration, zu Landminen, zur Stellung der Frau und zum islamischen Glauben in Afghanistan zusammengestellt werden. Gesammelte Quellen finden sich im Literaturverzeichnis.

Gleichzeitig verlangt der Roman von den Lernern eine vertiefte Auseinandersetzung mit den Themen ‚Erwachsenwerden' ‚Verlust der Eltern' und ‚Leben als Waise'. Hier kann auf die interkulturelle Kompetenz der Jugendlichen eingegangen werden. Das Identitätspotential ist bei diesen Themen sehr hoch und die Lerner können ihre Situation und Erfahrung mit denen der Protagonisten aus *Parvana's Journey* vergleichen.

Für eine Auseinandersetzung mit Fremden und Konflikten sind Fragen nach Struktur und Ursprung entscheidende Bezugspunkte. Vertreter der Friedenserziehung, wie Klafki oder Diehr, werfen dem Fremdsprachenunterricht vor, dass er sich Konfliktthemen nur unzureichend widmet. Diehr schlägt daher vor, dass didaktisierte *critical incidents* und konstruierte Diskrepanzerlebnisse auf verschiedenartige Art und Weise der Dokumentation in den Unterricht einfließen (Diehr 2007:169). Wichtig dabei ist, dass einerseits Aufschluss über die Genese von Konflikten gegeben wird und andererseits durch das Schicksal des Einzelnen aufgezeigt wird, dass Gewalt schnell entstehen und desillusionieren kann. Die Priorität besteht darin, mit den Lernern Konflikt-lösungen zu erarbeiten. Nur so kann eine umfassende Mentalitätsveränderung stattfinden (ebd.).

Vor allem der Literaturunterricht gibt hierfür eine gute Gelegenheit, um Fremdverstehen zu initiieren. *Parvana's Journey* zeigt nicht nur die Konflikte in Afghanistan auf, sondern stellt sich auch den Herausforderungen, mit anderen Jugendlichen in Stresssituationen klarzukommen und Konflikte zu überwinden. Ab Kapitel 4 sollen die Lerner durch die jugendlichen Protagonisten unterschiedliche Möglichkeiten kennenlernen, in Konflikten zu reagieren, um sowohl mehr über allgemeine als auch über ihre eigenen Konfliktlösungs-strategien zu erfahren.

Um den Lernern eine eigenständige und aktive Auseinandersetzung mit dem Thema Konfliktbewältigung zu ermöglichen, kann das Klassenzimmer kann als Ort der Konfliktbewältigung und des nachhaltigen und friedvollen Handelns gestaltet werden. Der Lerner wird darauf vorbereitet, sich für Andersartiges und Fremdes zu öffnen, indem die exemplarischen Möglichkeiten jedes Einzelnen aufgezeigt werden, sich gesellschaftlich und friedvoll zu engagieren (Cates 2000:241). So wird das Individuum als Subjekt der globalen Entwicklungen gesehen, das zur persönlichen Teilhabe fähig ist und weltweite Beziehungen und diesen zugrunde liegende Mechanismen erkennt.

Als Einleitung kann eine Mindmap zu dem Begriff *conflict* angefertigt werden, in der mit zweifarbigen Stiften positive und negative Aspekte von Konflikten zusammengetragen werden. Am Ende der Aufgabe soll eine Definition für den Begriff *conflict* gefunden werden: *What definition for conflict did you come up with?* Diese Phase kann noch erweitert werden, indem die Mindmap als Anregung dient, über Gründe für Konflikte zu diskutieren (*What causes conflicts?*).

Danach sollen die Lerner durch die jugendlichen Protagonisten unterschiedliche Möglichkeiten kennenlernen, in Konflikten zu reagieren (*What does conflict resolution look like?*), um sowohl mehr über allgemeine als auch über ihre eigenen Konfliktlösungsstrategien zu erfahren. Hierzu bietet sich als Einstieg eine Gruppenarbeit an, in der die Lerner in ihren Kleingruppen aus 15 Gegenständen nur fünf für einen sechsmonatigen Aufenthalt auf einer einsamen Insel auswählen dürfen.

You and your teammates are being sent to a deserted island where you will be left for six months with no way to communicate to the outside world. Your group may only take five things with you besides the clothes on your back. You have to discuss in your groups and choose these five items from the list. Remember that you do not know anything about the island.

List of Essential Items:

Discuss in your groups and agree on a list of essential items that you will take with you.

1. warm clothes	*6. a sleeping bag/each*	*11. a tent*
2. cooking equipment	*7. sun hat, sunglasses & sun block*	*12. matches*
3. a camera	*8. waterproof boots/each*	*13. a bar of chocolate*
4. first aid kit	*9. a gun*	*14. a favorite book/each*
5. a supply of canned food	*10. a knife*	*15. supply of fresh water*

Abbildung 2:   Konfliktlösungsstrategien-warm-up (Vorschlag von Terrence Wheeler und Jane Addams, zit. nach http://www.janeaddamspeace.org/about_japa.html)

Im Plenum können danach über die Schwierigkeiten reflektiert werden, die auftauchten, um einen Konsens zu finden (*Was it difficult for you to reach a consensus in your group? Why? What was particularly difficult?*) und es können Parallelen zu Meinungsverschiedenheiten und Konflikten im realen Leben gezogen werden. Um ihre eigenen Konfliktlösungsstile bewusster wahrzunehmen kann daraufhin ein *voting* abgegeben werden:

- *How many of you agreed to the group decision although your own opinion was different?*
- *How many of you tried to meet halfway with your teammates?*
- *How many of you confronted the group?*
- *How many of you gave up and were not involved in the activity because they didn't like it or for any other reason?*

In der anschließenden Lesephase vergleichen die Jugendlichen ihre eigenen Konfliktlösungsstrategien mit denen der drei Jugendlichen, nämlich Parvana, Asif und Leila. Dazu können in Form von Lesetagebüchern *character logs* angefertigt werden, in der sich verschiedene Gruppen auf einen der Charaktere der drei Hauptfiguren konzentrieren und diese beschreiben bzw. deren Konfliktlösungsstrategien festhalten: *What strategies did ... choose when facing a conflict? What were the results? What strategies might have been more effective?*

Auch hier kann danach wieder eine Plenumsdiskussion stattfinden, in der die Lerner sowohl die Differenzen und Möglichkeiten in Konfliktsituationen hinterfragen (*Did you notice any similarities and/or differences in how the characters responded in conflict situations?*) als auch mit eigenen Konfliktlösungsstrategien vergleichen (*What strategies did you use in your group?*).

Als Ende der kurzen Unterrichtseinheit zum Konfliktlösen sollten die fünf verschiedenen Stile zur Konfliktlösung (*Discussing conflict management styles: confrontation, avoidance, accommodation, compromise, problem-solving*) in Form eines Arbeitsblattes oder Tafelanschriebs den Lernern erläutert werden.

Sie können mit Beispielen aus *Parvana's Journey* belegt werden. Die Gründe für eine bestimmte Auswahl bzw. die situativen Aspekte sind zu berücksichtigen (*Why might someone choose avoidance as a strategy? When is confrontation an appropriate approach? When might it become a destructive way?*). Diese Stile und Strategien werden altersgemäß didaktisch reduziert. Auf der Homepage von Terrence Wheeler (*Commission on Dispute Resolution and Conflict Management*) und auf der Website der erziehungswissenschaftlichen Fakultät der Universität von Missouri lassen sich Stile und Strategien zur Konfliktlösung finden, die altergemäß und didaktisch reduziert sind.

4 Zusammenfassung und Ausblick

Die beschriebene Unterrichtseinheit macht deutlich, dass sich globale Herausforderungen als Themengebiete auch für den Englischunterricht in der Mittelstufe eignen.

Parvana's Journey ist die Initiationsgeschichte von Jugendlichen, die im kriegszerstörten Afghanistan überleben. Die literarische Herangehensweise schafft hier Möglichkeiten zum Fremdverstehen und bietet Identifikationspotenzial mit afghanischen Jugendlichen – ohne dabei zu sehr zu vereinfachen. Die vorliegende methodisch-didaktische Ausarbeitung ist so angelegt, dass vor allem Konfliktlösungsstrategien in den Mittelpunkt rücken.

In einem weiteren Schritt kann der Roman auch genutzt werden, um dem einseitig negativ gezeichneten Bild vom Islam entgegen zu wirken, wobei Lehrkräfte als neutrale *chairperson* und *facilitator* die Lerner anleiten und unterstützen, ohne didaktisch erhobenen Zeigefinger, und dabei auch ihr eigenes Wissen in diesem Prozess erweitern können.

Literatur

Addams, Jane: Peace Association. Educating for Peace Through Literature, 2003. [http://home.igc.org/~japa/curriculum_files/ educating_for_peace.pdf (Oktober 2011)].
Bredella, Lothar/Christ, Herbert: Didaktik des Fremdverstehens, Tübingen, 1995.
Bredella, Lothar: Fremdverstehen mit literarischen Texten. In: Bredella, Lothar/Meißner, Franz-Joseph/Nünning, Ansgar/Rösler, Dietmar (Hrsg.): Wie ist Fremdverstehen lehr- und lernbar?, Tübingen, 2000, 133-163.
Cates, Kip A.: Global Education. In: Byram, Michael (Hrsg.): Routledge Encyclopedia of Language Teaching and Learning, London, 2000, 241-243.
Diehr, Bärbel: Vom Fremdverstehen zur Friedenserziehung: Neue Perspektiven für die Didaktik des Fremdsprachenunterrichts. In: Bredella, Lothar/Christ, Herbert (Hrsg.): Fremdverstehen und interkulturelle Kompetenz, Tübingen, 2007, 169-176.

Einhoff, Jürgen: Der interkulturelle Ansatz – Denkanstoß für die Textaufgabe? In: Praxis des neusprachlichen Unterrichts 40, 1996, 248-256.

Einhoff, Jürgen: MULTI-CULTI. Didaktische Ansätze, Zielvorstellungen und Themen im Englischunterricht des 21. Jahrhunderts. In: PRAXIS/fsu, 2003, 6-9.

Ellis, Deborah: Parvana's Journey. New York/Oxford, 2002.

Oxfam: Education for Global Citizenship: A Guide for Schools, 2006. [www.oxfam.org.uk/ education/gc/files/education_for_global_citizenship_a_guide_for _schools.pdf (Januar 2012)].

Reischauer, Edwin: Towards the 21st Century, New York, 1973.

Scheunpflug, Annette/Schröck, Nikolaus: Globales Lernen. Einführung in eine pädagogische Konzeption zur entwicklungsbezogenen Bildung. Stuttgart: Brot für die Welt, 2002.

Schreiber, Jörg-Robert/Schuler, Stephan: Wege Globalen Lernens unter dem Leitbild einer nachhaltigen Entwicklung. In: Praxis Geographie 4, 2005, 4-10.

Tye, Kenneth A./Kniep, Willard M.: Global Education Around the World. In: ASCD 4, 1991, 47-49.

Volkmann, Laurenz, Fachdidaktik Englisch: Kultur und Sprache, Tübingen, 2010.

Internet

http://www.afgan-aid.de (Dezember 2011)
http://www.amnesty.org (Dezember 2011)
http://ethemes.missouri.edu/themes/1367 (Dezember 2011)
http://www.kinderkulturkarawane.de/themen/unterricht/afghanistan.htm (Oktober 2011)
http://www.janeaddamspeace.org/about_japa.html (Oktober 2011)
http://www.unesco-kinder.de/homepage.html (Dezember 2011)
http://www.unhcr.org (Dezember 2011)
http://www.unicef.de (Dezember 2011)

Alle Sprachen nutzen Metaphern! – Die transkulturelle Komponente alltagssprachlicher Metaphern und ihre Bedeutung für den Fremdsprachenunterricht

Corinna Koch

Abstract

Da Metaphern in der Alltagssprache allgegenwärtig sind, begegnet ein deutschsprachiger Fremdsprachenlernender, der Englisch, Französisch und Spanisch lernt, im Laufe seiner Schullaufbahn einer großen Anzahl fremdsprachlicher Metaphern. Neben kulturspezifischen Metaphern, die für jede Sprache separat erarbeitet werden müssen, wird der Lernende dabei mit zahlreichen Metaphern konfrontiert, die die vier Sprachen sowohl auf konzeptueller als auch auf sprachlicher Ebene teilen. Dies ist zum einen darauf zurückzuführen, dass die Funktionsweise, die Grundprinzipien und Funktionen der Metapher in allen Sprachen und Kulturen gleich sind, wodurch fremdsprachliche Metaphernkompetenz zu einer transkulturellen Kompetenz wird; zum anderen ist dies durch die gemeinsame Geschichte bedingt, die die vier Sprachen teilen und durch die sie immer wieder in Kontakt getreten sind und noch in Kontakt treten. Auch gemeinsame kulturelle Elemente wie der christliche Glaube sorgen für eine nicht zu vernachlässigende transkulturelle Verbindung, die die Lernenden im „Fremden" „Eigenes" erkennen lässt und die traditionelle klare Trennung von Kulturen (nach Landesgrenzen) infrage stellt. Nicht zuletzt sorgt das Internet darüber hinaus in der jüngsten Geschichte für einen intensiven und vielfältigen Sprachenkontakt, der auch die Metaphorik der einzelnen Sprachen beeinflusst.

1 Einleitung

Metaphern erlauben es, unbekannte und abstrakte Dinge verständlich und anschaulich darzustellen, sie ermöglichen es, einen bestimmten Aspekt des Gegenstandes in den Vordergrund zu rücken und sie sind eine primäre Quelle lustiger Wortspiele und poetischer Überzeichnungen. Doch nicht immer werden Metaphern so bewusst eingesetzt, wie es diese Aufzählung suggerieren mag, denn die Metapher ist ein Denkphänomen, das sowohl bewusst als auch unbewusst ablaufen kann (vgl. Koch 2011a), und wird erst in einem zweiten Schritt zu einer sprachlichen Äußerung.

Neben der bewussten, zielgerichteten mentalen Kreation einer neuen Metapher entstehen die meisten Metaphern eher umgekehrt, indem zunächst weitgehend unbeabsichtigt eine Verbindung zwischen zwei Gegenständen erkannt wird, die auf einer in einer bestimmten Situation empfundenen partiellen Ähnlichkeit der beiden beruht. Durch die Metapher kann der Wahrnehmende z.B. etwas Neues oder Abstraktes wie ein Gefühl besser „begreifen", durch sie sticht ein bestimmter Aspekt eines Gegenstandes besonders hervor, durch sie wird etwas als lustig empfunden. Das Erkennen solcher Verbindungen zwischen ver-

schiedenen Dingen des Alltags gehört in allen Kulturen zu den normalen Mechanismen der Wirklichkeitsbewältigung und -verarbeitung, denn auf diese Art
und Weise können die zahlreichen alltäglichen Impulse und Empfindungen zu
einem großen Ganzen zusammengefügt, systematisiert und verstanden werden.
Bewährt sich eine solche Assoziation zweier Dinge, schlägt sie sich in der Folge
in der Sprache nieder und wird durch sie möglicherweise tradiert.

Die naturgemäßen und die vom Menschen geschaffenen Unterschiede zwischen verschiedenen Kulturen bezüglich Lebensbedingungen und Lebensge-
wohnheiten sorgen für Differenzen in ihrer Metaphorik, die im Folgenden im
Anschluss an die hier zugrunde gelegte Metapherndefinition kurz dargestellt
werden. Die grundlegenden Gemeinsamkeiten in Bezug auf die Funktionsweise
der Metapher, ihre Funktionen und Grundprinzipien, die auf ähnlichen Wahrnehmungsweisen, Sprachverwandtschaften und -kontakten beruhen, stellen jedoch gleichzeitig eine transkulturelle Komponente dar, die im Fremdsprachenunterricht, der sich mit einer fremden Sprache und Kultur und damit immer auch
mit ihrer Metaphorik beschäftigt, neben den Unterschieden eine ebenso entscheidende Rolle spielt.

2   Metapherndefinition und alltägliche Allgegenwart

Wie bereits angedeutet, wird die Metapher hier nicht als außergewöhnliches rhe-
torische Stilmittel verstanden, das im Fremdsprachenunterricht somit ausschließlich im Literaturunterricht eine Rolle spielen würde, sondern in Anlehnung an
George Lakoff und Mark Johnsons kognitive Metapherntheorie als allgegenwär-
tiges, alltägliches Denk- und Sprachphänomen, das folglich im aktuellen kom-
munikationsorientierten Fremdsprachenunterricht, der sich mit der Alltagssprache und alltäglichen kulturellen Gebräuchen und Werten beschäftigt, einen
wichtigen Platz einnimmt (vgl. Lakoff/Johnson [1980]/2008:11-12; vgl. auch
Kövecses 2002:6; Kramsch 1996:179). Wählt man, wie im Fremdsprachenunterricht üblich, die Sprache als Ausgangspunkt, über die u. a. Rückschlüsse auf
Denk- und Wahrnehmungsweisen gezogen werden können, so muss man sich
der Tatsache stellen, dass die Lernenden mit einer großen Anzahl von Metaphern konfrontiert werden und somit auf den kompetenten Umgang mit diesen
vorbereitet werden sollten. Dazu gehört zuallererst die Kenntnis einer wissen-
schaftlich korrekten und dennoch im Unterricht handhabbaren Definition, die
neben der Funktionsweise, die unter 4.1. näher beleuchtet wird, auch die verschiedenen Arten von Metaphern beinhaltet.

Neben „konzeptuellen Metaphern", also gedanklichen Metaphern (vgl. La-
koff/Johnson [1980]/2008:22), werden hier vor allem zwei Arten sprachlicher
Metaphern unterschieden: „Lexikalisierte Metaphern" sind feste Sprachbaustei-

ne, die in der jeweiligen Sprache fest verankert sind und für die eine gängige Interpretation existiert, die Muttersprachler in der Regel direkt aktivieren, ohne die Metapher als solche vollständig zu analysieren. „Innovative Metaphern" hingegen sind neuartig, das heißt, sie müssen vom Rezipienten erst interpretiert werden, weil noch keine feste Bedeutung für diese sprachlichen Ausdrücke festgelegt worden ist (vgl. Kohl 2007:56-57). Während lexikalisierte Metaphern in der Alltagssprache allgegenwärtig sind, finden sich zusätzlich zu den gebräuchlichen lexikalisierten Metaphern in der Literatursprache besonders viele innovative Metaphern. Da innovative Metaphern für Muttersprachler besonders auffällig sind, wird häufig nur in der poetischen Sprache ein großes Vorkommen von Metaphern erkannt, wodurch das Vorurteil zustande gekommen ist, dass Metaphern ein von der Alltagssprache abweichendes rhetorisches Mittel darstellen.

3   Sprach- und Kulturunterschiede

Der Fremdsprachenunterricht macht jedoch deutlich, dass lexikalisierte Metaphern, die auch „tote Metaphern" genannt werden, alles andere als „tot" sind (vgl. z.B. Müller 2008:6). Ist einem Lernenden eine Metapher aus seiner Muttersprache oder einer Fremdsprache, die er bereits gut beherrscht, noch nicht bekannt, ist sie für diesen Lernenden zunächst „subjektiv-innovativ" (Koch 2010a: 39). Das bedeutet, dass die Metapher für ihn so lange wie eine innovative Metapher behandelt wird, bis er den Ausdruck mit seiner konventionellen Interpretation in seinen fremdsprachlichen Wortschatz aufgenommen hat und als feste Einheit betrachtet. An diesem Punkt zeigen sich die Unterschiede in der Metaphorik verschiedener Sprachen, die z.B. auf divergierende klimatische und landschaftliche Bedingungen, Gesellschaftsformen, Bräuche und Traditionen zurückzuführen sind und eine primäre Fehlerquelle beim Fremdsprachenlernen darstellen – entweder in Form von Interferenzfehlern, wenn ein Ausdruck 1:1 in eine Fremdsprache übersetzt wird, in dieser jedoch nicht idiomatisch ist, oder in Form eines Un- oder Missverständnisses bei der Rezeption eines neuen metaphorischen Ausdrucks. Nicht nur zwischen zwei verschiedenen Sprachen kann dies passieren, sondern auch bei verschiedenen Varietäten ein und derselben Sprache, wenn z.B. regionale oder noch stärker ausgeprägte geographische Faktoren zum Tragen kommen. Ein Lehrbuchdialog zeigt dies sehr deutlich, wenn auch spanische Jugendliche die kolumbianische umgangssprachliche Bezeichnung „aguacates", zu Deutsch „Avocados", für Polizisten, nicht verstehen (vgl. Bade et al. 2006:26).

Diese Unterschiede stellen für den Fremdsprachenlernprozess eine Herausforderung dar, die als solche erkannt und durch intensive Thematisierung von kulturspezifischen Metaphern und die Vermittlung von fremdsprachlicher Metaphernkompetenz generell kompensiert werden sollte. Neben ihren Schwierigkeiten für Fremdsprachenlernende bieten stark kulturell geprägte Metaphern jedoch auch das Potenzial, anhand dieser Sprachbausteine kondensierte, kulturelle, teilweise geschichtliche Sichtweisen aufzudecken, die bis heute tradiert werden, in der Sprache weiterleben und durch sie das heutige Leben immer noch beeinflussen. Diese Metaphern bieten somit die Möglichkeit, im Alltag ständig präsentes kulturelles Wissen aufzudecken und zu erwerben. Zudem erleichtert die intensive Beschäftigung mit dem Ursprung der Metaphern und den übertragenen Elementen die Memorierung des sprachlichen Ausdrucks und des metaphorischen Konzepts (vgl. Littlemore/Low 2006:41). Letzteres ist vor allem dann von Vorteil, wenn weitere sprachliche Metaphern, die auf demselben Konzept beruhen, im Anschluss interpretiert werden müssen. In Bezug auf die Sprachproduktion bieten die lexikalisierten Metaphern zudem idiomatische Ausdrucksweisen, die bei passendem Gebrauch die Lernersprache voranbringen können (vgl. Koch 2011c).

4   Transkulturelle Gemeinsamkeiten von Metaphorik

Trotz der großen Anzahl subjektiv-innovativer Metaphern, mit denen deutsche Lernende umgehen müssen, wenn sie eine Fremdsprache wie Englisch, Französisch oder Spanisch lernen, weisen die europäischen Sprachen sowohl auf konzeptueller als auch auf sprachlicher Ebene Gemeinsamkeiten in ihrer Metaphorik auf, die eine Auflösung der binären Trennung zwischen Eigenem und Fremdem bedingen und fremdsprachliche Metaphernkompetenz zu einer fremdsprachenübergreifend relevanten Fähigkeit machen. Als fremdsprachlich metaphernkompetent bezeichnet man jemanden, der in der Lage ist,

a) sprachliche und konzeptuelle Metaphern sowie ihre außersprachlichen Ausprägungen, z.B. in Form von metaphorischen Gesten, Verhaltensweisen und Bildmetaphern, als solche zu identifizieren,

b) sie zu memorieren und dabei mit bereits vorhandenen (mutter- und fremdsprachlichen) Metaphern zu verknüpfen,

c) sie angemessen zu interpretieren, das heißt, sie zu verstehen,

d) ihre kulturelle Dimension zu erkennen, sie dementsprechend mit landeskundlichen Kenntnissen zu verbinden und/oder aus ihnen (weitere) kulturelle Informationen zu ziehen,

e) angemessen auf metaphorische Äußerungen sprachlicher und nichtsprachlicher Natur zu reagieren sowie

f) selbst sprachliche lexikalisierte und innovative Metaphern sowie außersprachliche metaphorische Elemente wie Gesten in passenden Kontexten zu (re)produzieren (vgl. z.B. Acquaroni Muñoz 2008:253-254; Paivio/Walsh 1993:307; Littlemore 2001:459).

4.1. Funktionsweise, Grundprinzipien und Funktionen der Metapher

Wie bereits angedeutet, funktionieren Metaphern immer nach dem gleichen Prinzip: Zwei Konzepte werden miteinander verglichen und abhängig vom spezifischen Kontext und der individuellen Interpretation – hier spielt die kulturelle Prägung der produzierenden bzw. interpretierenden Person eine große Rolle – werden bestimmte Elemente ausgewählt, die vom Bildspender auf den Bildempfänger übertragen werden. Dadurch treten gleichzeitig andere Elemente des Bildempfängers in den Hintergrund, wodurch eine Perspektivierung erreicht wird. Die Bedeutung der Metapher ergibt sich bei diesem Vorgang aus den Einzelbedeutungen von Bildspender und Bildempfänger sowie aus deren metaphorischer Kombination im jeweiligen Kontext. Für den Fremdsprachenunterricht bedeutet diese allgemeingültige Funktionsweise, dass im ersten Fremdsprachenunterricht propädeutische Grundlagen für weitere Fremdsprachen gelegt werden können und sollten, um diese transkulturelle Komponente, die alle Sprachen teilen, immer wieder nutzen zu können.

Ähnlich verhält es sich mit den zu Beginn des Beitrags bereits angesprochenen Grundprinzipien der Metapher. Diese wird häufig genutzt, um Abstraktes durch Konkretes und Unbekanntes durch Bekanntes zu verstehen bzw. auszudrücken. Dazu zählen in erster Linie Gefühle, die schwer in Worte zu fassen sind. Als Bildspenderbereich werden dabei z.B. Temperaturen genutzt: „She said in a cold voice", „Il l'a saluée froidement", „se quedó frío ante mis palabras", „jemandem die kalte Schuler zeigen". Ebenso können mentale Vorgänge, die schwer zu beschreiben sind, durch physische Vorgänge anschaulich gemacht werden, indem man sich z.B. an etwas annähert, um es besser verstehen zu können. Aus diesem Grund nennt ein spanisches Lehrbuch die Einführungsseite zu einer neuen Lektion auch „acércate", zu Deutsch „näher dich an". Neben Bewegungen sind z.B. der menschliche Körper und seine Teile beliebte Bildspender. Die Ähnlichkeit besteht dabei beispielsweise in der Form oder Funktion: „la tête d'une alumette", „der Streichholzkopf"; „the head of a company", „der Kopf der Firma". Außer Abstraktem sind zudem Dinge, die im Alltag allgegenwärtig sind, häufig Bildempfänger von Metaphern wie die Bezeichnungen „Moos", „Asche" und „Mäuse" für Geld oder die zahlreichen französischen Namen für verschiedene Sorten länglichen Weißbrotes wie „baguette" (ursprünglich: „Stab"), „ficelle" (ursprünglich: „Faden"; länger und dünner als ein normales Baguette) und „flûte" (ursprünglich: „Flöte"; halb so lang, aber doppelt so dick wie ein normales Baguette) exemplarisch verdeutlichen.

Bezüglich der Funktionen von Metaphern mögen gewisse kulturspezifische Präferenzen zu beobachten sein, dennoch lassen sich einige Grundfunktionen in allen Sprachen beobachten, z.b. das Erklären komplexer Sachverhalte durch konkrete, dem Zuhörer bekannte Gegenstände, das Überzeugen, z.b. in der Werbung durch perspektivierende Metaphern, die sich äußerst positiv konnotierter Bildspender bedienen, sowie das komische Darstellen eines Sachverhaltes durch abwegige Metaphern oder Wortspiele. Erneut wird deutlich, dass für die Nutzung dieser Funktionen ein hohes Niveau fremdsprachlicher Metaphernkompetenz notwendig ist. Nicht all diese Funktionen können Lernende von Anfang an nutzen, denn für Ironie und Komik in der Fremdsprache ist eine hohe Sprachkompetenz in der Regel Voraussetzung. Die Nutzung konkreter, bereits bekannter Dinge für die Erläuterung abstrakter, unbekannter Vorgänge kann jedoch von Anfang an eine Kommunikationsstrategie darstellen, die es ermöglicht, den zu Beginn einer Fremdsprachenkarriere notwendigerweise begrenzten Wortschatz optimal auszuschöpfen und auch über komplexe Dinge verständlich zu sprechen (vgl. Koch 2011b:5 und Koch 2011c). Dabei gehört es dazu, sich mit kultureller Komplexität auseinanderzusetzen und gegebenenfalls hineinspielende kulturell bedingte Abweichungen in der Interpretation zu erkennen und angemessen auf sie zu reagieren. Dem Lernenden kommt an dieser Stelle somit sowohl bei der Produktion als auch bei der Rezeption ein aktiver Part zu, auf den der Fremdsprachenunterricht ihn bestmöglich vorbereiten sollte.

4.2. Transkulturelle Metaphern und ihre Ursprünge

Abgesehen von der universellen Funktionsweise und den Grundprinzipien und Funktionen der Metapher können Fremdsprachenlernenden anhand von konzeptuellen metaphorischen Ähnlichkeiten zwischen den vier europäischen Sprachen Deutsch, Englisch, Französisch und Spanisch Gemeinsamkeiten dieser Sprachen verdeutlicht werden (vgl. Weinrich 1976:287). Aufgrund ihrer Sprachverwandtschaft verbinden z.B. das Französische und das Spanische viele gemeinsame Metaphern wie „prêter attention à quelqu'un", „prestar atención a alguién" (ursprünglich: „jemandem Aufmerksamkeit leihen"; übertragen: „jemandem Aufmerksamkeit schenken"). Doch auch das Englische und Deutsche weisen in einigen Fällen konzeptuelle Gemeinsamkeiten mit den beiden romanischen Sprachen auf, die z.B. auf ähnliche westliche Wahrnehmungsweisen zurückgeführt werden können, die sich in der Sprache widerspiegeln und durch sie gleichzeitig auf die Wahrnehmung zurückwirken, z.B. OBEN IST GUT, UNTEN IST SCHLECHT. Ebenso möglich sind Entlehnungen oder Lehnübersetzungen, durch die Metaphern Einzug in andere Sprachen gehalten haben. Dabei ist u. a. die gemeinsame Geschichte der Sprachen, die immer wieder zu Sprachkontakt geführt hat, z.B.

durch Kriege, Migration, zunehmende Mobilität, Bündnisse, Globalisierung und Handel, dafür verantwortlich, dass ein Austausch – auch in metaphorischer Hinsicht – stattgefunden hat (vgl. z.B. Jurt 2011:40). Dies führt neben dem Kontakt verschiedener Sprachen auch zur Verwendung einer Sprache, häufig Englisch, als Lingua Franca. Die transkulturelle Komponente, die hier zum Tragen kommt, zeigt sich in der Kompetenz, trotzdem eine gemeinsame sprachliche – und damit auch metaphorische – Basis zu finden, denn spricht man mit den Mitteln einer fremden Sprache, denkt aber in eigenen Konzepten, können für den Gesprächspartner merkwürdig erscheinde Metaphern entstehen, da diesem der kulturelle Hintergrund des anderen nicht vertraut ist.

Als gemeinsamer Ursprung vor allem metaphorischer Redensarten und Sprichwörter erweist sich zudem der christliche Glaube, der metaphorisch vereinigend wirkt (vgl. Eismann 2010:720). Viele metaphorische Redensarten und Sprichwörter gehen auf die Bibel zurück und finden sich konzeptuell ähnlich in allen vier Sprachen: „Wer Wind sät, wird Sturm ernten" (Hosea 8:7), „They sow the wind and reap the whirlwind", „Qui sème le vent récolte la tempête", „Quien siembra vientos, recoge tempestades". Auch in nicht-europäischen Varietäten dieser vier Sprachen sind solche Metaphern zu finden, denn diese Sprachbausteine sind zu einem großen Teil bereits mit den Sprachen ausgewandert und haben die spezifische metaphorische Ausgestaltung der Varietäten[1] „überlebt".

Im Zeitalter der Neuen Medien ist darüber hinaus vor allem das Internet Schauplatz eines ständigen Sprach- und Kulturkontaktes mit besonderer Dominanz des Englischen. Der intensive und vielfältige Kontakt mit der englischen Sprache über das Internet beeinflusst auch die Metaphorik des Deutschen, Französischen und Spanischen. So ist beispielsweise das englische Computervokabular, das fast vollständig metaphorisch ist, da es sich hierbei um schwer fassbare Sachverhalte handelt, in den aufnehmenden Sprachen kaum verändert worden. Während das Deutsche einige englische Originalvokabeln beibehält, z.B. „Desktop" – im Deutschen jedoch als Substantiv groß geschrieben –, andere jedoch vollständig an die deutsche Schreibweise anpasst, z.B. „Maus", übersetzt das Französische – wie generell im Umgang mit englischen Begrifflichkeiten üblich – die meisten Wörter, ohne jedoch das metaphorische Konzept zu verändern, z.B. „le bureau", „la souris". Auch das Spanisch tendiert zur Übersetzung: „el escritorio", „el ratón". Desweiteren sind zunehmend englische Interferenzen beispielsweise in Redensarten und Sprichwörter zu hören, wenn im deutschen Ra-

---

1 Das kanadische Französisch zeigt beispielsweise eine größere Akzeptanz gegenüber dem Englischen und damit auch seiner Metaphorik. Im amerikanischen Englisch lassen sich z.B. besonders viele Metaphern aus dem Bildspenderbereich Baseball finden und das kolumbianische Spanisch nutzt beispielsweise, wie bereits erwähnt, „aguacates", „Avocados", als umgangssprachliche Bezeichnung für Polizisten.

dio davon gesprochen wird, dass es „Hunde und Katzen regnet", obwohl im Deutschen eigentlich „junge Hunde" idiomatisch sind. Auch hier verwischen somit die metaphorischen Grenzen.

Abgesehen von Ähnlichkeiten zwischen den Standardsprachen verschiedener Sprachgemeinschaften aufgrund von Sprachverwandtschaften, Sprachkontakten oder ähnlichen (westlichen) Wahrnehmungsweisen, die eine transkulturelle Komponente erkennen lassen, macht vor allem eine Analyse von Sprachvarietäten, die Subkulturen zugeordnet werden können, die Transkulturalität im Bereich der Metaphorik deutlich. Jedes Individuum ist Mitglied verschiedener Subkulturen, also verschiedener Gruppen, die alle zusammen seinen individuellen kulturellen Hintergrund bilden. Aus diesem Grund ist es auch schwierig, von einer Nationalkultur zu sprechen, denn trotz beispielsweise konventioneller Redemittel, die ein Sprecher verwenden muss, um verstanden zu werden, bleibt dem Einzelnen je nach Kontext immer ein gewisser Spielraum. Neben geographisch und politisch definierten Landesgrenzen kommen somit an dieser Stelle ganz andere Mechanismen der Zugehörigkeit ins Spiel. Eine metaphorisch besonders fruchtbare Varietät, die hier exemplarisch angeführt werden soll, ist die Jugendsprache. Auch wenn Deutschland, England, Frankreich und Spanien je eigene, teilweise innerhalb des Landes ebenfalls vielfältige Jugendkulturen vorweisen kann, teilen die Jugendlichen doch zahlreiche Charakteristika, die dafür sorgen können, dass deutsche Jugendliche französische oder spanische Jugendliche bei einem entsprechenden generellen französischen bzw. spanischen Sprachniveau besser verstehen als französische oder spanische Erwachsene. Beispiele für jugendsprachliche Metaphern in diesen beiden Sprachen sind Ausdrücke wie „méga-cool", „galérer" (ursprünglich: „rudern auf einer Galere"; übertragen: „etwas Anstregendes / Schwieriges tun") und „empollar" (ursprünglich: „brüten"; übertragen: „sich streberhaft verhalten"), „un hueso" (ursprünglich: „ein Knochen"; übertragen: „ein sehr schwieriges Schulfach"). Die Gemeinsamkeiten ergeben sich z.B. aus dem ähnlichen Alter, dem Schulalltag, dem Bedürfnis nach Coolness und Abgrenzung, der Phase der Pubertät und dem beginnenden Interesse am anderen Geschlecht, der Faszination für Musik, Internet und die englische Sprache. In allen Jugendsprachen lassen sich entsprechend viele Metaphern in den Bereichen Schule, Qualitätsurteile, Stimmungen, Personen, Körper, Sexualität und Liebe finden (vgl. Barrera-Vidal 1986:108-110; Bernhard / Schafroth 2008:2398).

Statt im Fremdsprachenunterricht hauptsächlich nach Unterschieden zwischen der eigenen und der fremden Kultur zu suchen, sollten somit immer wieder auch – auch im Sinne der Europäischen Union – die Gemeinsamkeiten im Mittelpunkt stehen. Anhand von ähnlichen Metaphern ist es somit möglich, Interesse am anderen Land auch dadurch zu wecken, dass die Lernenden feststellen, dass Gleichaltrige dort ganz ähnliche Interessen und Probleme haben, die sich in gemeinsamen gedanklichen und sprachlichen Bildern widerspiegeln.

5 Fazit

[A]s a result of ongoing economic and cultural globalisation, some cross-cultural differences in metaphor usage will eventually be eroded. (Boers 2003:236)

Dieses Zitat des Linguisten Frank Boers macht deutlich, dass sich die Metaphorik verschiedener Sprachen durch den intensiven Kontakt und Austausch einander zunehmend annähern wird. Gleichzeitig zeigt „*some* cross-cultural differences [...] will [...] be eroded" (Hervorhebung: C.K.), dass dennoch die sprachspezifische Metaphorik in weiten Teilen beibehalten werden wird. Dies hat zur Folge, dass die Vermittlung kulturellen Wissens ein wichtiger Bestandteil des Fremdsprachenunterrichts sein bzw. bleiben sollte.

Um jedoch neben der Sensibilisierung für landestypische Bräuche, Denk- und Ausdrucksweisen auch der transkulturellen Komponente von Metaphorik gerecht zu werden, erweist sich zum einen die Vermittlung fremdsprachlicher Metaphernkompetenz als fremdsprachenübergreifende Kompetenz – inklusive Funktionsweise, Grundprinzipien und Funktionen – als entscheidend; zum anderen sollte die Fokussierung auf Unterschiede zwischen der eigenen und der Zielkultur immer wieder durch ein Aufmerksammachen auf Vertrautes kompensiert werden. Auf diese Art und Weise werden auch binäre Trennungen zwischen Eigenem und Fremden hinterfragt und relativiert und lernökonomische Synergieeffekte zwischen verschiedenen (Fremd-)Sprachen werden genutzt (Koch 2012). Desweiteren kann anhand der sich verändernden Metaphorik durch gegenseitige Einflussnahme die Dynamik von Sprache und die Veränderlichkeit von Lebensweisen in einer schnelllebigen Zeit verdeutlicht werden, ohne dabei den Hinweis auf die schon lange tradierten Metaphern zu vergessen, die die Sprache spezifisch machen und bis heute durch sie auch konzeptuell fortwirken.

Literatur

Acquaroni Muñoz, Rosana: La incorporación de la competencia metafórica (CM) a la enseñanza-aprendizaje del español como segunda lengua (L2) a través de un taller de escritura creativa: estudio experimental, Madrid, 2008,
http://eprints.ucm.es/8598/1/T_30794.pdf (08.08.2012).
Bade, Peter et al.: Línea amarilla 1, Stuttgart, 2006.
Barrera-Vidal, Albert: Le parler ,jeune', un néo-français?, in: Barrera-Vidal, Albert (Hrsg.): Französische Sprachlehre und bon usage, München, 1986, 103-121.

132 Corinna Koch

Bernhard, Gerald /Schafroth, Elmar: Historische Aspekte der Jugendsprache in der Romania, in: Ernst, Gerhard /Gleßgen, Martin-Dietrich / Schmitt, Christian / Schweickard, Wolfgang (Hrsg.): Romanische Sprachgeschichte. Ein internationales Handbuch zur Geschichte der romanischen Sprachen, Band 3, Berlin, 2008, 2390-2403.

Boers, Frank: Applied linguistics perspectives on cross-cultural variation in conceptual metaphor, in: Metaphor and Symbol 18, 2003, 231-238.

Eismann, Wolfgang: Phraseologische Gemeinsamkeiten der Sprachen Europas, in: Hinrichs, Uwe (Hrsg.): Handbuch der Eurolinguistik, Wiesbaden, 2010, 711-727.

Jurt, Joseph: Sprache – universelles Kommunikationsinstrument oder Ausdruck des jeweiligen Kulturraumes?, in: französisch heute 42.1, 2011, 35-41.

Koch, Corinna: Englische Metaphernkompetenz – ein klarer Vorteil für Spanischlernende, in: Leitzke-Ungerer, Eva et al. (Hrsg.): English-Español – Vernetzung im kompetenzorientierten Spanischunterricht, Stuttgart, 2012, 165-180.

Koch, Corinna: Das fremdsprachendidaktische Potenzial der Metapher als Repräsentationsform menschlichen Denkens, in: Kittler et al. (Hrsg.) Repräsentationsformen von Wissen. Beiträge zum XXVI. Forum Junge Romanistik in Bochum (26.-29. Mai 2010), München, 2011a, 125-140.

Koch, Corinna: Durch den Einsatz von Strategien Spanisch effektiver lernen und anwenden, in: Der fremdsprachliche Unterricht Spanisch 35, 2011b, 4-11.

Koch, Corinna: Strategisch kommunizieren mit und durch Metaphern, in: Der fremdsprachliche Unterricht Spanisch 35, 2011c, 12-17.

Koch, Corinna: Lexikalisierte Metaphern als Herausforderung im Fremdsprachenunterricht, in: metaphorik.de 18, 2010, 33-55. http://www.metaphorik.de/18/koch.pdf (08.08.2012).

Kövecses, Zoltán: Metaphor. A Practical Introduction, Oxford, 2002, Oxford University.

Kohl, Katrin: Metapher. Stuttgart, 2007.

Kramsch, Claire: Toward a Dialogic Analysis of Cross-Cultural Encounters, in: Bredella, Lothar / Christ, Herbert (Hrsg.): Begegnungen mit dem Fremden, Gießen, 1996, Ferber'sche Universitätsbuchhandlung, 176-195.

Lakoff, George /Johnson, Mark: Leben in Metaphern. Konstruktion und Gebrauch von Sprachbildern, Heidelberg, [1980]/2008.

Littlemore, Jeanette: Metaphoric Competence: A Language Learning Strength of Students With a Holistic Cognitive Style?, in: TESOL (Teachers of English to Speakers of Other Languages) Quarterly 35.3, 2001, 459-491.

Littlemore, Jeannette / Low, Graham: Figurative Thinking and Foreign Language Learning, Houndmills, 2006.

Müller, Cornelia: Metaphors dead and alive, sleeping and waking: A Dynamic View, Chicago/London, 2008.

Paivio, Allan /Walsh, Mary: Psychological processes in metaphor comprehension and memory, in: Ortony, Andrew (Hrsg.): Metaphor and Thought, Cambridge, 1993, 307-328.

Weinrich, Harald: Sprache in Texten, Stuttgart, 1976.

Das Potential graphischer Literatur in transkulturellen Lehr-Lernszenarien: Adrian Tomines' *Shortcomings*

Christian Ludwig

Abstract

Der japanisch-amerikanische Cartoonist Adrian Tomine gehört zu den erfolgreichsten Comiczeichnern unserer Zeit. Bekannt durch seine regelmäßigen Illustrationen in *The New Yorker* und dem *Time Magazine*, sind jedoch vor allem seine graphischen Romane für den Einsatz im transkulturellen Fremdsprachenunterricht geeignet. Galt es lange Zeit als nicht opportun, graphische Literatur im Unterricht einzusetzen, so ist das sicherlich ein *fait accompli*, das seine Gültigkeit zumindest teilweise verloren hat und genau hier setzt dieser Beitrag an. Am Beispiel des graphischen Romans *Shortcomings* soll aufgezeigt werden, mit welchen Mitteln Comics transkulturelle Erfahrungsräume rekonstruieren und somit Möglichkeiten für eine ganz andere Art von *transcultural encounter* bieten. Schlussendlich eröffnet der Roman ebenfalls die Möglichkeit, den Fremdsprachenunterricht um den bisher oft wenig beachteten Aspekt der *Asian-Americanness*, besonders in Hinblick auf pan-amerikanische Identitätskonstruktionen nach 9/11, zu erweitern. Hierbei gilt es jedoch besonders darauf zu achten, dass die zum Verstehensprozess notwendige Dekodierung graphischer Literatur einen hohen Grad an visueller Literarität erfordert, die auch an den Umgang mit hybriden Diskursmedien gewöhnte Lerner vor neue Herausforderungen stellt.

1 Das Thema *Asian-Americanness* im Fremdsprachenunterricht

Neue Medien und literarische Genres haben in den letzten Jahren vermehrt Einzug in den Fremdsprachenunterricht gehalten. Hierbei geht es vor allem darum gehen, die literarische, und nicht zuletzt gesellschaftliche, Öffnung des Fremdsprachenunterrichts im Sinne einer globalisierten und pluralistischen Gesellschaft zu fördern.

> […] i.e. the opening towards the post-colonial and global world, and the new diversity and pluralism in English-speaking cultures which are entailed in the changing realities of the world we live in. (Eisenmann et.al. 2010: vii)

Das Thema *Asian-American identity* bietet hier im transkulturellen Fremdsprachenunterricht eine Reihe von Anknüpfungspunkten (Migration als globales und gesamtgesellschaftliches Phänomen, soziale Zuschreibung von Identitäten, Meta-Bewusstsein über unterschiedliche kulturelle Codes, etc.), um dieser Entwicklung Rechnung tragen. Hierbei liegt das didaktische Potential dieser Einwanderungsgruppe nicht zuletzt in ihrem zugleich besonderen und exemplarischen Charakter als *diasporic location* begründet. Sie teilen sowohl historisch als auch in der Gegenwart viele Charakteristika mit anderen europäischen und nicht-europäischen Einwanderungsgruppen, weisen aber zugleich Ähnlichkeiten mit anderen *racial minority groups* auf. Es geht also nicht zuletzt darum, die Diversität und Transnationalität einer oft als homogen empfundenen Einwanderungsgruppe herauszustellen und diesen Pluralismus als Ausgangspunkt zu nehmen, um Lerner mit der inhärenten, inneren Zerrissenheit gerade jüngerer *Asian-Americans* zwischen amerikanischer Aufnahmegesellschaft und asiatischer Gemeinschaft vertraut zu machen und Menschen als transkulturelle Lebewesen wahrzunehmen.

Der Roman Shortcomings

Shortcomings (2007) ist Adrian Tomines[1] erster grafischer Roman[2], dessen Handlung sich explizit mit dem Thema asiatisch-amerikanische Identität auseinandersetzt. Ben Tanaka, eine der drei Hauptfiguren, findet sich mitten in einer Beziehungs- und Identitätskrise wieder, die sich im Laufe des Romans immer weiter verstärkt und schließlich im Weggang seiner Freundin Miko Hayaschi nach New York mündet. Während Miko sich vor allem durch ihr Engagement im *Asian-American digi-festival* sowohl der gesellschaftlichen Realität als auch ihren japanischen Wurzeln zumindest teilweise zu stellen scheint, verneint Ben die asiatische Kultur, was nicht zuletzt auch durch seinen Wunsch nach kaukasischen Frauen verdeutlicht wird. Durch die dritte Hautfigur, die lesbische Alice Kim, wird die Handlung um die Aspekte *Gender* und *queer identity* ergänzt und zeichnet so ein realistisches Bild der *Asian-American* Community.

2   Graphische Literatur im Kontext eines transkulturellen Literaturunterrichts

In der Diskussion um einen inter- und transkulturellen Fremdsprachenunterricht wurde die Rolle von Literatur in den letzten Jahren immer wieder hervorgehoben und belegt. (Burwitz-Melzer 2001, 2003, Kramsch 2006; Bredella/Christ 2007, Eisenmann et.al. 2010, Risager 2012, Eisenmann 2012)

> Zumeist wird in diesem Zusammenhang nicht nur von einer möglichen kulturellen Fremderfahrung gesprochen, sondern auch die Ebene der *linguistic otherness* mit

---

1   Adrian Tomine, Jahrgang 1974, lebt in vierter Generation in den USA. Seine Eltern verbrachten während des Zweiten Weltkrieges einige Zeit in amerikanischen Internierungslagern für Japaner. Vor allem seine früheren Werke sind stark auto-biographisch geprägt.

2   Die Bezeichnungen comic und graphic novel werden in der Literatur nicht klar und einheitlich voneinander abgegrenzt. Will Eisners Contract with God (1978) wird gemeinhin als die erste graphic novel gesehen. Eisner selbst prägte den Begriff graphic novel als „a complex story told in comic book format in 64 to 179 pages" (Bucher/Manning 2004: 67).

einbezogen (Bredella 2002; Volkmann 2010). Dieses Umdenken im Literaturunterricht, das zwar zu einer gewissen Öffnung des literarischen Kanons und zu einer
stärkeren Integration der new English cultures und literatures (Eisen-
mann/Grimm/Volkmann 2010) geführt hat, schließt graphic literature jedoch weiter
weitestgehend aus. (Ludwig 2012)

Zwar ist, nach Frankreich und den USA, auch in Deutschland in den letzten Jahren ein wahrer Comicboom zu beobachten, der jedoch bisher nicht dazu geführt
hat, dass graphische Literatur auch im Fremdsprachenunterricht eine stärkere
Beachtung gefunden hat und auch neuere fachdidaktische Veröffentlichungen
gehen oft immer noch eher von einer Nutzung einzelner Panels aus (Decke-
Cornill/Küster 2010:256). Nichtsdestotrotz hat sich die Comicforschung in den
letzten Jahren auch in Deutschland stark entwickelt, sodass die Vorteile eines
Comiceinsatzes im Unterricht im Allgemeinen und in inter –und kulturellen
Lernprozessen inzwischen zumindest ansatzweise erforscht sind (Burwitz-
Melzer 2003; Cary 2004; Schüwer 2008). Des Weiteren hat das

Aufkommen eines anthropologischen Kulturkonzepts sowie die Etablierung eines
semiotischen Textbegriffs und nicht zuletzt eine immer größere Zahl von qualitativ
hochwertigen literary graphic novels und graphic adaptations zumindest zu einer
kulturellen Etablierung des Mediums geführt [...]. (Ludwig 2012)

Nicht zuletzt leistet graphische Literatur auch in der stärkeren Betonung einer
literary literacy einen wertvollen Beitrag zur Entwicklung einer multiliteracies-
Kompetenz; bewegen sich doch gerade Comics an einer intertextuellen und intermedialen Schnittstelle, die neben dem Bild (in Kombination mit Text) auch
Filme und Musik in den Mittelpunkt der Betrachtung rücken. Wichtig ist hier
vor allem, Lernern die Rolle von (popkulturellen) Medien in Konstruktionspro-
zessen von kultureller und sozialer Identität bewusst zu machen.[3] Hierbei gilt es
jedoch zu beachten, dass eine einheitliche Definition einer literarischen Literarität sich als sehr schwierig gestaltet (Lütge 2012). Dennoch schließen viele Defi-
nitionsansätze, neben einer eher allgemein gefassten Lesekompetenz, auch aus
der Transkulturalitätsdebatte bekannte Forderungen nach einem kulturellem Meta-Bewusstsein und Ambiguitätstoleranz mit ein.

---

3   Hier ließe sich z.B. auch Bens Annahme über die Rolle der Medien in der Darstellung
    von Gender und sexueller Identität kritisch hinterfragen und auf andere Medien, so auch
    Comics, übertragen.

3   Transkulturelle Phänomene graphischer Literatur am Beispiel *Shortcomings* – eine Auswahl

3.1   Trans- und Intermedialität

Bereits die erste Seite des Romans zeigt das transmediale Erzählpotential graphischer Literatur. Sie zeigt in Momentaufnahme ein Mädchen und ihren Großvater in der familieneigenen Glückskeksfabrik. Durch den analeptischen Erzählerkommentar des Mädchens, erfährt der Leser, dass sie die Beziehung zu ihrem Großvater schon immer als distanziert empfunden hat. Erst in der dargestellten Szene erkennt sie, dass die scheinbare emotionale Kälte sowohl im Charakter des Großvaters als auch in der sprachlichen Distanz zwischen den beiden begründet liegt[4]. Erst mit dem ersten Panel auf der zweiten Seite des Romans zoomt der Leser aus der Geschichte heraus (die dargestellte Umgebung der erzählten, fiktiven Erzählwelt des Films wird verringert, die Leinwand und der Kinosaal werden sichtbar und die Leserperspektive somit um die Erzählwelt des realen (fiktiven) Comics erweitert) und erfährt in den folgenden Panels, dass es sich um die Szene aus einem Kurzfilm eines Filmfestivals und somit um eine weitere Erzähleben des Romans handelt.[5] Das unmittelbare räumliche Nebeneinander der letzten Filmszene und des applaudierenden Publikums im Kinosaal evoziert hierbei

> die Bildung von Kontrast- und Korrespondenzbeziehungen zwischen den beiden Kommunikationsebenen. Entsprechungen in Motivwahl und Bildkomposition unterstützen den Eindruck von bedeutungstragenden Analogien zwischen beiden Welten. (Mahne 2007:73)

Die von Mahne beschriebene Analogiebildung kommt bei Tomine jedoch nicht nur im ähnlichen Zeichenstil der Panels in Filmszene und Comic zum Ausdruck, sondern auch in der Thematik des *Asian-American digi-festivals* und dem Inhalt des Romans. Die Filmcharaktere sind sprachlichen Verständigungsproblemen ausgesetzt, die sich auf die emotionale Bindung der beiden Charaktere auswirken. Somit werden also nicht nur transkulturelle Thematiken wie das Aufwachsen in einer transkulturellen Gesellschaft, Konflikte zwischen (auch kulturell) unterschiedlichen Generationen oder kulturelle Hybridität aufgegriffen, sondern auch direkte Analogien zu den Charakteren im Comic gezogen. Hierbei handelt

---

4   Da im Comic erwähnt wird, dass es sich dem Kurzfilm einer chinesischen Künstlerin handelt, ist davon auszugehen, dass es sich um Chinesisch handelt.

5   Film und Comic haben hierbei gegenüber dem rein narrativen Text gemein, dass sie beide Informationen über die Optik der Figuren vermitteln. Die dargestellten Figuren sind somit zugleich auch immer Fokalisierungsobjekt (Mahne 2007:73).

es sich zwar nicht um eine direkte Verbindung zwischen intra- und hypodiegetischer Geschichte, die Verbindung der beiden Ebenen wird jedoch durch die Parallelen zwischen der (fiktiven) realen Comicwelt und der fiktiven Welt des Films im Comic deutlich. (Mahne 2007:74)

3.2   Die translineare Struktur von Comics

Im Laufe der Geschichte begleitet Ben Alice auf eine Familienfeier. In Hinblick auf die bereits erwähnte *linguistic otherness* sind hier vor allem das Gespräch zwischen Alice und ihren Eltern (während die Eltern Koreanisch sprechen, antwortet Alice in Englisch) und das in den folgenden Panels immer wieder auftauchende Code switching der Eltern (im Gespräch mit Ben wechseln sie vom Koreanischen ins Englisch) interessant. Darüber hinaus gilt es, die in den meisten Fällen nicht mögliche Dekodierung der koreanischen Zeichen, sowie die Rolle des Englischen als Lingua franca, zu diskutieren. Die Reaktion von Alices Eltern auf Bens japanischen Nachnamen ist schwer zu verstehen, ohne auf das in vorgehenden Panels erworbene Wissen zurückzugreifen.[6] Diese inhaltliche Interdependenz der beiden Panels zeigt die translineare Struktur von Comics. Einzelne Panels müssen immer sowohl auf ihre anaphorischen als auch kataphorischen Bezüge hin untersucht werden, um den Inhalt der Panels, nicht zuletzt auch aus transkultureller Perspektive, erschließen zu können. Schüwer bezeichnet diese inhaltliche Verbundenheit als Gedächtnis des Comics (Schüwer 2008: 241) und stellt hierzu fest, dass es sich hierbei nicht um das Gedächtnis einzelner Figuren selbst handelt, sondern um eine textuelle Verbindung der einzelnen Elemente. Dies ist sicherlich auch gemeint, wenn Grünewald das Einzelbild als Teil eines größeren Ganzen klassifiziert:

> Die Aussage des Einzelbildes ist narrativ, ist zugleich Baustein in einem größeren Rahmen. Das Einzelbild ist nicht Illustration [...], sondern selbst handlungstragend und bestimmend. (Grünewald 1982:18)

Grünewald stellt hierbei die Bedeutung der bildlichen Darstellung im Vergleich zu und in Interaktion mit den textuellen Elementen heraus. Dies ist jedoch nicht die einzige Gedächtnisleistung des Comics, die an diesem Panel deutlich wird. Die Ablehnung von Alice Familie gegenüber Japanern beruht auch auf einem kulturellen Gedächtnis der Gruppe[7], welches zumindest für eine Teilgruppe der koreanischen Gesellschaft konstitutiv zu sein scheint. Ob es sich hierbei ledig-

---

6   Die Szenen der Familienfeier bieten sich auch für eine Diskussion von verbaler und nonverbaler Kommunikation im Kontext inter- und transkultureller Lernprozesse an.

7   Korea war 35 Jahre unter koreanischer Besatzung, die erst mit der japanischen Niederlage 1945 ihr Ende nahm.

lich um Alice Familie handelt, die selbst Opfer der japanischen Besatzung wurde oder um ein Phänomen, das einen größeren Teil der koreanischen Gesellschaft betrifft, ist dem Comic nicht zu entnehmen. Hierbei gilt es vor allem, den Lernern die historische Gebundenheit vergangener und gegenwärtiger Handlungen zu verdeutlichen und auf die Lebenswelt der Lerner zu beziehen.

3.3   Otherness und reader involvement

Words, pictures and other icons are the vocabulary of the language called comics. (McCloud 2009:47). McCloud stellt hier die besondere Sprache der Comics heraus. Interessant sind hier besonders die vielzähligen Kombinationsmöglichkeiten von Text, Bild und anderen Symbolen, die auch von geübten Lesern einen besonderen Lese- und Verstehensprozess erfordern. Der Verstehensprozess eines Comics ist also in vielerlei Hinsicht viel komplexer als das Verstehen eines rein narrativen Textes, geht es doch darum, Text und Bilder zu lesen, miteinander zu kombinieren, Fehlendes zu ergänzen und nicht Gesagtes in seiner Vorstellung entstehen zu lassen. Hierbei muss der Leser die Handlung zwangsläufig durch das Füllen der *gutter* (Panelzwischenräume) ergänzen (Knigge 1996:328), um in einen vollständigeren Interaktions- und Verstehensprozess mit dem Text zu treten. Hierbei kommt es jedoch nicht nur auf das Fachwissen des Lesers , sondern auch auf seine eigenen Erfahrungen an. McCloud bezeichnet diesen Verstehensprozess des „observing the parts but perceiving the whole" (McCloud 2009:63) als *closure*. Erst durch den Prozess des *closure* sind wir in der Lage, die einzelnen piktoralen und textuellen Bilder zusammenzusetzen und den Text als Ganzes zu erfassen und zu verstehen. Der Inhalt des Comics muss mit vergangenen, gegenwärtigen oder potentiellen zukünftigen Lebenserfahrungen verknüpft werden (Timm 2007:178). Gezeigtes und Nichtgezeigtes fordern den Leser zu einer individuellen Reaktion auf den Text auf (Lütge 2012; Burwitz-Meltzer 2008) und regt ihn dazu an, allein oder in Gruppen in einen fiktionalen Raum einzutreten (Knigge 1996:328), in dem inhaltliche, aber auch kulturelle Bedeutungen, erkannt, und, ähnlich Kramsch Konzept des *Dritten Ortes*, (neu) verhandelt werden. Die Reaktion auf den Text sowie daraus resultierende Perspektivwechsel sollten dabei auch eine emotionale Komponente beinhalten. Hierbei handelt es sich jedoch nicht nur um eine emotionale Reaktion auf den Text, sondern auch um das Aufkommen eigener Emotionen, die in vergangenen Erfahrungen des Lesers begründet liegen. Sowohl in Hinblick auf transkulturelles Lernen als auch auf die Einbeziehung des Lesers allgemein, wollen wir den Bereich der ikonographischen Darstellung in graphischer Literatur noch einmal etwas näher beleuchten. Je abstrakter das Dargestellte, desto einfacher ist es für den Leser, sich mit der Figur zu identifizieren, was vor allem einer heterogenen

Leserschaft den gemeinsamen Verstehensprozess erleichtert. Innerhalb dieses Identifizierungsprozesses wird der Leser Teil des Abstrakten und umgekehrt.

> The cartoon is a vacuum into which our identity and awareness are pulled... an empty shell that we inhabit which enables us to travel in another realm. We don't just observe the cartoon; we become it. (McCloud 2009:36)

Vor allem in Hinblick auf *Otherness* ist Subjektivierung jedoch nicht der einzige Weg, um eine aktive Leserbeteiligung zu hervorzurufen. Je geringer die ikonographische Abstraktion, desto höher der Grad der Objektivierung und das Empfinden einer *Otherness* seitens des Lesers (vgl. McCloud 2009:44). Trotz dieses höchst individuellen und komplexen Verstehensprozesses liegt die Stärke des Comics zugleich in seiner Unmittelbarkeit. Ein Blick auf ein Panel genügt, und der Leser kann bestimmte Informationen bezüglich der Handlung, des Handlungsortes und der Charaktere extrahieren und diese Informationen zu anderen Panels in Beziehung setzen.

3.4   Gender Studies im Kontext eines transkulturellen Literaturunterrichts

In ihrem Beitrag „Gender in einem literatur- und kulturdidaktischen Englischunterricht: Jeffrey Eugenides' *Middlesex"* spricht sich Lotta König für eine Einbeziehung der Gender-Thematik in den inter- und transkulturellen Fremdsprachenunterricht aus. (König 2012) Sie stellt hierzu fest:

> Dabei sind Fragen nach Subjektpositionen, nach Konstruktion und Hinterfragen des Eigenen und Anderen im Spannungsfeld von Differenz vs. Hybridität von zentraler Bedeutung in beiden theoretischen Feldern, die durchaus als Teile eines „gemeinsamen kulturkritischen Unterfangens" (Decke-Cornill 2004:192) aufgefasst werden können. (König 2012)

Ich vertrete die Auffassung, dass gerade das hybride Medium des Comics der Forderung nach einer integrativen Behandlung der beiden Thematiken Gender und Transkulturalität mehr als nachkommen kann und Comics es somit schaffen,

> [...] den Lernenden einen kritischen Blick auf binäre Konstruktionen von Geschlecht zu ermöglichen und ein Nachdenken über Normierungsprozesse und Erfahrungen von Hybridität anzuregen. (König 2012)

Shortcomings bietet eine Vielzahl von Anknüpfungspunkten, um soziale Geschlechterkonstruktionen, das Hinterfragen der eigenen (sexuellen) Identität sowie mit diesen Themen verbundene Normierungs- und Anpassungsprozesse im Fremdsprachenunterricht zu thematisieren. Neben Alice und Ben bietet sich vor allem die bi-sexuelle Sascha, mit der Ben seinem Wunsch nach einer kaukasischen Frau letztlich nachkommt, an, die von König geforderten Dynamiken der (kollektiven) Identitätsbildung zu reflektieren sowie Zwischenpositionen auszugestalten (König 2012). Die enge Verknüpfung der Bereiche *Gender* und Ethnizität kann Lerner dazu anregen, diese ebenfalls kritisch zu hinterfragen und auf andere, vielleicht eigene, reale Erfahrungsräume zu übertragen. Eine nähere Betrachtung der lesbischen Alice und der bi-sexuellen Sascha bietet Lernern die Möglichkeit, gesellschaftlich konstruierte Hetero –sowie Homonormativität in unterschiedlicher Weise kritisch zu hinterfragen. Während Alice ihre Homosexualität in der amerikanischen Gesellschaft offen „zur Schau trägt", kommt es gegenüber ihrer koreanischen Familie immer wieder zur Leugnung. Dass sie Ben als Scheinfreund zur einer Hochzeitsfeier mitnimmt, begründet Alice mit den Worten: „Still, I'm sure my family would rather see me with a Japanese boy than a Korean girl." (*Shortcomings*, Seite 25).

Die Ablehnung der Familie gegenüber Japanern wiegt zumindest aus Alice Perspektive schwerer als ihre Homosexualität. Doch kommt es auch seitens Alice (und damit innerhalb der homosexuellen Gemeinschaft) zu Ausgrenzungen und Kategorisierungen. Sascha wird von Alice als *fence-sitter* und *dabbler* bezeichnet und wird somit von der homosexuellen Community ausgegrenzt. Sascha wird jedoch auch von der heterosexuellen Gesellschaft, repräsentiert durch Ben, nicht in ihrer hybriden Identität akzeptiert, sondern als Lesbe angesehen. Somit können sowohl Alice als auch Sascha als *in-between characters* gesehen werden. Gerade hier sollten Lerner dazu aufgefordert werde, Gründe für das Verhalten der einzelnen Charaktere zu erforschen und die Konstruktion von sexueller Identität und Gender, nicht zuletzt aus transkultureller Perspektive, zu betrachten.

Die besondere Stärke des Comics liegt hier vor allem in der phänotypischen Darstellung verschiedener Identitäten. Während Alice (vgl. *Shortcomings* S. 52) und ihre Freundin eindeutig als Lesben identifiziert werden können (hier wäre es z.B. interessant mit den Lernern zu diskutieren, ob und warum das der Fall ist), ist das bei Sascha nicht ohne weiteres möglich (vgl. *Shortcomings* Seite 55).

Das oben besprochene Panel ist jedoch auch in Hinblick auf eine weitere Stärke des Comics in transkulturellen Lernkontexten interessant. Die räumliche Nähe verschiedener Panels (hierbei geht es hauptsächlich, jedoch nicht ausschließlich, um nebeneinander liegende Panels) evoziert im Leser auch andere Arten der Nähe. Die beiden Asian-Americans Ben und Alice sowie Sascha, die zumindest phänotypisch „amerikanisch" erscheint werden räumlich nah beieinander gesetzt. Hier geht das Comic jedoch über eine reine *cultural proximity* hinaus und rekonstruiert durch die Aspekte Gender und Sexualität eine weitere Vergleichsebene. Der asiatisch-amerikanische Ben, der sich irgendwo zwischen seinem Verlangen nach kaukasischen Frauen und seiner durch Stereotype über asiatische Männer sozial-definierten Rolle bewegt und die asiatisch, lesbische

Kim in Kontrast zu der bisexuellen, amerikanischen Sascha. Die Nähe der Figuren im Panel steht somit in direktem Kontrast zu den, vor allem durch Ben propagierten, sexuellen und kulturellen Unterschieden. Einen weiteren Anknüpfungspunkt bieten linguitische Aspekte. Zum Beispiel die Verwendung des Wortes *womyn* (vgl. *Shortcomings*:17), hierbei handelt es sich um eine aus der feministischen Literatur stammende Schreibweise des Plurals *women*, bietet des Weiteren die Möglichkeit, die Kulturgebundenheit von Sprache im Kontext sprachlicher Varietäten zu thematisieren und in Hinblick auf *linguistic otherness* zu betrachten.[8]

4   Zusammenfassung

Ziel dieses Beitrages war es, das transkulturelle Potential graphischer Literatur, auch in Hinblick auf das Thema Gender, im Fremdsprachenunterricht aufzuzeigen. *Shortcomings* kann nicht nur dazu dienen, zu einer *Raison d'être* graphischer Literatur im Fremdsprachenunterricht im Allgemeinen beizutragen, sondern auch dazu, Lerner dazu anzuregen, die Konstruktion kultureller Dichotomien zu hinterfragen und ein transkulturelles Verstehen unserer Gesellschaft zu entwickeln. Hierbei werden nicht nur die Vereinigten Staaten im Lichte einer neuen Diversität jenseits des traditionellen *Melting Pot*-Ansatzes betrachtet, sondern auch der pluralistische Charakter der verschiedenen Einwanderungsgruppen hinsichtlich ihrer national-staatlichen Wurzeln und ethnischen Diversität analysiert. Tomines Hinausgehen über eine Konstruktion eindeutig definierter Zugehörigkeit sowie seine Rekonstruktion einer multikulturellen Gesellschaft mit verschiedenen *life styles* und *ways of life* im Sinne von Welsch Verständnis von Multikulturalität tragen dabei einem transkulturellen Fremdsprachenunterricht Rechnung.

Literatur

Bredella Lothar/Herbert Christ (Hg.): Fremdverstehen und interkulturelle Kompetenz, Tübingen, 2007.
Bucher, Katherine T./Manning, Lee: Bringing Graphic Novels into a School's Curriculum. In: The Clearing House 78 (2), 2004, 67-72.
Burwitz-Melzer, Eva: Teaching intercultural communicative competence through literature. In: Michael Byram/Nichols, David Stevens (Hg.): Developing Intercultural Competence in Practice, Clevedon, 29-43.

---

8   Durch Alice Aussage, sich wegen der weiblichen Erstsemester nicht auf ihr Studium konzentrieren zu können, wird sie zusätzlich maskulinisiert. Dieser Eindruck wird im Laufe des Romans vor allem durch das Erwähnen von Prügeleien noch verstärkt.

Burwitz-Melzer, Eva: Allmähliche Annäherungen: Fiktionale Texte im interkulturellen Fremdsprachenunterricht der Sekundarstufe 1, Tübingen, 2003.

Cary, Stephen: Going graphic: comics at work in the multilingual classroom. Portsmouth, NH, 2004.

Decke-Cornill, Helene/Küster, Lutz (Hg.): Fremdsprachendidaktik: eine Einführung. Tübingen, 2010.

Eisenmann, Maria, Grimm, Nancy, Volkmann, Laurenz (Hg.): Teaching the new English cultures & literatures, Heidelberg, 2010.

Grünewald, Dietrich: Comics, Kitsch oder Kunst? Die Bildgeschichte in Analyse und Unterricht. Ein Handbuch zur Comicdidaktik. Weinheim, 1982.

Grünewald, Dietrich: Vom Umgang mit Comics. Berlin: Volk und Wissen Verlag, 1991.

Hallet, Wolfgang: Literatur, Kognition und Kompetenz: Die Literarizität kulturellen Handelns. In: Bredella, Lothar/Hallet, Wolfgang (Hg.): Literaturunterricht, Kompetenzen und Bildung. Trier, 2007. 31-64.

Knigge, Andreas C.: Comics. Vom Massenblatt ins multimediale Abenteuer. Reinbeck, 1996.

König, Lotta: Gender in einem literatur- und kulturdidaktischen Englischunterricht: Jeffrey Eugenides' Middlesex. In: Hammer, Julia, Eisenmann, Maria, Ahrens, Rüdiger: Anglophone Literatuedidaktik. Zukunftsperpektiven für den Englischunterricht. Heidelberg: Winter, 2012, 61-76.

Kramsch, Claire: Culture in Language Teaching. In: Hanne Leth Andersen, Karen Lund Karen Risager (Hg.): Culture in Language Learning. Aarhus, 2006, 11-25.

Ludwig, Christian: Die Rekonstruktion transkultureller Erfahrungsräume in der graphischen Adaptation von Khaled Hosseini's The Kite Runner. In: Hammer, Julia, Eisenmann, Maria, Ahrens, Rüdiger: Anglophone Literaturdidaktik. Zukunftsperpektiven für den Englischunterricht. Heidelberg: Winter, 2012, 178-190.

Lütge, Christiane: Developing "literary literacy"? Towards Progression of Literary learning. In: Eisenmann, Maria: Basic issues in EFL teaching and learning. Heidelberg, 2012, 191-202.

Mahne, Nicole: Transmediale Erzähltheorie. Eine Einführung. Göttingen, 2007.

McCloud, Scott: Understanding Comics. New York, 2009.

McCloud, Scott: Comics richtig lesen. Hamburg, 1995.

Risager, Karen: Intercultural Learning: Raising Cultural Awareness. In: Summer, Theresa/Eisenmann, Maria: Basic Issues in EFL-Teaching and Learning. Heidelberg, 2012, 143-154.

Schüwer, Martin: Wie Comics erzählen. Grundriss einer intermedialen Erzähltheorie der grafischen Literatur. Trier, 2008.

Tomine, Adrian: Shortcomings, London, 2007.

Dystopische Jugendromane: transkulturelle Themen und interkulturelle Bezüge

Frauke Matz

Abstract

Der Themenbereich dystopischer Literatur wird oft als transkulturell bezeichnet. Der vorliegende Artikel geht zunächst dieser Bezeichnung nach und überprüft sie. Daran anschließend stellt sich die Frage, ob dieses Genre auch unter interkulturellen Bezügen betrachtet werden kann oder ob diese Paradigmen sich eventuell ausschließen. Schließlich wird erläutert, welche Konsequenzen sich daraus für die Beschäftigung mit dystopischen Texten im Englischunterricht der Sekundarstufe II ergeben. Die hier betrachteten Texte sind ausschließlich Jugendromane, da sie, wie erläutert wird, für Schüler und Schülerinnen oft greifbarer als die Texte des bisherigen Kanons sind. Es wird die Notwendigkeit herausgestellt, dystopische Jugendromane sowohl unter Berücksichtigung eines transkulturellen als auch des interkulturellen Ansatzes zu betrachten.

1   Einleitung

Zur Förderung eines transkulturellen Lernens im Schulkontext werden zumeist Beispieltexte aus den Diaspora-Literaturen bzw. sogenannten Bindestrichliteraturen (Schulze-Engler 2006:49, siehe auch Freitag-Hild sowie Beiträge in diesem Band) herangezogen. Es gibt jedoch auch weitere Themen, die, wie im folgenden gezeigt wird, oft als transkulturell bezeichnet werden und die ihren Niederschlag in der fiktionalen Literatur finden, dazu gehören die sogenannten *Global Issues* sowie Utopien/Dystopien und Science Fiction mit all ihren sich zum Teil überschneidenden Unterthemen. Dieser Artikel beschäftigt sich in diesem Zusammenhang mit dem Genre der Dystopien[1], da es vor allem diese sind, auf die im Unterricht zurückgegriffen wird. Hierbei stellt sich die Frage, ob und inwiefern Themen dystopischer Literatur als transkulturell zu werten sind und ob Gleiches auch für die Auseinandersetzung mit den entsprechenden Romanen selbst gilt.

2   Theoretische Vorüberlegungen

Dystopien sind fester Bestandteil thematischer Lehrplanvorgaben für die Sekundarstufe II in nahezu allen deutschen Bundesländern (vgl. Volkmann 2010: 201); an ihnen lassen sich beispielhaft Themen wie politischer Machtmiss-

---

1   Zur genaueren Definition des Begriffes Dystopie wird hier auf Moylan (2000) verwiesen. Die Diskussion um eine genaue Definition dieses Genres sowie um die Abgrenzung zur Science Fiction hier aufzugreifen würde den Rahmen dieses Artikels sprengen.

brauch, die Rolle des Individuums in der Gemeinschaft, individuelle Verantwortung, Globalisierung, Genforschung und die Macht der Technik erarbeiten und diskutieren:

> Ihrer Gattung entsprechend ist die Dystopie ein fiktionales ‚Weiterdenken' bestimmter, bereits in der Gegenwart existierender Bedrohungselemente oder Möglichkeiten der Veränderung des menschlichen Wesens. In dystopischen Texten schlägt sich dies in einer reduzierten, gezähmten oder manipulierten Existenz menschlicher Gemeinschaft und menschlicher Individuen nieder. (Volkmann 2010:201-202)

Diese Themen sind als ‚universell' zu bewerten – reicht dies aber schon, um sie als transkulturell zu bezeichnen?

1.1   Transkulturelle Themen dystopischer Literatur

Viele Dystopien lassen sich den beiden zentralen Themen *Abuse of Governmental Power* und *Science and Ethics* zuordnen (siehe Groenke / Schwerff 2010). Auch neuere dystopische Jugendromane, auf die später noch eingegangen wird, haben ähnliche thematische Schwerpunkte. Beide Themenbereiche bedeuten eine Bedrohung für das Individuum und werfen die Frage nach individueller Verantwortlichkeit auf. Diese Kulturen übergreifenden Themen der Bedrohung des Individuums sind zentrale Themen menschlicher Existenz und damit nicht nur einer einzigen Kultur eigen. Bedeutet dies jedoch notwendiger Weise, dass sie damit auch transkulturell sind? Sie zählen jedenfalls zu den Themen, die „mit *cultural studies* oder Landeskunde im herkömmlichen Sinn nicht legitimiert werden können" (Hallet 2002:44-45).

Nancy Grimm schreibt in ihrem Resource Book zu *Utopia and Dystopia* (2012), dass die meisten in ihrem Werk behandelten Themen nicht nur interkulturelles Verstehen und interkulturelle Kompetenzen fördern würden:

> [They] go beyond interculturality in that they touch upon problems and issues that are not necessarily bound to a particular culture, but are rather of concern to humankind as a whole. Therefore it can be argued that the topics and questions are of truly transcultural nature [...]. (Grimm 2012:16)

Sie bezieht sich hier auf Welsch, demzufolge Transkulturalität in der Lage sei, sowohl globale als auch lokale, universale und besondere Aspekte abzudecken (vgl. Welsch 1999:205). Innerhalb dieser Definition ist es folglich richtig, diese Themen als transkulturell zu bezeichnen, da diese die Menschheit betreffen und als universell gelten können (vgl. auch Antor 2006, Schulze-Engler 2006, Volkmann 2011). Doch ist nicht abzustreiten, dass die Auseinandersetzung mit diesen Themen nicht allein im hybriden Raum stattfindet, sondern die jeweiligen Romane durchaus kulturelle Besonderheiten aufweisen. So wäre es zum Beispiel durchaus interessant, zu hinterfragen, aus welchen Gründen vor allem in den USA dystopische Jugendliteratur geschrieben und publiziert wird.[2]

1.2 Alternative Texte für alternative Welten: Young Adult Dytopian Ficton

Über Jahrzehnte hinweg haben sich Schüler und Schülerinnen mit im Schulkanon etablierten Romanen wie *Brave New World* oder *A Handmaid's Tale* auseinandergesetzt, die jedoch meiner Ansicht nach inzwischen durch geeignete Alternativen ersetzt werden könnten und sollten.[3] Gerade aufgrund der Tatsache, dass Dystopien fiktionale Zukunftsentwürfe sind, veralten diese thematisch, was es den Lernenden oft erschwert, einen Zugang zu ihnen zu finden. Moylan bezeichnet dystopische Erzählungen vor der Jahrtausendwende als „the product of the terrors of the twentieth century" (Moylan 2000:xi). Dies lässt vermuten, dass heutige dystopische Romane ein Produkt der ‚horrors of the twenty-first century' sind. Dabei mögen die ‚horrors', die Jugendliche betreffen, sich durchaus von denen der Erwachsenen unterscheiden. Fest steht jedoch, dass diese Texte für die Vermittlung eines kritischen politischen Bewusstseins eine besondere Rolle spielen:

> In utopian and dystopian writing for children and young adults the stakes are high: these writings may be a young person's first encounter with texts that systematically explore collective social organisation. (Hintz & Ostry 2003:2)

Mehr als in der *dystopian adult fiction* thematisieren die Jugendromane, dass die dargestellte unterdrückende Gesellschaft die eigene Kreativität und Individualität unterdrückt – ein Thema, mit dem jugendliche Leser durchaus vertraut sind. Diese Texte sind thematisch oft nicht weniger komplex als die oben genannten, zum bisherigen Kanon zählenden Romane, doch kann der Zugang zu ihnen leichter fallen, da das Identifikationspotential durch das Alter der Protagonisten, der entsprechenden Gedankengänge und Problematiken in dystopischen Jugendromanen größer ist. Doch dieser Aspekt führt zu der nächsten Frage, die sich im

---

2 Hier handelt es sich um ein Desiderat innerhalb der Forschung im Bereich Jugendliteratur. Lediglich Hintz & Ostry (2003) haben hierzu anfängliche Überlegungen formuliert.

3 Es gibt vor allem seit der Jahrtausendwende zahlreiche Jugendromane, die sich dafür anbieten. So beschäftigen sich Suzanne Collins Hunger Games (2009) und Lauren Olivers Delirium (2011) vor allem mit Fragen der Abuse of Governmental Power, während Neal Shustermans Unwind (2009) und Michael Grants Gone (2009) sich in das Thema Science and Ethics einordnen lassen. Es entstehen für Lehrende durchaus Möglichkeiten, diese Texte einzubinden. So sieht z.B. der nordrhein-westfälische Lehrplan für den Englischunterricht des Abiturjahrgangs 2014 keine bestimmten Texte mehr vor, sondern bestimmt nur noch die Anzahl von Romanen, die gelesen werden sollten.

Hinblick auf das transkulturelle Lernen stellt: Lässt Transkulturalität eine Entwicklung von Empathie und Urteilsfähigkeit zu, wenn doch ihr Ziel Hybridisierung und Auflösung individueller Grenzen sind?

1.3   Von 'Trans'- zu 'Inter'

In der Auseinandersetzung mit literarischen Texten, die durchaus auch transkulturelle Themen behandeln, ist die Forderung danach, Kategorien der Interkulturalität durch Konzepte von Transkulturalität zu ersetzen (vgl. Antor 2006, Schulze-Engler 2006), problematisch. Sowohl die Produktion als auch die Rezeption eines literarischen Textes findet innerhalb eines kulturellen Zusammenhangs statt: „Für literarische Texte sowie ästhetische und ideologiekritische Denkmodelle gilt, daß sie von kulturell verorteten Menschen geschaffen werden" (Delanoy 2002: 185). Dies ist ja auch gerade eine der Rechtfertigungen für den Einsatz von Literatur im Fremdsprachenunterricht: Es handelt sich hier um authentische Texte, die in einen (ziel-)kulturellen Kontext eingebunden sind. Zudem sind Reflexion der eigenen Perspektive sowie der Perspektivwechsel fundamentale literaturdidaktische Aspekte. Fiktionale Geschichten können, so Bredella, sowohl einen Erkenntnisanspruch erheben als auch menschliches Handeln erhellen, „wobei durch ihre Rezeption Empathie-, Urteils-, und Kooperationsfähigkeit gefördert werden kann" (Bredella 2012: 9). Um aber diese Fähigkeiten zu entwickeln, müssen sich die lesenden Schüler und Schülerinnen in die Protagonisten einfühlen und diese eben als ‚das Andere' wahrnehmen können:

> Die Differenz zwischen Eigenem und Fremden dient [...] nicht der Ausgrenzung des Fremden und der Verabsolutierung des Eigenen, sondern dem Verstehen des Fremden in seiner Andersheit, wobei der eigene Erfahrungshorizont erweitert und distanziert wird. (Bredella 2010: 142-143)[4]

Dies ist eine Leistung der interkulturellen Konzepte und wäre strenggenommen in transkulturellen Zusammenhängen nicht möglich. Somit würde der Zugang zu literarischen Texten selbst ein interkultureller bleiben, allein die diskutierten Themen wären als transkulturell bewertbar.

---

4   Siehe hierzu auch Antor: „Ein weiterer Bestandteil interkultureller Kompetenz ist die Relativierungskompetenz, die uns zur Entabsolutierung unseres eigenen Standpunktes befähigt und uns dadurch in die Lage versetzt, durch Simulation einer anderen Binnenperspektive die Außenperspektive auf uns selbst zu gewinnen und diese somit einer kritischen Überprüfung zu unterziehen." (Antor 2006:XX)

3   Überlegungen anhand eines Beispiels

Diese theoretischen Vorüberlegungen werden im Folgenden anhand eines Beispiels aus der amerikanischen *young adult dystopian fiction* illustriert. James Dashners Roman *Maze Runner* aus dem Jahre 2009 ist der erste Roman einer Trilogie, der sich durchaus aber auch als allein stehendes Werk lesen lässt. Die vorherrschenden Themen entstammen dem Bereich *Science and Ethics* und sind, wie sich erst viel später im Verlauf des Romans zeigt, sowohl die Gefahr ökologischer Katastrophen, biochemischer Waffen als auch Selektion nach darwinistischen Prinzipien. Der Roman ist sowohl sprachlich als auch thematisch durchaus für eine Sekundarstufe II geeignet.

2.1   „Welcome to the Glade"

Sowohl die oben beschriebene Thematik als auch das *Setting* des Romans sind nicht auf eine bestimmte Kultur bezogen.[5] Die Handlung beginnt damit, dass der Protagonist, Thomas, sich in einer Art Aufzug befindet. Er hat nicht nur keinerlei Kenntnis, wohin er sich begibt, sondern hat auch keinerlei persönliche Erinnerungen. Er kennt zwar seinen Namen, hat allgemeine Kenntnis von der Welt, aber weiß nicht, wo er herkommt und warum er in diesem Aufzug ist:

> He didn't understand how this was possible. His mind functioned without a flaw, trying to calculate his surroundings and predicament. Knowledge flooded his thoughts, facts and images, memories and details of the world and how it works. He pictured snow on trees, running down a leaf-strewn road, eating a hamburger, the moon casting pale glow on a grassy meadow, swimming in a lake, a busy city square with hundreds of people bustling about their business.
>
> And yet he didn't know where he came from, or how he'd gotten inside the dark lift, or who his parents were. (Dashner 2009:2)

Dieser Handlungsbeginn ist für Schüler und Schülerinnen insofern interessant, als dass sie mit dem Protagonisten auf einer Wissensebene sind und sich mit ihm in die neue Welt begeben.

Als die Aufzugtüren aufgehen, begrüßt ihn eine Gruppe von Jungen mit den Worten: „Welcome to the Glade" (ebd.:4). Auch die Welt des ‚Glade' ist nicht genauer bestimmt. Das Äußere der etwa 50 Jungen gibt auch keinen Aufschluss darüber, da „all shapes and sizes and races" vertreten sind (ebd.:5). Thomas wird als fremd wahrgenommen, die erste Reaktion ist alles andere als offen und freundlich: „As he rotated in a slow circle, the other kids snickered and stared; some reached out and poked him with a finger" (ebd.:5). Hier wird bereits deut-

---

5   Erst im Verlauf der Trilogie wird deutlich, dass es sich hier um ein weitergedachtes Amerika in der nicht allzu weit entfernten Zukunft handelt.

lich, dass auch im Roman selbst die Konzepte von ‚Eigenem' und ‚Fremden' eine sehr wichtige Rolle spielen. Dies wird noch dadurch verstärkt, dass Thomas auf einen Jungen trifft, der negativ auf seine Präsenz reagiert und ihm fortan mit Misstrauen begegnet. Dies lässt Thomas an seinem Selbstbild zweifeln: Er weiß selbst nicht, seinem ‚Eigenen' zu trauen, da er ja keine Erinnerung an seine vorherigen Taten hat, und lässt sich von der Wahrnehmung des Jungen beeinflussen.

2.2 „Somethin'll stick, always does" – narrative Positionierungen

Die *Glade*-Welt ist in vier Bereiche unterteilt, in denen die Jugendlichen arbeiten und mit denen sie identifiziert werden.[6] Obwohl der Beginn des Romans noch Hybridität zulässt, wird hier deutlich, dass immer wieder neue Grenzen gezogen werden: Zwischen Arbeitsbereichen und Zugehörigkeiten, Freundschaftsgruppen sowie später zwischen einem Mädchen und den Jungen und gar im weiteren Verlauf der Trilogie zwischen dieser Gruppe und einer weiteren, den Jugendlichen und den Erwachsenen.

Die Jungen begnügen sich nicht damit, in einem freien Ort zu leben, sie setzten selbst Grenzen zur Orientierung.[7] Es scheint, als lehnten alle Charaktere Hybridisierungsprozesse ab. Insofern trifft hier Heinz Antors Bemerkung zur Notwendigkeit des Mitdenkens interkulturellen Dimension auf diese Texte zu:

> Menschen [verstehen] sich nicht nur als transkulturelle hybride Schnittpunkte multipler kultureller Einflüsse [...], sondern [konstituieren] ihre Identität vielfach durch monokulturell gedachte narrative Positionierungen. Dies trägt einerseits dem psychologischen Bedürfnis vieler Menschen Rechnung, sich durch Positionierung in einem klar umrissenen kulturellem Rahmen Sicherheit, Orientierung und Perspektiven zu verschaffen. Andererseits muss die Interkulturalitätsforschung auch angesichts solcher Denkstrukturen Möglichkeiten friedlichen Austausches zwischen Individuen und kulturellen Gruppen reflektieren. (Antor 2006: 36-37)

Diese Notwendigkeit, sich zu positionieren, ist durchaus eine Diskussion innerhalb des Klassenraums wert, wenn auch die Vorsilben ‚inter' und ‚trans' nicht notwendiger Weise in den Unterricht miteingebracht werden müssen. Es ist jedenfalls offensichtlich, dass innerhalb des Romans, wie in vielen seiner Gattung,

---

6 Dazu gehören die Küche bzw. die entsprechenden Felder für den Anbau von Obst und Gemüse, die Schlachterei und der Friedhof innerhalb der Mauern sowie der Irrgarten vor den Toren. Jeder Neuankömmling muss alle Bereiche einmal durchlaufen, um zugeordnet werden zu können.

7 Ähnliches trifft auch auf die fiktionalen Welten in den Hunger Games, dem Roman Delirium oder auch in Veronica Roths Divergent (2011) zu: Immer wieder gibt es Gruppierungen, Abgrenzungen und Zuordnungen.

Grenzen als notwendig angesehen werden. Obwohl dies eine fiktionale Welt ohne expliziten kulturellen Bezug ist, werden kulturelle Grenzen und Positionalitäten nicht nur geschaffen, sondern als unabdinglich angesehen.[8]

2.3 „The trials were a success" – transkulturelle Themen und interkulturelle Bezüge

Erst zum Ende des Romans wird deutlich, dass die Jugendlichen Versuchsobjekte im darwinistischen Sinne des *Suvival of the Fittest* darstellen: Es sollte überprüft werden, wie sie auf die Bedingungen in der *Glade*-Welt reagieren, die Überlebenden sollen für weitere Experimente zur Verfügung stehen, um gegen ökologische und biochemische Katastrophe angehen zu können (vgl. Dashner 2009:373-374). Hier wiederum schließt sich der Themenkreis und es lassen sich die oben erwähnten transkulturellen Aspekte diskutieren. Um dies jedoch mit Empathie und Urteilsfähigkeit zu können, ist es meiner Ansicht nach notwendig, diesen Roman – wie auch alle anderen hier aufgeführten – unter interkulturellen Aspekten zu behandeln und vor allem auf Kategorien wie das ‚Eigene' und das ‚Fremde' einzugehen.[9]

Hinzu kommt die bereits erwähnte Tatsache, dass dieser Roman ein amerikanischer ist und entsprechend in diesem kulturellen Kontext verfasst wurde, der nicht abgesprochen werden kann: Amerika ist im Besitz biochemischer Waffen, eine Tatsache, die durch *Maze Runner* offensichtlich kritisiert wird. Zudem sind Umweltschutz und globale Erwärmung noch immer sehr brisante Themen in den USA; die Verantwortung des Landes wird aus politischen und ökonomischen Gründen oftmals abgestritten oder nur abfällig behandelt. Hier bietet der Roman eine breite Diskussionsbasis und kann mit der politischen und ökologischen Situation in Deutschland durchaus im Unterricht diskutiert werden.

Es ist für die genaue Betrachtung der Bedeutung von Dystopien sowie für das Verstehen ihrer impliziten Gesellschaftskritik unumgänglich, die aktuelle politische und gesellschaftliche Situation mit ihrer jeweiligen Entstehung zu begreifen, ansonsten würden die Gründe für die Einbindung dieses Genres in den Unterricht und das Genre selbst ad absurdum geführt.

Nach dem Prinzip des *think globally, act locally* sind dies folglich globale, transkulturelle Themen, die jedoch explizite lokale, interkulturelle Bezüge haben.

---

8   Hier ließe sich auch der Gedanke zur Notwendigkeit zur Kooperation illustrieren, wie er bei Bredella (2012) diskutiert und mit interkulturellen Kompetenzen in Verbindung gebracht wird.

9   Bezüglich rezeptionsästhetischer und hermeneutischer Implikationen, auf die hier aus Platzgründen nicht eingegangen werden kann, siehe u.a. Delanoy (2002).

4   Ein Lösungsvorschlag als Schlussbetrachtung

Heinz Antor weist darauf hin, dass es nicht darum ginge, um korrekte Definitionen zu streiten, „sondern vielmehr darum, die Positionalität darzulegen, welche uns einen Begriff in einem ganz bestimmten Sinne verwenden oder auch nicht verwenden lässt" (Antor 2006:27). Transkulturelles Lernen lässt sich in Bezug auf Dystopien im Unterricht nur insofern verwenden, als dass der Begriff sich auf globale, im Zweifel das Individuum bedrohende Thematiken bezieht. Wolfgang Hallet ordnet in seinem Modell der drei Diskurssphären diese Themen ebenfalls der ‚transkulturellen Diskurssphäre' zu:

> Die Beschäftigung mit international geführten Diskursen [...] oder kulturvergleichende Fragestellung lassen sich im Fremdsprachenunterricht nicht mit dem Verweis auf eine Zielsprachenkultur legitimieren, sondern nur unter Hinweis auf diese dritte, transkulturelle Sphäre, die auch zu neuen curricularen Überlegungen führen muss. (Hallet 2002:46)

Innerhalb dieser dritten Diskurssphäre werden entsprechend „Fragen und Themen von kulturübergreifender Ausdehnung, Bedeutung und Wirkung verhandelt" (Hallet 2002:47).

Wie oben dargestellt, ist es jedoch problematisch, die fiktionale Darstellung dieser Themen als transkulturell per se zu beschreiben bzw. im Unterricht behandeln zu wollen. Insofern würde ich alle drei Diskurssphären Hallets in einer Sequenz zu dystopischen Texten einbinden wollen: die *eigenkulturelle Diskurssphäre*, die hier unter dem Schlagwort des ‚Eigenen' bzw. unter dem lokalen Bezug zur politischen und ökologischen Situation in Deutschland angesprochen wurde, sowie auch die *zielkulturelle Diskurssphäre*, die als zum Teil als das ‚Andere' berücksichtigt wurde und in Bezug auf Dystopien vor allem die USA betrifft. Die *transkulturelle Diskurssphäre* ergibt sich entsprechend durch die Themen von Dystopien.

Obgleich die Thematiken dystopischer Literatur durchaus als transkulturell anzusehen sind, können, wie oben dargestellt, die Texte nicht ohne interkulturelle Bezugspunkte gelesen und besprochen werden.

Literatur

Antor, Heinz: Multikulturalismus, Interkulturalität und Transkulturalität, in: Antor, Heinz (Hg.): Inter- und Transkulturelle Studien. Theoretische Grundlagen und interdisziplinäre Praxis, Heidelberg, 2006, 25-40.

Bredella, Lothar: Das Verstehen des Anderen, Kulturwissenschaftliche und literaturdidaktische Studien, Tübingen, 2010.

Bredella, Lothar: Narratives und interkulturelles Verstehen, Zur Entwicklung von Urteils- und Kooperationsfähigkeit. Tübingen, 2012.

Dashner, James: The Maze Runner, New York, 2009.

Delanoy, Werner: Fremdsprachlicher Literaturunterricht, Theorie und Praxis als Dialog, Tübingen, 2002.

Freitag-Hild, Britta: Theorie, Aufgabentypologie und Unterrichtspraxis inter- und transkultureller Literaturdidaktik, Trier, 2010.

Grimm, Nancy: Utopia and Dystopia, Bright Future or Impending Doom, Resource Book, Berlin, 2012.

Groenke, Susan/Schwerff, Lisa: Teaching YA Lit through differentiated instruction, Urbana, 2010.

Hallet, Wolfgang: Fremdsprachenunterricht als Spiel der Texte und Kulturen, Trier, 2002.

Hintz, Carrie/Ostry, Elaine: Introduction, in: Hintz, Carrie/Ostry, Elaine (Hg.): Utopian and Dystopian Writing for Children and Young Adults, London, 2003, 1-22.

Moylan, Tom: Scraps of the Untained Sky, Science Fiction, Utopia, Dystopia, Oxford, 2000.

Schulze-Engler, Frank: Von ‚Inter' zu ‚Trans': Gesellschaftliche, kulturelle und literarische Übergänge, in: Antor, Heinz (Hg.): Inter- und Transkulturelle Studien. Theoretische Grundlagen und interdisziplinäre Praxis, Heidelberg, 2006, 41-54.

Volkmann, Laurenz: Fachdidaktik Englisch: Kultur und Sprache, Tübingen, 2010.

Welsch, Wolfgang: Transculturality: The Puzzling Form of Cultures Today, in: Featherstone, Mike/Lash, Scott (Hg.): Spaces of Culture, London, 1999, 194-213.

Going beyond the limitations of one's own culture – Inter- und transkulturelle Lernerfahrungen in fremdsprachlichen Begegnungsprojekten

Michael Rogge

Abstract

Sind interkulturelle Austausch- und Begegnungsprojekte unter den Vorzeichen einer sich rasant verändernden und globalisierten Gesellschaft überhaupt noch zeitgemäß? Ist nicht das transkulturelle Paradigma in diesem Zusammenhang besser geeignet, Begegnungen zwischen Vertretern hybrider Kulturen zu erfassen und zu beschreiben? Der Beitrag zeigt auf, dass jegliche binäre Gegenüberstellungen von Inter- und Transkulturalität die Komplexität heutiger Begegnungssituationen zwischen Schülerinnen und Schülern nur ungenau erfassen können. Es muss vielmehr darum gehen, interkulturelle Austausch- und Begegnungsprojekte durch transkulturelle Momente so zu ergänzen, dass diese nicht nur einen Beitrag zur individuellen Persönlichkeitsentwicklung leisten, sondern zugleich in der Wahrnehmung von Hybridität und Fremdheit ein besseres Verständnis des Partners zu ermöglichen, ohne diese Differenzen gleich zu dekonstruieren.

1 Inter- und transkulturelles Lernen in fremdsprachlichen Austausch- und Begegnungsprojekten

Fremdsprachlichen Austausch- und Begegnungsprojekten kommt in Zeiten von Globalisierung und Internationalisierung im schulischen Kontext eine herausgehobene Bedeutung zu. Neben den internationalen Abschlüssen, wie z.B. dem *International Baccalaureat* (IB), dem bilingualen deutsch-französischen Abitur/Baccelaureat (AbiBac) und bilingualen Sachfachangeboten gehören sie zu wichtigen Kriterien von Eltern für die Schulwahl ihrer Kinder. Dabei existiert inzwischen eine Vielzahl von Austausch- und Begegnungskontexten, von den Austauschprogrammen mit Partnerschulen und individuell organisierte Auslandsaufenthalte (z.b. Homestays, Auslandssemester bzw. Austauschjahr) über internationale Jugendbegegnungen, Drittortbegegnungsprojekte und Workcamps, mulitlaterale Begegnungsprojekte (z.B. über COMENIUS vermittelte Projekte) und Auslandspraktika bis hin zu medial vermittelten Formen der Begegnung (z.B. über E-Mail, Chat bzw. VoIP-Videokonferenzen), sowie diversen Mischformen, die in Bezug auf ihr didaktisches Potential für den Fremdsprachenunterricht bislang nur unzureichend erforscht sind (vgl. Grau 2001, Evans/ Fisher 2005, Grau 2010). Von besonderer Bedeutung ist dabei die Frage, wie sich interkulturelle Kompetenzen gezielt durch solche Austausch- und Begegnungsprojekte fördern und systematisch weiterentwickeln lassen, da der Austausch allein noch nicht zu interkultureller Kompetenz führt, sondern sich diese erst durch bewusste Gestaltung solcher Austausch- und Begegnungsprojekte einstellen kann (vgl. Thomas 1996; Coleman 1996; Ehrenreich 2009; Grau 2010).

Als Gründe für die unzureichende Erforschung dieses fremdsprachlichen Handlungsfeldes wird neben Faktorenkomplexität in schulischen Austausch- und Begegnungsprojekten (Boulay/Kiefer/Schneider 1995:116; vgl. Grau 2010:315) inzwischen auch vermehrt Kritik an zugrunde liegenden Modellierungen interkultureller Kompetenz geübt (vgl. Ehrenreich 2009:33; Beltz 2003:5; Delanoy in diesem Band). So unterstellt Byram (1997) bei interkulturellen Begegnungen eine Dichotomie zwischen ‚tourist' und ‚sojourner', d.h. er unterscheidet zwischen interkulturellen Begegnungen, bei denen das Fremde lediglich zur Bereicherung des eigenen kulturellen Horizonts dient, ohne dass die Begegnung in irgendeiner Weise Auswirkungen auf das eigene Denken und Wahrnehmen hat (vgl. Byram 1997:1) während der sojourner die Begegnung dazu nutzt, eigene Sichtweisen zu hinterfragen und vom Fremden zu lernen, wobei sich dieser Lernprozess nicht nur auf das Individuum beschränkt, sondern auch die ihn umgebende Gesellschaft betrifft:

> The sojourner [...] produces effects on a society which challenge its unquestioned and unconscious beliefs, behaviours and meanings, and whose own beliefs, behaviours and meanings are in turn challenged and expected to change. (Byram 1997:1)

Der interkulturelle Lerner besitzt demnach die Fähigkeit, seine eigene und fremde Kulturen und Sichtweisen kritisch zu hinterfragen (d.h. eigene Perspektiven im Sinne eines *decentering* kurzfristig auszublenden, und zu relativieren vgl. Byram 1997:34) und für eigene Lernprozesse nutzbar zu machen (ebd.:1). Um diese Lernprozesse zu operationalisieren, hat Byram das Modell der Interkulturellen Kommunikativen Kompetenz entwickelt (1997), in dem er die fünf zentralen *savoirs* beschreibt, die Lernende benötigen, um erfolgreich mit anderen Kulturen zu kommunizieren und in Kontakt zu treten. Doch Byrams Modell, das von einer strengen Trennung zwischen dem Eigenen und dem Fremden ausgeht ist für viele der oben beschriebenen Austausch- und Begegnungsprojekte nur bedingt anwendbar, da die klassische Trennung zwischen Eigenem und Fremdem zunehmend aufgehoben scheint. Dies gilt nicht nur für Schülerinnen und Schüler mit Migrationshintergrund, deren Eigenkultur bereits durch eine gewisse Hybridität (z.B. als Deutsch-Türken, Russlanddeutsche etc.) gekennzeichnet ist, sondern auch für Lernszenarien, in denen keine streng bilaterale Begegnung zwischen zwei Kulturen mehr stattfindet, sondern Lernende mit verschiedensten kulturellen Hintergründen aufeinander treffen, wie etwa in multilateralen Drittortprojekten oder internationalen Workcamps und Begegnungsprojekten (vgl. Bücking 2000; Wrobel 2004). Es stellt sich daher die Frage, ob nicht zumindest für diese Formen der Begegnung das Konzept der Transkulturalität besser zur Beschreibung kultureller Interaktion geeignet ist, da es nicht nur traditionelle Dichotomien überwinden sondern zugleich zu einem tieferen Verständnis kultureller Komplexität beitragen will.

2   (Trans-) Kulturelle Begegnungen jenseits des ‚Eigenen' und des ‚Fremden'

Wolfgang Welschs Konzept der Transkulturalität hat innerhalb der Sprach- und Kulturdidaktiken in den letzten Jahren erheblichen Einfluss gehabt und führt nun auch im Bereich der Fremdsprachendidaktik zu einem erneuten Nachdenken über die Verfasstheit von Kulturen. Welsch beschreibt die Struktur heutiger Kulturen als einander durchdringend und sieht sie „*weithin durch Mischungen gekennzeichnet*" (Welsch 1997:71). Fremdes und Eigenes sind für ihn ununterscheidbar geworden, es gibt „*nichts schlechthin Fremdes mehr*" (ebd.:72). Kulturen werden somit als hybride Konstrukte angesehen, d.h. sie durchdringen sich wechselseitig in verschiedenen Lebensbereichen (insbesondere im Bereich der Kommunikation und der Wirtschaft; vgl. Eckert/Wendt 2003:11). Entsprechend beschreibt er Menschen innerhalb solcher hybrider kultureller Systeme ebenfalls als hybrid, d.h. durch unterschiedliche „*kulturelle Herkünfte und Verbindungen bestimmt*" (Welsch 1997:5). Welschs Kritik an bisherigen Ansätzen interkulturellen bzw. multikulturellen Lernens basiert im wesentlichen auf deren Vorstellungen von Kultur als „universelles, für eine Gesellschaft, Organisation und Gruppe typisches Orientierungssystem" (Thomas 2003:138). Ein solches, auf innere Kohärenz ausgerichtetes Kulturkonzept ist für Welsch unhaltbar (1995:39). Stattdessen spricht sich Welsch mit seinem Transkulturalitätskonzept für eine Pluralität und Hybridität von Kulturen aus und auch die in diesen Kulturen lebenden Individuen zeichnen sich seiner Ansicht nach durch eine Vielfalt von kulturellen Prägungen aus (vgl. Göhlich et at. 2006:12). Dabei sieht er die Hybridisierungstendenzen moderner Gesellschaften sowie der in ihnen lebenden Individuen grundsätzlich als positiv an (Welsch 2010:3) und deutet sie normativ mit dem Ziel um, bisher gefasste monolithische Kulturkonzepte überwinden zu wollen und Grenzen zwischen den Kulturen einzureißen (vgl. Volkmann 2011:113f.).

Doch daraus leitet sich die Frage ab, ob und in welcher Weise kulturelle Unterschiede überhaupt noch wahrnehmbar sind, wenn Eigenes und Fremdes weitgehend hybrid geworden sind. Bedarf es noch interkultureller Begegnung und der Wahrnehmung von Eigenem und Fremden oder ist der interkulturelle Ansatz damit für den Fremdsprachenunterricht sowie für fremdsprachliche Austausch- und Begegnungsprojekte weitgehend unbrauchbar geworden?

Tatsächlich scheint eine Auseinandersetzung der Schülerinnen und Schüler mit dem Fremden im Zeitalter des Transkulturalismus in gewisser Weise überflüssig geworden. Betrachtet man die unterschiedlichen Schülergruppen sowie deren Begeisterung für globale Popkultur, Musik und Medien, so könnte man (vorschnell) urteilen, dass interkulturelle Begegnungen zwischen Schülerinnen und Schülern unterschiedlicher Kulturen tatsächlich nicht länger erforderlich seien, da die gegenseitige Durchdringung bereits weitgehend Realität geworden ist und es nun darum gehen müsse, Wahrnehmungen von Differenz weiter abzubauen und und durch ein hybrides, globalisiertes Verständnis von (Trans-) Kultur zu ersetzen (vgl. Allolio-Näcke/Kalscheuer/Manzeschke 2005:9f.). Doch Welschs Kritiker verweisen gerne darauf, dass der Begriff des Interkulturellen keineswegs überholt und entsprechend abzulehnen sei: „Die interkulturelle Kompetenz mit dem Präfix ‚inter‘ orientiert sich nicht an irgendeinem klassischen (z.B. Herderschen) vereinheitlichten, zentrischen, homogenen, durch Abgrenzung bestimmten und fiktiv puristischen Kulturbegriff" (Mall 2006:111). Gleichsam sei die mit dem Konzept des Transkulturalismus verknüpfte Hoffnung der Überwindung von Rassismus und Ausgrenzung (die nach Welsch notwendigerweise aus einem traditionellen, auf kultureller Differenz beruhenden Kulturkonzept folgen müssen, vgl. Welsch 1994) weitgehend eine „völlig fehlgeleitete Hoffnung" (Breinig 2006:64), da individuelle Konstruktionen von Identität stets auf Grenzziehungen bezogen sind (z.B. als Abgrenzung von Anderen, vgl. Latour 2007:59) und somit zwangsläufig auch unter einem transkulturellen Paradigma zu Konflikten führen müssen. Aus der Überwindung kultureller Differenz und der scheinbaren Hybridität heutiger Kulturen drohe somit vielmehr eine „Angleichung an die Kulturformen der Mächtigen" zu werden (Breinig 2006:64). Transkulturalität auf die Makroebene gesellschaftlicher Strukturen bezogen, wird damit gerade der Hybridität und Komplexität moderner Identitätskonstruktionen nicht gerecht, weil es einseitig darauf vertraut, dass Grenzziehungen zunehmend obsolet werden, ohne zugleich den identitätsstiftenden Wert von Grenzziehungen anzuerkennen. Gerade für die sogenannten? Verlierer der Globalisierung bekommen aber neue Grenzziehungen ein besonderes Gewicht,

> sie bilden [...] einen Gegenpol zur entfesselten Dynamik des ökonomischen Prinzips. Je stärker dieses sich als eine Art Ersatzreligion aufführt und versucht, den Menschen und dessen Bedürfnisse bedingungslos seinen Ansprüchen unterzuordnen, desto massiver und radikaler wird sich eine Religion dieser Tendenz entgegenstellen. (Bauer 2011:201)

Nicht zuletzt die gegenwärtigen Konflikte im Nahen Osten und in Afghanistan sowie die ökonomischen und politischen Konflikte mit der Großmacht China verweisen darauf, dass mit der Globalisierung noch längst nicht von einer Hybridisierung und Abschaffung kultureller Abgrenzungsprozesse zu sprechen ist[1].

Aber auch auf der Mikroebene birgt das Transkulturalismuskonzept Gefahren, weil es den Einzelnen und dessen Individualität zu wenig berücksichtigt :

> Eine auf schematisch-abstrakte Typologisierung aufbauende Handhabung von transkulturellen Begegnungsprozessen missachtet allzu leicht die Individualität und damit die Würde des Einzelnen, sowie die Tatsache, dass der fremde Einzelne je eine eigene Biographie besitzt und gerade heute in einer ähnlichen Vielzahl von von heterogenen und meist auch enttraditionalisierten Kontexten lebt wie wir selber. (Ackermann 2006:83)

Darüber hinaus führt der Absolutheitsanspruch, mit dem Welsch das Konzept des Transkulturalismus vertritt, schnell dazu, alternative Denkmodelle als rückständig, an überkommenen Vorstellungen von Kultur und Gesellschaft festhaltend zu bezeichnen, wie Antor (2006:36) beispielhaft darstellt:

> Darüber hinaus ist das Denken zahlloser Menschen auf der Erde nach wie vor von monokulturellen Kategorien und von der Vorstellung voneinander getrennter kultureller Traditionen geprägt. Man mag dies für einen Denkfehler und ein Auslaufmodell halten, darf es aber in seinen kulturwissenschaftlichen Ansätzen nicht ignorieren. (Ebd.:36)

Bredella (2012) schlussfolgert:

> Transkulturalität ist dann problematisch, wenn sie ein bestimmtes Menschenbild, radikale Hybridität, allen vorschreibt, kulturelle Bindungen als ein Übel betrachtet und damit verhindert, dass wir Andere in ihrer kulturellen Andersheit zu verstehen suchen. (Ebd.:90)

3   Inter- und Transkulturelles Lernen in Begegungsprojekten

Wenn also Inter- und Transkulturalität nicht als binäre Gegensätze anzusehen sind (vgl. Delanoy 2006:239; 2012:160ff.) und es nicht darum geht, bisherige Überlegungen zum interkulturellen Lernen gänzlich zu verwerfen, kulturelle Differenzen für überwunden zu erklären und eine weltumspannende, radikale Hybridität zu postulieren, die jegliche kritische Auseinandersetzung mit eigenen und fremden Perspektiven verhindert, stellt sich die Frage, wie das Konzept

---

1   Bredella (2012:72) verweist mit Bezug zu Baumann (2009) in diesem Zusammenhang auf die Schattenseiten einer Globalisierung, die vor allem die herrschenden Eliten ihrer gesellschaftlichen Verantwortung entbindet und somit zu neuen Grenzziehungen zwischen Gewinnern und Verlierern der Globalisierung führt.

transkultureller Kompetenz gewinnbringend für fremdsprachliche Austausch-
und Begegnungsprojekte genutzt werden kann. Antor (2007:123) verweist darauf

> dass interkulturelle Kompetenz allein nicht mehr ausreicht und durch weitere Kom-
> petenzprofile ergänzt werden muss, soll der Mensch dazu befähigt werden, mit der
> Diversität der Welt im 21. Jahrhundert umzugehen. Insbesondere wird es darum ge-
> hen, die interkulturelle Dimension durch eine multi- und transkulturelle im eigenen
> Denken zu erweitern. (Antor 2007:123)

Mit anderen Worten: es geht nicht um einen Paradigmenwechsel kulturwissenschaftlicher Positionen von einem inter- zu einem transkulturellen Paradigma,
sondern vielmehr darum, fremdsprachliche Austausch- und Begegnungsprojekte
so auszugestalten, dass inter- und transkulturelle Lernprozesse gleichermaßen
angestoßen werden, ohne dass sich diese inhaltlich widersprechen.

Hallet (2011) beschreibt den Fremdsprachenunterricht als einen hybriden,
transkulturellen Raum,

> [...] in dem diskursive Elemente, Denkweisen und kulturelle Prägungen aus ver-
> schiedenen kulturellen Diskurssphären in ein interplay, in ein ‚Spiel der Texte und
> Kulturen' eintreten und zu neuen Orientierungen der Lernenden beitragen oder füh-
> ren. (Hallet 2011:100)

Er bezieht sich dabei auf den von Claire Kramsch geprägte Begriff „*third place*". Mit ihm ist es möglich, binäre Dichotomien von „Eigen" und „Fremd", von
eigener Kultur und fremder Kultur bzw. von Muttersprache und Fremdsprache
in der Begegnung zu überwinden. Dabei geht es nach Kramsch nicht darum, die
Grenzen zwischen Eigenem und Fremden im Sinne des transkulturellen Modells
radikal aufzulösen, sondern Lernenden dazu zu verhelfen, sich dieser Grenzen in
der Auseinandersetzung mit Texten und Kulturen bewusst zu werden und mit
kultureller Differenz angemessen umzugehen, statt diese aufzulösen: „Third place did not propose to eliminate these dichotomies, but suggested focusing on the
relation itself and on the heteroglossia within each of the poles" (Kramsch
2009:199, vgl. Kramsch 1993:12). Hallet unterscheidet dazu zwischen verschiedenen Diskurssphären (Diskurse der Lebenswelt der Lernenden; Diskurse der
anglophone Kulturen und Gesellschaften und transkulturelle, mehrkulturelle
bzw. globale Diskurse), die im Fremdsprachenunterricht durch entsprechende
Auswahl von Themen und Materialien aufeinander bezogen werden können:

> Das generelle Ziel der Diskursfähigkeit erhält auf diese Weise eine mehrsprachige
> und mehrkulturelle Dimension, die sich sowohl als interkulturelle Differenz als auch
> als transkulturelle Aufladung oder Bereicherung darstellen kann. Der Idealfall kultu-
> rellen Lernens ist dann das transkulturelle Lernen, das sich als Ergebnis interkultu-
> rellen Verstehens und Aushandelns verstehen lässt: Die Lernenden nehmen kulturel-
> le Elemente (Vorstellungen, Perspektiven, Rede- und Ausdrucksweisen, Stile) aus
> anglophonen Diskursen auf, transformieren und adaptieren sie und integrieren sie in

ihr eigenes kulturelles Repertoire. Dies ist ein kultureller und kommunikativer Transferprozess, der sich im Zeitalter globaler Medienkommunikation, der Popkultur und des Internets mannigfach beobachten lässt, übrigens auch außerhalb des Fremdsprachenunterrichts im lebensweltlichen Verhalten der jungen Menschen. (Hallet 2011:101)

Diese Sichtweise lässt sich auch für fremdsprachliche Austausch- und Begegnungsprojekte übernehmen, bei denen es nicht darum gehen kann, kulturelle Differenzen zu überwinden, sondern eben durch Auswahl der Begegnungskontexte (Begegnungsparnter, Inhalte und Formen der Begegnung) in einen Diskurs über Kulturen einzutreten, der neue Perspektiven und Sichtweisen ermöglicht, ohne dabei die Differenz gänzlich aufzuheben, sondern sie ggf. für die Konstruktion eigener kultureller Identität nutzbar macht.

Mit anderen Worten: In fremdsprachlichen Austausch- und Begegnungsprojekten darf weder ausschließlich die kohärente Identitätskonstruktion im Sinne einer Zuschreibung zu einer bestimmten sozialen Gruppe im Vordergrund stehen (durch Fokussierung auf das Trennende zwischen den Kulturen), noch darf die Begegnung dazu dienen, kulturelle Unterschiede durch einseitige Betonung von Gemeinsamkeit im Sinne eines falsch verstandenen Multikulturalismus zu verwischen (vgl. Schulze-Engler 2002:73), sondern es muss vielmehr die Auseinandersetzung mit teils widersprüchlichen Zugehörigkeiten zu verschiedensten Gruppen von den Schülerinnen und Schülern erkannt und nutzbar gemacht werden. Durch den Austausch mit dem Partner / mit den unterschiedlichsten Partnern aus verschiedensten kulturellen Kontexten entsteht dadurch eine Vielzahl weiterer Denkweisen, Vorstellungen und eventuell sogar Verhaltensweisen, die bereits bestehende hybride Zugehörigkeiten zu einzelnen Gruppen erneut in Frage stellen und in gewisser Weise als transkulturell bezeichnet werden können, weil sie sich nicht einem bestimmten (oder ihrem ursprünglichen) kulturellen Kontext zuordnen lassen, sondern sich gerade solchen kulturellen (oder nationalkulturellen) Zuordnungen entziehen (Hallet 2011: 100; vgl. Hallet 2002:42).

Delanoy (2006:236) beschreibt in diesem Zusammenhang verschiedene Formen von Transkulturalität, von einem unbewussten/unreflektierten Transkulturalismus über selbstgewählte bzw. aufgezwungene Formen der Hybridität bis hin zu Hybridität als einem Mittel politischer Unterdrückung. In ähnlicher Weise lassen sich inter- und transkulturelle Lernerfahrungen im Rahmen fremdsprachlicher Austausch- und Begegnungsprojekte anhand solcher Merkmale typologisieren, was nachfolgend anhand einiger Beispiele kurz verdeutlicht werden soll. Die Beispiele sind allesamt im Rahmen der Pilotphase des CertiLingua-Exzellenzlabels für mehrsprachige, europäische und internationale Kompeten-

zen eines europäischen Verbundprojektes von 65 Schulen in 14 Ländern entstanden. Die am Projekt beteiligten Schülerinnen und Schüler haben im Rahmen
der Qualifizierung für das Exzellenzlabel CertiLingua schriftlich verfasste Dokumentationen ihrer Austausch- und Begegnungsprojekte erstellt, die einen einzigartigen Textkorpus zum inter- und transkulturellen Lernen in fremdsprachlichen Begegnungsprojekten in der Sekundarstufe II bieten.

Bereits der erste Einblick in die bereits (im Rahmen eines Dissertations-
vorhabens) ausgewerteten Dokumentationen verdeutlicht die Bandbreite an (in-
ter- und trans-)kulturellen Erfahrungen, die Schülerinnen und Schüler in den
verschiedensten Austausch- und Begegnungsprojekten sammeln können. Dabei
zeigt sich, dass sich die von den Schülerinnen und Schülern gemachten Lernerfahrungen auf einem Kontinuum von Inter- zu Transkulturalität beschreiben lassen, ohne dass es möglich erscheint, das Datenmaterial exklusiv zugunsten des
einen oder anderen Paradigmas zu interpretieren. Vielmehr scheinen sich die
beiden Paradigma – je nach Konzeption und Rahmenbedingungen des Aus-
tausch- und Begegungsprozesses zu ergänzen, weshalb im Rahmen des Projektes versucht werden soll, das Verhältnis von inter- und transkulturellen Lernerfahrungen im Kontext fremdsprachlicher Austausch- und Begegnungsprojekte
empirisch zu bestimmen. An drei (nicht repräsentativen) Textauszügen aus dem
Auswertungsprozess der Daten soll dieses kurz verdeutlicht werden.

Beispiel 1:

> During my stay I found out that the Americans, or at least most of the ones I got to
> know, have a different way of thinking than us Germans. They are tending to think
> that they invented almost everything and are a step ahead in economics, technology
> and way of life. While I played soccer with a couple of friends one of them asked
> me how I was able to buy "Adidas" soccer cleats in Germany. When I told him that
> "Adidas" is originally German, they could not believe it. I don't want to call it igno-
> rant but as soon as they are not sure about the origin of something they rather call it
> American than anything else which is actually not just a typical American thing to
> do, but it is more obvious to notice it if oneself did not grow up with this prejudices.
> (2009-ID59)

Dieses erste Beispiel ist typisch für eine Vielzahl von Textauszügen, in denen
vor allem der kulturelle Gegensatz (z.B. Deutschland – USA oder Deutschland –
GB) herausgestellt wird, ohne dass dabei eine tiefergehende Reflexion der
Fremdperspektive stattfindet. Im Sinne des interkulturellen Lernens steht in diesem Zusammenhang die Wahrnehmung kultureller Differenz und deren stereotype Deutung als z.B. ‚typisch amerikanisch' im Vordergrund. In ähnlicher Weise lassen sich weitere Textbeispiele finden, in der Autostereotype vor dem Hintergrund der im Zielland gemachten Erfahrungen erklärt und bekräftigt werden

(d.h. die Selbstdarstellung als ‚typisch deutsch' dient zur Interpretation bestimmter Sicht- und Handlungsweisen).

Im Gegensatz dazu finden sich im Datenmaterial aber auch Beispiele, in denen eine transkulturelle Perspektive stärker im Vordergrund zu stehen scheint, wie im folgenden Beispiel dargestellt.

Beispiel 2:

> Joining the European Youth Parliament was the best decision that I have ever made. Not only did I get to know people from all over Europe, had lots of fun at the sessions but I also learned some skills that will help me with my future life. I learned how to work together on a team, write and present speeches in front of an audience and above all I earned a lot of self esteem. I'm thankful that I was given the chance to express my thoughts and ideas on the EU among others. I faced my fears and feel like I have truly accomplished something. Therefore I believe that the EYP truly is a chance to grow personally. After every session I'm captured by this special EYP spirit again who makes me feel truly European and who tells me that I can make an impact on Europe's future. [...] At the same time, I learned how enriching our different cultural backgrounds are with regard to our views on certain things. (2009-ID17)

Auf Basis der gemachten Erfahrungen in komplexen Begegnungsprojekten (wie hier dem European Youth Parliament) erkennen die Schülerinnen und Schüler die Heterogenität kultureller Deutungsmuster. Die Bipolarität von Eigen- und Fremdkultur wird dabei weitgehend zugunsten eines differenzierteren Blicks aufgehoben, und Schülerinnen und Schüler erleben nicht selten eine neue kulturelle Selbstwahrnehmung, wie im obigen Beispiel als "truly European". Besonders bedeutsam erscheint in diesem Zusammenhang auch die oftmals zu beobachtende Fokussierung auf individuelle Haltungen und Einstellungen statt einer kulturell geprägten Stereotypisierung sowie die Verknüpfung mit konkreten transkulturellen Handlungen in der Fremdsprache. Gerade die Verwendung von Englisch als Lingua Franca in internationalen Begegnungsprojekten und die konkrete Handlungsorientierung dieser Projekte erleichtern scheinbar das decentering und die Wahrnehmung kultureller Heterogenität.

Beispiel 3:

> The last topic we talked about was the riots in Tibet: Not only for Zhengfa was it a completely different perspective which German news presented in the media but also for Xiuqing. Both told me that they do not have subjects in China in which they discuss political or social affairs. They were astonished about our frequent vivid discussions in which we sometimes have been very incensed at Chinese politics. Whereas Zhengfa now developed a critical point of view towards his own government, Xiuqing's opinion reflected more the Chinese one. She was happy when her father told her that China controls Tibet. Consequently I asked her why she as a Chinese is proud of the obvious suppression in Tibet. She simply replied that she learned that Tibet belongs to China. Now Dalai Lama wanted to take this part away from China

and he wanted to boycott the Olympic Games so that China gets a bad image. I soon realized that it is hard to make clear to her how western countries see this governmental intervention of China. She learned that her opinion is the right one and therefore does not consider anything that contradicts what her father told her. For our partnership this means that topics like these ones better should be avoided. Otherwise, friendship and partnership will be put a test which is not easy to stand. (2008-ID31)

Das letzte Beispiel verdeutlicht, was Welsch (1992:20) als „wechselseitiges Einarbeiten von Kulturmustern" beschreibt. Die Schülerin im oben genannten Beispiel wird zur interkulturellen Mittlerin, die zwischen den unterschiedlichen Perspektiven der beiden chinesischen Mädchen vermittelt und dabei ihre eigene, festgefügte Identität weitgehend aufgibt, um zu einem tieferen Verständnis der unterschiedlichen Sichtweisen zu gelangen. In weiteren Textpassagen interpretiert sie unterschiedliche Kulturmuster und bringt dabei auch vorsichtig die eigene Position ein, ohne dabei den Gesprächspartnern ihre Sicht aufzuzwingen. In ähnlicher Weise finden sich Beispiele, in denen die Schülerinnen und Schüler erkennen, wie kulturelle Handlungsmuster nicht nur durch die nationale Herkunft, sondern durch eine Vielzahl von Faktoren wie sozialer Herkunft, Erziehung und Bildung und vieles mehr beeinflusst werden und sich daher mitunter auch der Kultur eines Begegnungspartners (zumindest in Teilen) zugehörig fühlen können.

5   Konsequenzen für schulische Austausch- und Begegnungsprojekte

Als Konsequenz als dem bisher Dargestellten für schulische Begegnungsprojekte ergibt sich, Begegnungen nicht nur auf Wissen (oder vermeintlichem Wissen) über die Zielkultur aufzubauen, sondern zunächst einen Rahmen zu schaffen, in dem die Schülerinnen und Schüler in der Begegnung mit dem Partner autonomes Handlungswissen erwerben können (z.B. über ein gemeinsam verantwortetes Projekt), und in diesem Kontext dann Reflexionen über Differenzerfahrungen anzustreben, die darin münden können, in der Wahrnehmung von Differenzen zu einem besseren Verständnis des Partners zu gelangen, ohne diese Differenzen gleich dekonstruieren zu wollen (vgl. Ackermann 2006:84). Gleichzeitig sind die spezifischen Besonderheiten der jeweiligen Austausch- und Begegnungsprojekte sowie die sich daraus ergebenden Anlässe für inter- und transkulturelles Lernen angemessen zu berücksichtigen, damit die Begegnung nicht statisch bleibt, sondern eine permanente Veränderung aller Beteiligten ermöglichen (ebd.:83). Dazu bedarf es weiterer empirischer Forschung zu Gelingensbedingungen inter- und transkultureller Austausch- und Begegnungsprojekte (vgl. Byram 2009; Ehrenreich 2009) sowie entsprechenden Modellierungen von inter-(bzw. transkultureller) Kompetenz, die der Komplexität heutiger kultureller Begegnungen zwischen Menschen mit unterschiedlichsten, hybriden Identitätsentwürfen Rechnung trägt und somit auch für die Beschreibung von fremdsprachlichen Austausch- und Begegnungprojekten im Fremdsprachenunterricht gewinnbringend genutzt werden kann.

Literatur

Ackermann, P.: Transkulturalität und Pädagogik: Grundsatzüberlegungen zur Entwicklung eines kommunikativen deutsch-japanischen Austauschs. In: Göhlich, M., Leonhard, H.-W., Liebau, E., Zirfas, J. (eds.), Transkulturalität und Pädagogik. Interdisziplinäre Annäherungen an ein kulturwissenschaftliches Konzept und seine pädagogische Relevanz, Weinheim u. München, 2006, 83–93.

Allolio-Näcke, Lars/Kalscheuer, Britta/Manzeschke, Arne (2005) (Hg.). Differenzen anders denken. Bausteine zu einer Kulturtheorie der Transdifferenz. Frankfurt/Main, 2005.

Antor, Heinz: Multikulturalismus, Interkulturalität und Transkulturalität, in: Antor, Heinz (Hg.): Inter- und Transkulturelle Studien. Theoretische Grundlagen und interdisziplinäre Praxis, Heidelberg, 2006, 25-40.

Antor, Heinz: Inter-, multi- und transkulturelle Kompetenz: Bildungsfaktor im Zeitalter der Globalisierung, in: Ders. (Hg.) Fremde Kulturen verstehen – fremde Kulturen lehren: Theorie und Praxis der Vermittlung interkultureller Kompetenz. Heidelberg, 2007, 111-126.

Bauer, Joachim: Schmerzgrenze: Vom Ursprung alltäglicher und globaler Gewalt. München, 2011.

Belz, Julie A.: Linguistic perspectives on the development of intercultural competence telecollaboration. In: Language Learning & Technology 7.2, 2003, 68-117.

Boullay, Peter/Kiefer, Gerd/Schneider, Erich (Hg.): Interkulturelles Lernen im Schüleraustausch. Bd.2. Landesinstitut für Pädagogik und Medien, Saarbrücken.

Bredella, Lothar (2010). Das Verstehen des Anderen. Kulturwissenschaftliche und literaturdidaktische Studien, Tübingen.

Bredella, Lothar: Narratives und interkulturelles Verstehen. Zur Entwicklung von Urteils- und Kooperationsfähigkeit, Tübingen, 2012.

Breinig, H.: Transkulturalität und Transdifferenz. Indianische Subjektkonstruktionen, in: Göhlich et al. (2006), 69-82.

Bücking, Gisela: Unterwegs nach Europa: Bericht über eine trinationale Jugendbegegnung in Kreisau, Polen. Fremdsprachenunterricht 44/53 (2), 2000, 135-138.

Byram, Michael: Teaching and assessing intercultural communicative competence. Clevedon, 1997.

Byram, Michael: Researching Residence and Study Abroad. In: Ehrenreich (2009), 29-38.

Coleman, James A.: The current state of knowledge concerning student residence abroad. In: Parker, Gabrielle / Rouxeville, Annie (eds.). The year abroad. Preparation, monitoring, evaluation. Current research and development. London, 1996.

Delanoy, Werner: Transculturality and (inter-)cultural learning in the EFL classroom, in: Delanoy, Werner/Volkmann, Laurenz (eds.): Cultural studies in the EFL classroom, Heidelberg, 2006, 233-248.

Delanoy, Werner: From ‚Inter' to ‚Trans'? Or: Quo Vadis Cultural Learning?, in: Eisenmann, Maria/Summer, Theresa (Hg.). Basic Issues in EFL Teaching and Learning, Heidelberg, 2012, 157-167.

Eckert, Johannes/Wendt, Michael (Hg.): Interkulturelles und transkulturelles Lernen im Fremdsprachenunterricht, Frankfurt/Main, 2003.

Ehrenreich, Susanne: Auslandsaufenthalte quer gedacht – aktuelle Trends und Forschungsaufgaben. Anmerkungen aus deutscher Warte, in: Ehrenreich, Susanne/Woodman, Gill/ Perrefort, Marion (Hg.): Auslandsaufenthalte in Schule und Studium. Bestandsaufnahmen aus Forschung und Praxis, Münster, 2009, 29-38.

Evans, Michael/Fisher, Linda: Measuring Gains in Pupils' Foreign Language Competence as a Result of Participation in a School Exchange Visit. The Case of Y9 Pupils at Three Comprehensive Schools in the UK, in: Language Teaching Research 9/2, 2005, 173-192.

Göhlich, Michael/Leonhard, Hans-Walter/Liebau, Eckart/Zirfas, Jörg (Hg.): Transkulturalität und Pädagogik. Interdisziplinäre Annäherungen an ein kulturwissenschaftliches Konzept und seine pädagogische Relevanz. Weinheim, 2006.

Grau, Maike: Arbeitsfeld Begegnung. Eine Studie zur grenzüberschreitenden Lehrertätigkeit in europäischen Schulprojekten. Tübingen, 2001.

Grau, Maike: Art. Austausch- und Begegnungsdidaktik, in: Hallet, Wolfgang / Königs, Frank G. (Hg.): Handbuch Fremdsprachendidaktik, Seelze-Velber, 2010, 312-316.

Hallet, Wolfgang: Fremdsprachenunterricht als Spiel der Texte und Kulturen, Trier, 2002.

Hallet, Wolfgang: Lernen fördern: Englisch. Kompetenzorientierter Unterricht in der Sekundarstufe I. Seelze, 2011.

Kramsch, Claire: Context and Culture in Language Teaching. Oxford, 2011.

Kramsch, Claire: The Multilingual Subject. Oxford, 2009.

Latour, Bruno: Eine neue Soziologie für eine neue Gesellschaft. Frankfurt a.M., 2007.

Lösch, Klaus: Begriff und Phänomen der Transdifferenz: Zur Infragestellung binärer Differenzkonstrukte, in: Allolio-Näcke, L./Kalscheuer, B./Manzeschke, A. (Hg.) Differenzen anders denken. Bausteine zu einer Kulturtheorie der Transdifferenz. Frankfurt am Main, 2005, 26-49.

Mall, Ram Adhar: Von interkultureller Kompetenz zur interkulturellen Verständigung. In: Antor 2006, 109-118.

Rogge, Michael: The Case of Germany: Internationalisation and Foreign Language Teaching in North-Rhine Westphalia, in: Oonk, Henk/Maslowski, Ralf/van der Werf, Greetje (Hg.): Internationalisation in Secondary Education in Europe. A European and International Orientation in Schools. Policies, Theories and Research. Charlotte, NC, 2010, 65-80.

Rogge, Michael: Die qualitative Inhaltsanalyse als Mittel zur empirischen Konkretisierung fremdsprachendidaktischer Paradigmen am Beispiel der inter- bzw. transkulturellen Kompetenzen in fremdsprachlichen Begegnungsprojekten, in: Aguado, Karin/ Heine, Lena/Schramm, Karen (Hg.): Introspektive Verfahren und qualitative Inhaltsanalyse in der Fremdsprachenforschung, Frankfurt a.M., 2013, 177-200.

Schulze-Engler, Frank: Transnationale Kultur als Herausforderung für die Literaturwissenschaft. Zeitschrift für Anglistik und Amerikanistik, 50,1, 2002, 65-79.

Schulze-Engler, Frank: Von ‚Inter' zu ‚Trans': Gesellschaftliche, kulturelle und literarische Übergänge, in: Antor, Heinz (Hg.). Inter- und Transkulturelle Studien. Theoretische Grundlagen und interdisziplinäre Praxis, Heidelberg, 2006, 41-54.

Thomas, Alexander: Können interkulturelle Begegnungen Vorurteile verstärken?, in: Thomas, Alexander (Hg.): Psychologie und multikulturelle Gesellschaft, Göttingen, 1996, 227-238.

Thomas, Alexander: Interkulturelle Kompetenz. Grundlagen, Probleme und Konzepte, in: Erwägen – Wissen – Ethik 14:1, 2003, 137-221.

Volkmann, Laurenz: Fachdidaktik Englisch: Kultur und Sprache, Tübingen, 2010.

Volkmann, Laurenz: The ‚Transcultural Moment' in English as a Foreign Language, in: Doff, Sabine / Schulze-Engler, Frank (Hg.) Beyond ‚Other Cultures': Transcultural Perspectives on Teaching the New Literatures in English, Trier, 2011, 113-128.

Welsch, Wolfgang: Transculturality: The Puzzling Form of Cultures Today, in: Featherstone, Mike & Lash, Scott (Hg.): Spaces of Culture, London, 1999.

Welsch, Wolfgang: Transkulturalität – Lebensformen nach der Auflösung der Kulturen. Information Philosophie 2, 1992, 5-20.

Welsch, Wolfgang: Transkulturalität. Lebensformen nach der Auflösung der Kulturen, in: Luger, Kurt / Renger, Rudi (Hg.): Dialog der Kulturen. Die multikulturelle Gesellschaft und die Medien. Wien, 1994, 147-169.

Wolfgang Welsch: Transkulturalität. Zur veränderten Verfaßtheit heutiger Kulturen, in: Zeitschrift für Kulturaustausch 1, 1995, 39–44.

Welsch, Wolfgang: Transkulturalität: Zur veränderten Verfassung heutiger Kulturen, in: Irmela Schneider & Christian W. Thompson (Hg.), Hybridkultur: Medien, Netze, Künste, Köln, 1997, 67-90.

Welsch, Wolfgang: Was ist eigentlich Transkulturalität. In: Darowska, Lucyna / Machold, Claudia / Lüttenberg, Thomas (Hg.). Hochschule als transkultureller Raum? Beiträge zu Kultur, Bildung und Differenz. Bielefeld, 2010, 39-66.

Wrobel, Jürgen: Begegnung am dritten Ort. Das Drei-Länder-Begegnungsprojekt der Carlo-Mierendorff-Schule. Der Fremdsprachliche Unterricht Englisch 70, 2004, 16-21.

Transnational Cultural Studies
im Englischunterricht der Sekundarstufe II
Philipp Siepmann

Abstract

Mit den Transnational Cultural Studies wird in diesem Beitrag ein kultur- und literaturdidaktisches Konzept vorgestellt, welches sich eng an den Fragestellungen und zentralen Konzepten
sowie der Methodik der Transnational American Studies orientiert. Dieses eröffnet einen Mittelweg zwischen inter- und transkulturellen Ansätzen im Fremdsprachenunterricht. Transkulturalität wird dabei durchaus kritischer betrachtet als dies bei Welsch der Fall ist und u.a.
durch Kraidys *critical transculturalism* (2005) sowie das Konzept der Transdifferenz (Lösch
2005) ergänzt. Wie sich der Ansatz der Transnational Cultural Studies in der Sekundarstufe II
umsetzen lässt, wird anhand von H.M. Naqvis *Home Boy* (2010) skizziert.

1 Einleitung

Der *transnational turn* der American Studies beschreibt für Donald Pease nicht
weniger als „the most significant reimagining of the field [...] since its incepti-
on" (Pease 2011:I). Konstitutiv für das Forschungsfeld ist die Erkenntnis, dass
sich Kulturen angesichts von tiefgreifenden Globalisierungsprozessen einer
mehr oder minder isolierten Betrachtung durch die ‚nationale Brille' immer weiter entziehen und transnationale kulturelle Beziehungen an Bedeutung gewinnen
(vgl. Jay 2010). So interessieren sich die Transnational American Studies für
kulturelle Interaktionen entlang Amerikas nördlicher und südlicher Grenzen sowie über den Atlantik und den Pazifik hinweg und setzen verstärkt auf den Dialog der amerikanischen und internationalen American Studies (vgl. Lenz 2011).

Es soll in diesem Beitrag ein kultur- bzw. literaturdidaktisches Konzept der
Transnational Cultural Studies skizziert werden, welches einige der zentralen
Diskurse und Fragestellungen der Transnational American Studies aufgreift und
für den Englischunterricht in der Sekundarstufe II didaktisch so aufbereitet, dass
es Lehrerinnen und Lehrer bei der Auswahl literarischer Texte, bei der Planung
von Unterrichtssequenzen und ihrer methodischen Ausgestaltung leiten kann.

Ein besonderer Fokus liegt dabei auf dem Beitrag, den der Ansatz der
Transnational Cultural Studies zur Debatte um inter- und transkulturelles Lernen
im Fremdsprachenunterricht leistet. Es soll gezeigt werden, dass die Transnational Cultural Studies einen Mittelweg zwischen inter- und transkulturellen Zu-
gängen zu Kultur im Fremdsprachenunterricht eröffnen. Denn obwohl es gerade
transnationale Sozialräume sind, in denen sich Transkulturalisierungsprozesse
vollziehen (also jene Prozesse, die aus Sicht des transkulturellen Ansatzes interessant sind), spielen nationale und ethnische Identitäten (traditionell Gegenstand

interkulturellen Lernens) hier oft eine zentrale Rolle. So wird beispielsweise in
Diasporagemeinschaften nationale Identität zuweilen romantisch verklärt und in
ihrer Bedeutung geradezu überhöht.

Es soll wird dazu zunächst das Verhältnis zwischen inter- und transkulturellem Lernen genauer bestimmt und anschließend das Konzept der Transnational
Cultural Studies für den Englischunterricht vorgestellt. Schließlich wird auf
Grundlage von H.M. Naqvis Roman *Home Boy* (2010) – in gebotener Kürze –
gezeigt, wie sich mit diesem Ansatz neue Perspektiven auf Kultur und Literatur
im Unterricht erschließen lassen.

2   Transkulturelles *versus* interkulturelles Lernen?

Eine der zentralen Debatten, die in Bezug auf transkulturelles Lernen im Fremdsprachenunterricht geführt wird, ist jene um seine Abgrenzung von etablierten
Konzepten interkulturellen Lernens. Dabei geht es um ganz grundsätzliche Fragen: Was bietet das transkulturelle Paradigma, das nicht auch schon durch interkulturelle Konzepte hinreichend abgedeckt wäre? Bedeutet eine Hinwendung zu
Transkulturalität zwangsläufig, dass wir alles, wofür interkulturelle Zugänge zu
Sprache, Kultur und Literatur stehen, über Bord werfen?

Auch wenn Wolfgang Welsch (1995, 2005), auf dessen Ausführungen zur
Transkulturalität sich viele Vertreter der transkulturellen Fremdsprachendidaktik
beziehen, interkulturelle Konzepte kategorisch ablehnt, wird transkulturelles
Lernen in der Regel eher als Komplementär- denn als Nachfolgekonzept zu interkulturellen Ansätzen betrachtet (vgl. hierzu z.B. Hallet 2002, Delanoy 2006).
Seltener wird, wie z.B. im neuen hessischen Kerncurriculum (Hessisches Kultusministerium 2011), der Begriff der Interkulturalität durch jenen der Transkulturalität ersetzt, mit allenfalls kosmetischen Veränderungen und ohne größere
didaktische Konsequenzen.

Im Folgenden wird eine Annäherung an transkulturelles Lernen unternommen, die nicht in Widerspruch zu aktuellen Konzepten interkulturellen Lernens
steht, zugleich eine gewisse Trennschärfe zu diesen aufweist und sie um neue
didaktische Impulse ergänzen kann. Dieser Ansatz knüpft an Welschs populä-
rem Konzept an, entfernt sich sogleich aber von ihm und plädiert für einen kritischen Zugang zu Transkulturalität.

2.1   *Für einen kritischen Zugang zu Transkulturalität*

Das Transkulturalitätskonzept Welschs ist aus pädagogischer und didaktischer
Sicht vor allem durch seinen normativen Gehalt interessant. Weil Kulturbegriffe
„stets mehr als bloß beschreibende Begriffe" sind und damit bedeutsame „Wirk-

faktoren in unserem Kulturleben" (Welsch 2005:331), leitet Welsch aus seinen Beschreibungen des transkulturellen Zuschnitts heutiger Gesellschaften Konsequenzen für unseren Umgang mit Kultur, Identität und Differenz ab. Demnach leistet ein homogenes, nationales Kulturbewusstsein Ausgrenzung Vorschub, Transkulturalität dagegen zielt „auf ein vielmaschiges und integratives, nicht separatistisches und ausgrenzendes Verständnis von Kultur" (ebd.:332). Wo traditionelle Konzepte die Aufmerksamkeit auf Differenzen lenken, betont Transkulturalität Anschlussmöglichkeiten, die „entwickelt und erweitert werden, so daß sich eine gemeinsame Lebensform bildet, die auch Bestände einbegreift, die man früher nicht für anschlußfähig gehalten hätte" (ebd.).

Bei aller Zustimmung, die das Konzept der Transkulturalität in seiner Rezeption in verschiedenen akademischen Disziplinen erhält, sollte die teils schwerwiegende Kritik an ihm nicht ignoriert werden. Zwar läuft Bredellas (2010) Vorwurf, Transkulturalität suggeriere eine Welt, in der kulturelle Bindungen keinerlei Rolle mehr spielen und Individuen ihre kulturelle Identität beliebig selbst definieren können, ins Leere, weil Welsch seine ursprünglichen Formulierungen zur „Auflösung der Kulturen" (Welsch 1994) später deutlich relativiert hat, jedoch liegt er nicht ganz falsch in seiner Kritik. Welschs Ausführungen kranken an ihrer Oberflächlichkeit und bleiben in wesentlichen Punkten äußerst vage. Problematisch sind insbesondere zwei grundlegende Aspekte: Zum Einen der implizite Anspruch auf Allgemeingültigkeit, zum Anderen die nicht zufriedenstellend geklärte Frage, wie sich kulturelle Differenzen – wenn sie sich, wie Welsch beteuert, nicht aufgelöst haben – in ‚transkulturellen Gesellschaften' (Welsch 2005) denn manifestieren.

Welsch verallgemeinert in seinem Konzept Beobachtungen, die sich im Wesentlichen auf die Lebensweisen von westlichen, mindestens mittelständischen, männlichen, heterosexuellen Großstädtern beziehen, für die Transkulturalität vorwiegend positiv konnotiert sein mag. Jedoch vernachlässigt er so die jeweils unterschiedlichen Umstände und (durchaus auch negativen) Ausprägungen von Transkulturalität. In seinem Versuch, mit seinem Konzept einen Gegenentwurf zu einem essentialistischen Kulturbegriff zu schaffen, läuft er zudem Gefahr, Hybridität selbst zu essentialisieren: Wenn Kultur grundsätzlich hybrid ist, warum erscheinen uns hybride Identitäten überhaupt noch als Abweichungen von der ‚Norm' – oder, wie Welsch behauptet, als besonderer Vorteil in Bezug auf den Umgang mit Transkulturalität? Dieser Widerspruch steht einer kritischen Diskussion von Prozessen der Transkulturalisierung bzw. transkulturellen Phänomenen im Weg. Es gilt, das Konzept weiter auszudifferenzieren, um seine unterschiedlichen Ausprägungen zu berücksichtigen und dabei den Aspekt der Positionalität des Subjekts einzubeziehen.

Hierzu eignen sich die Ergänzungen Delanoys (2006) zu Welschs Konzept sowie Kraidys *critical transculturalism* (2005). Delanoy stellt die Dialektik des Konzepts in seinem *context-sensitive approach* heraus. Hierin unterscheidet er u.A. zwischen bewusst wahrgenommener und unbewusster, selbst gewählter und von außen auferlegter, freier und reglementierter Transkulturalität. Weiterhin merkt er an, dass Transkulturalität nicht nur als Instrument der Emanzipation, sondern ebenso als Mittel der Unterdrückung fungieren kann. Schließlich kann es gleichermaßen der Kritik am Nationalstaat dienen wie auch zur Rechtfertigung neuer Nationalismen missbraucht werden (vgl. Delanoy 2006:236-8).

Kraidys Konzept des *critical transculturalism* liegen grundsätzlich dieselben Annahmen zugrunde wie jenem Welschs: Kulturen werden als synthetisch und sich dynamisch verändernd begriffen, kulturelle Globalisierung als transkulturelle Durchdringung. Während sich Welsch hier bereits weitgehend erschöpft, richtet Kraidy das Augenmerk auf einige für die Untersuchung und das Verständnis von transkulturellen Phänomenen essenziellen Aspekten.

So blendet Welsch die kulturwissenschaftlichen Konzepte *structure* und *agency* aus und damit die Frage nach der Handlungsfähigkeit innerhalb von gesellschaftlichen, ökonomischen und politischen (Bedeutungs-)Strukturen, die ebendieser Grenzen setzen. Dies ist jedoch von entscheidender Bedeutung dafür, ob Transkulturalität als negativ oder positiv, als Mangel oder Privileg erlebt wird. Kraidy fragt: In welchem Verhältnis stehen Struktur und Handlungsfähigkeit? Wo ist letztere zu verorten? Er teilt dabei nicht den Pessimismus des *cultural imperialism*, der *agency* allein aufseiten eines dominanten Zentrums sieht und Transkulturalität folglich als Durchdringung lokaler und nationaler Kulturen durch eine dominante Globalkultur interpretiert. Er betrachtet auch den Optimismus des *cultural pluralism* mit Skepsis, demzufolge *agency* vor allem in der Hand von Individuen und sozialen Gruppen liegt, die globalen Strömungen quasi unbegrenzt Widerstand leisten können. Kraidys Konzept des *critical transculturalism* wählt einen Mittelweg zwischen diesen beiden Positionen und lokalisiert *agency* in sozialer Praxis. Diese ist in der Regel in lokale Kontexte eingebettet, wird jedoch durch globale Strömungen beeinflusst. Transkulturalität ist somit das Resultat translokaler (auch transnationaler) und interkontextueller (auch interkultureller) sozialer Praktiken, die auf verschiedene Weisen strukturellen Widerständen ausgesetzt sind. Sie erfährt dadurch ganz unterschiedliche Ausprägungen, birgt zugleich Chancen und Risiken und kann individuell sowohl als gesteigerte Freiheit und Möglichkeit als auch als Mangel und Einschränkung wahrgenommen werden – abhängig von der Position des Subjekts im sozialen Gefüge.

Ein weiterer Punkt, in dem es Welschs Konzept zu ergänzen gilt, ist der Aspekt der kulturellen Differenz. Für Welsch führen Prozesse der Transkulturalisierung nicht zum Verschwinden von Differenz und zu kultureller Uniformierung, sondern im Gegenteil zu einer neuen kulturellen Diversität (vgl. Welsch 2005:337). Vernachlässigt wird dabei aber die fortbestehende Wirkung ‚alter', d.h. binärer Differenzkonstrukte, wie die vor allem in konservativen Medien beschworene Unvereinbarkeit ‚westlicher' und ‚islamischer' Werte. An dieser Stelle lässt sich Welsch ergänzen durch den Rückgriff auf das Konzept der Transdifferenz des Erlanger Graduiertenkollegs. Lösch (2005:27) zufolge steht Transdifferenz

> für all das Widerspenstige, das sich gegen die Einordnung in die Polarität binärer Differenzen sperrt, weil es gleichsam quer durch die gezogene Grenzlinie hindurch geht und die ursprünglich eingeschriebene Differenz ins Oszillieren bringt, ohne sie jedoch aufzulösen. Der Begriff der Transdifferenz stellt die Gültigkeit binärer Differenzkonstrukte in Frage, bedeutet jedoch nicht die Aufhebung von Differenz.

Hybridität ist demnach nicht *per se* eine Eigenschaft von Kultur, sondern entsteht, wo bestehende Grenzen – zunächst vielleicht subjektiv und lokal – temporär verschwimmen, und sich möglicherweise langfristig verlagern. Damit ist das Fortbestehen ‚traditioneller' Differenzen bei gleichzeitiger, fortschreitender Hybridisierung von Kultur in der globalisierten Welt nicht ausgeschlossen.

2.2   Inter- und transkulturelles Lernen als komplementäre Konzepte

Auf der Grundlage des im vorangegangenen Abschnitt erarbeiteten Verständnis von Transkulturalität soll der Begriff des transkulturellen Lernens nun von dem des interkulturellen Lernens abgegrenzt werden. Zugleich soll aber gezeigt werden, dass beide Ansätze gegenwärtig gleichermaßen bedeutsam sind und in einer engen, komplementären Beziehung stehen. Hierzu bietet sich der Rückgriff auf das ursprünglich von Baumann (1999) entwickelte und von Risager (2009) in die Fremdsprachendidaktik übertragene Konzept des *double discourse of culture* an.

Baumann unterscheidet zwischen dem populären, essentialistischen Diskurs über Kultur und dem eher akademischen, prozessualen Diskurs. Der essentialistische Diskurs bezieht sich auf nationale, ethnische oder religiöse Kulturen und betrachtet diese als vollendete Objekte, als etwas, das man hat oder dem man sich zugehörig fühlt. Der prozessuale Diskurs hingegen beschreibt Kultur als Gegenstand alltäglicher Aushandlungsprozesse und zielt auf die Dekonstruktion essentialistischer Konzepte (vgl. Baumann 1999). Interkulturelles Lernen setzt Risager zufolge einen essentialistischen Diskurs voraus:

> The field bases itself on the conviction that there exist at least some cultural differences that actually make a difference for some people. (2009: 24)

Transkulturelles Lernen, um Risagers Gedanken weiterzuführen, ist dem prozessualen Diskurs verpflichtet. Es hat zum Ziel, ein Bewusstsein zu wecken für den konstruierten Charakter nationaler, ethnischer und religiöser Identitäten. Darüber hinaus macht es Prozesse kultureller Hybridisierung und Transkulturalisierung verständlich und die kulturelle Dynamik in der globalisierten Welt nachvollziehbar. Transkulturelles Lernen verfügt über ein starkes transgressives Moment: Wo der dominante Diskurs über Kultur noch immer tendenziell von einem national, ethnisch oder religiös fundierten Kulturbegriff ausgeht, richtet es die Aufmerksamkeit auf die zunehmende Verwischung kultureller Grenzen und Momente der Uneindeutigkeit von kultureller Identität und Differenz.

Transgressive Theorien sind, so Pennycook (2007), politische und epistemologische Instrumente zur Überwindung konventioneller Denk- und Handlungsweisen und stehen für neue Wege, über bestimmte Konzepte nachzudenken. Transkulturelles Lernen regt entsprechend ein Umdenken in Bezug auf Kultur, Identität und Differenz an, welches sich im Idealfall in einem veränderten Handeln in Bezug auf diese Konzepte niederschlägt. Pennycook betont jedoch, dass Transgression zwangsläufig die Existenz von Grenzen voraussetzt:

> Limits and transgression depend on each other, for ‚a limit' could not exist if it were absolutely incrossable. Transgression would be pointless if it merely crossed a limit composed of illusions and shadows. (34)

Entsprechend gilt es, auch essentialistische Konzepte – wie u.A. nationale Kultur/Identität, nationale (Auto- und Hetero-)Stereotype – im Unterricht eingehend zu thematisieren und sich kritisch mit ihnen auseinanderzusetzen.

Sind nationale, ethnische, religiöse Kulturen der Gegenstand interkulturellen Lernens, so sind Grenzen, Übergänge, Brüche und Kontaktzonen zwischen diesen jener des transkulturellen Lernens. Auch wenn vor allem jüngere Ansätze interkulturellen Lernens von ihrer Fokussierung auf nationale Kulturen etwas abrücken und die Prozesshaftigkeit von Kultur betonen, so erscheint es sinnvoll, mit zwei unterschiedlichen Konzepten – also Inter- und Transkulturalität – zu operieren, um die Aufmerksamkeit auf beide Seiten des *double discourse of culture* zu richten. Transkulturalität sollte dabei als transgressives Konzept im Sinne Pennycooks betrachtet werden und uns dazu anregen, über den Status Quo hinaus zu denken. Es darf dabei aber nicht leichtfertig als Aufbrechen aller kultureller Bindungen und flächendeckende Verbreitung eines kosmopolitischen Geists missverstanden werden.

3 Der Ansatz der Transnational Cultural Studies im Englischunterricht

Ein kritisches Verständnis von Transkulturalität, wie es im vorangegangenen Kapitel erörtert wurde, entspricht weitgehend der Perspektive, die die Transnational Cultural Studies auf Kultur einnehmen. Auch sie behalten essentialistische Konzepte (wie jenes der *national identity*) bei und erkennen ihre fortwährende Bedeutung an, während sie zugleich auf deren Dekonstruktion abzielen. So sind laut Fluck et al. (2007:1) vorrangige Themen der Transnational American Studies:

> 1.) cultural hybridities and border discourses (new structures of self-formation linked to changes in the cultural fabric of America), 2.) diasporic identities (the Black Atlantic as a counter-movement to modernity), and 3.) transculturations (the Americanization of European culture and, vice versa, the Europeanization of American culture).

Weiterhin bilden auch die Fragen der ‚Verortung der Kultur' (Bhabha 1994) und der Transformation des Begriffs der ‚Heimat' (Al-Ali/Khoser 2001), der Identitätsformation in transnationalen Gemeinschaften (Vertovec 2009) sowie der sich wandelnden Bedeutung des Nationalstaats (Pease 1992) den diskursiven Rahmen des Felds. Darüber hinaus richten die Transnational Cultural Studies ihren Blick verstärkt auf die transnationale Produktion und Rezeption von Literatur und Kultur und damit auf Literaturen und Kulturen, die sich einer nationalen Kategorisierung widersetzen (vgl. Walkowitz 2006). Dazu zählen zum Beispiel Autoren, welche durch mehrfache Migration oder durch die Verbindung verschiedener literarischer und kultureller Traditionen durch das Raster einer national ausgerichteten Literatur- und Kulturwissenschaft fallen würden.

Um das weite Feld der Transnational Cultural Studies für Lehrerinnen und Lehrer sowie für Schülerinnen und Schüler einigermaßen übersichtlich und handhabbar zu halten, sollte es auf einige seiner zentralen Diskurse und die zugehörigen Konzepte und Fragestellungen reduziert werden. Dies sind, in Anlehnung an die oben genannten Autoren, u.A.:

- *Hybridity & border discourses*: Diskurse über kulturelle Hybridität, Identitätsformation angesichts zunehmender kultureller Komplexität (*cultural hybridity/hybrid identities*), (inter-)kulturelle *contact zones* und *crossroads*, verschwimmende kulturelle Grenzen und neue Grenzziehungen infolge transnationaler Vergesellschaftungsprozesse, Fragen der kulturellen Authentizität, Zugehörigkeit und Nichtzugehörigkeit (*belonging and not belonging*).

- *Identity, space and place*: Fragestellungen, die sich mit der Beziehung von Identität und (geographischen) Räumen und Orten befassen, wie zum

Beispiel die identitätsstiftende Funktion transnationaler und virtueller Sozialräume (*transnational/virtual spaces*) oder die Bedeutung von ‚Heimat'
(*home*) aus Sicht von (Trans-)Migranten und in Diasporagemeinschaften.

▪ *Transculturation*: Transkulturalisierungsprozesse, die in Zusammenhangmit globalen Migrationsbewegungen, Kommunikations- und Mediennetzwerken, Handelsbeziehungen bzw. Warenverkehr stehen und zu einem Bedeutungswandel von Konzepten wie ‚Nation' und ‚Kultur' (*natio-
nal/cultural identity*) und der Entstehung neuer, grenzüberschreitender
imagined communities führen. Hierzu lässt sich u.a. auch die von Fluck
genannte Amerikanisierung Europas/Europäisierung Amerikas sowie die
Internationalisierung von Mythen und Erzählungen wie z.B. des *American
Dream* zählen.

Ziel der Auseinandersetzung mit diesen Themenkomplexen sollte es erstens
sein, ein Bewusstsein dafür zu wecken, dass Kultur sich nicht an Ethnizität und
Nationalität festmachen lässt, ethnische und nationale Identitäten jedoch heute
und wohl auch zukünftig noch große Bedeutung haben. Essentialistische und
prozessuale Diskurse über Kultur werden damit gleichermaßen in den Blick genommen und so inter- und transkulturelle Lernprozesse ermöglicht. Zweitens
sollen die Transnational Cultural Studies die Aufmerksamkeit auf grenzüberschreitende kulturelle Austauschprozesse richten, ohne dabei die Bedeutung lokaler und regionaler Kontexte für unser alltägliches Leben und schließlich für
die Identitätsbildung zu vernachlässigen.

Um die zentralen Themen und Konzepte der Transnational Cultural Studies
herum entsteht infolge jüngerer Globalisierungstendenzen eine große Dynamik,
einschließlich neuer Konflikte, die gegenwärtig und zukünftig unser gesellschaftliches Zusammenleben entscheidend prägen. Umso wichtiger ist es, diese
im Unterricht mittels literarischer (oder anderer kulturell aufgeladener) Texte zu
thematisieren.

4   Transnationalismus und Transkulturalität in H.M. Naqvis *Home Boy* (2010)

Es soll im Folgenden eine mögliche Umsetzung der Transnational Cultural Studies im englischen Literaturunterricht auf der Grundlage von H.M. Naqvis Roman *Home Boy* (2010) skizziert werden. Der Autor wurde 1974 in London geboren, in Islamabad, Brüssel und Algiers aufgewachsen, lebte zeitweise in New
York und Washington, D.C., und wohnt derzeit in Karachi, Pakistan. Er reprä

sentiert damit eine wachsende Gruppe transnationaler Schriftsteller, welche sich nicht einer (einzigen) nationalen Literatur zuordnen lassen, und deren Werke sich mit ,transnationalen' Themen befassen. Sein Debütroman *Home Boy*, der starke autobiographische Züge trägt, wurde 2011 mit dem *DSC prize for South Asian Literature* ausgezeichnet. Er zeigt die gesteigerten Freiheiten, aber auch die Grenzen kultureller Identitätsformation im Zeitalter der Globalisierung. Zudem gibt er einen Einblick in die Bildung transnationaler Sozialräume, die sich zwischen Migranten und ihren Familien in ihrem Heimatland aufspannen, und ihre gleichermaßen sozioökonomische wie emotionale und identitätsstiftende Bedeutung. *Home Boy* eignet sich deshalb besonders für einen kulturwissenschaftlich orientierten Literaturunterricht in der Sekundarstufe II.

Shehzad, genannt Chuck, und seine Freunde Ali Chaundry (alias AC) und Jamshed Khan (alias Jimbo), sind die *Metrostanis*: Junge New Yorker mit pakistanischen Wurzeln. Sie sind verstehen sich als „self-made" und „self-invented" (*Home Boy*:1) und bewegen sich leichtfüßig durch New Yorks Clubszene, unter Geschäftsleuten und in intellektuellen Kreisen. Doch die Anschläge des 11. Septembers verwandeln die Stadt; ihre kosmopolitische Offenheit weicht Verunsicherung und Misstrauen. Erst verliert Chuck seinen gut bezahlten Job, dann verschwindet plötzlich ihr Freund, den alle nur *the Shaman* nennen. Als sie ihn in seinem Haus in Connecticut aufsuchen, werden sie bei einer Razzia von Terrorfahndern wegen des Verdachts, einen Terroranschlag vorzubereiten, festgenommen. Zwar wird Chuck aus der Untersuchungshaft entlassen, doch das Stigma des *Arab* haftet ihm weiter an. Menschen auf der Straße mustern oder meiden ihn, und selbst seine pakistanischen Bekannten distanzieren sich zusehends von ihm, aus Angst, mit ihm und dem Verdachts des Terrorismus in Verbindung gebracht zu werden. So verliert er auch seinen neuen Job als Taxifahrer für das Unternehmen eines Freundes. Ohne einen Job hat Chuck keine Aussicht auf Verlängerung seiner auslaufenden Aufenthaltsgenehmigung. Findet er innerhalb einer Woche keine neue Anstellung, droht ihm die Abschiebung. Doch angesichts der Demütigungen, die ihm in New York widerfahren, stellt sich für ihn die Frage, wo seine ,wahre' Heimat ist. An die Stelle der Freiheit, sich nirgends einordnen zu müssen, tritt für Chuck die Sehnsucht, überhaupt irgendwo dazuzugehören.

Naqvi schneidet in *Home Boy* eine Vielzahl von Themen an, die sich für einen Zugang durch die Transnational Cultural Studies eignen: Die Möglichkeiten und Grenzen transkultureller Identitätsentwürfe sowie die Spannung zwischen der Möglichkeit der freien Entfaltung kultureller Identität und dem Wunsch nach Zugehörigkeit und Selbstvergewisserung (*cultural hybridity/hybrid identities/belonging and not belonging*); die fortwährende, regulierende Kraft des Nationalstaats in der Vergabe von Staatsbürgerrechten (*nation*); die Folgen des transnationalen Terrorismus und die Entstehung von transnationalen Sozialräumen zwischen Migranten und ihren Familien im Heimatland (*transnational spaces*); die Bedeutung des Begriffs der ‚Heimat' (*home*). Auch bietet er neue Perspektiven auf ‚klassische' Themen des interkulturellen Fremdsprachenunterrichts; zu nennen sind diesbezüglich die kulturelle Bedeutung des 11. Septembers und die Rolle, die Amerika um die Jahrtausendwende in der internationalen Politik gespielt hat oder auch der Status Quo des *American Dream/Nightmare*, auf den das Buch vor allem implizit verweist.

Über die reine Textarbeit hinaus eröffnet *Home Boy* vielfältige Möglichkeiten einer vertieften Auseinandersetzung mit den angesprochenen Themen und Konzepten und den mit ihnen verbundenen gesellschaftlichen Diskursen. Besonders im Bezug auf den Zusammenhang und die Transformation der Konzepte der *cultural identity* und *home* bietet der Roman interessante Ansatzpunkte. Dieser Themenkomplex lässt sich beispielsweise in Form eines über mehrere Doppelstunden angelegten Textprojekts (vgl. Legutke/Schmidt 2009) in ihrer Tiefe erschließen und aus unterschiedlichen Perspektiven betrachten. Die Bearbeitung erfolgt dabei in Kleingruppen, die sich entweder alle mit dem selben Themenkomplex beschäftigen, sich den selben Themen aus unterschiedlichen Blickwinkeln nähern oder unterschiedliche Felder behandeln (von denen das hier vorgestellte nur eines ist).

Ein solches Projekt kann – entsprechend der oben vorgenommenen Definition – sowohl inter- als auch transkulturelle Lernprozesse anregen. Dies sind auf der Seite des interkulturellen Lernens Aufgabenformate, welche auf Perspektivübernahme und Dezentrierung sowie einem Vergleich zwischen der ‚eigenen' und ‚fremden' Kultur zielen. Dazu zählen u.A. die Einnahme der Innenperspektive Chucks, die Bedeutung selbst gewählter und von außen auferlegter kultureller Identität, oder ein Vergleich der Auswirkungen des 11. Septembers in den USA und Deutschland/Europa (z.B. durch den *homeland security act* von 2002/die Wiedereinführung der Rasterfahndung 2004 sowie die vor allem durch die hier wie dort von rechtskonservativen Medien heraufbeschworene Angst vor Islamisierung auf die Identität muslimischer Bürger).

Über diese interkulturellen Zugänge hinaus lassen sich durch die Diskussion dieses Themenkomplexes auch transkulturelle Lernprozesse initiieren. Spannend ist diesbezüglich eine Betrachtung der sich im Laufe des Romans wandelnden Bedeutung des Konzepts der ‚Heimat', welche auch im Hinblick auf die Erfahrungen der Schülerinnen und Schüler (z.B. im Vergleich mit ihrer Eltern- und Großelterngeneration) nachvollzogen werden kann. Eine weitere transkulturelle Perspektive auf den Themenkomplex bietet die Analyse der Bedeutung der verschiedenen Schauplätze in *Home Boy*: So erscheint New York in der Zeit vor den Anschlägen in Chucks Beschreibungen als durch und durch ‚transkultureller', fast utopischer Ort, an dem Identitätsformation als ein Akt der spielerischen Selbsterfindung ist. Wie fragil diese Utopie jedoch ist, wird im Laufe des Buchs deutlich, als Chuck mit dem aufkeimenden Rassismus seiner Mitbürger konfrontiert wird. New York, wo Chuck sich zu Beginn seiner Erzählung noch ‚heimisch' fühlt, wird ihm bald ‚unheimlich', sodass er sich mehr und mehr nach seiner ‚ursprünglichen Heimat' Karachi sehnt, wo ihm Identität und Zugehörigkeit sicher scheinen. Diese beinahe dystopische Wendung, die Chucks Geschichte am 11. September nimmt, vermag auch die Grenzen der Herausbildung hybrider Identitäten aufzuzeigen und ermöglicht eine durchaus kritische Auseinandersetzung mit diesem Thema.

5 Fazit

Ziel dieses Beitrags war es, der gegenwärtigen Diskussion um inter- und transkulturelle Ansätze in der englischen Kultur- und Literaturdidaktik mit dem Ansatz der Transnational Cultural Studies eine Facette hinzuzufügen. Es sollte gezeigt werden, wie dieses Konzept einerseits neue Zugänge zur Erarbeitung literarischer Texte im Unterricht eröffnen, andererseits Lehrerinnen und Lehrer bei der Auswahl und Erschließung literarischer Texte sowie der Konzeptionierung von Unterrichtsreihen unterstützen kann. Letzteres ist zukünftig z.B. in NRW bedeutsam, wo es ab dem Abiturjahrgang 2014 keine obligatorische Lektüre im Bereich der neueren englischsprachigen Literatur mehr geben wird. Dies bedeutet auf der einen Seite zwar eine größere Gestaltungsfreiheit für Lehrerinnen und Lehrer, erfordert aber auch eine gewisse Unterstützung hinsichtlich der Auswahl und der didaktischen Aufbereitung literarischer Texte. Die Transnational Cultural Studies suchen einen Anschluss der Literatur- und Kulturdidaktik an die Themen und Fragestellungen der zeitgenössischen Literatur- und Kulturwissenschaft und schenken bislang eher vernachlässigten, weil schwer zu kategorisierenden Literaturen und Kulturen ihre Aufmerksamkeit.

Literatur

Al-Ali, Nadje/Khoser, Khaled (Hg.): New Approaches to Migration? Transnational communities and the transformation of home, London, 2002.

Anderson, Benedict: Imagined communities. Reflections on the Origin and Spread of Nationalism, London, 1983.

Baumann, Gerd: The Multicultural Riddle. Rethinking National, Ethnic and Religious Identities, New York, 1999.

Bhabha, Homi K.: The location of culture, London, 1994.

Bredella, Lothar: Transkulturalität oder Interkulturalität? Kulturen abschaffen oder mit und in ihnen leben?, in: Lothar Bredella (Hg.): Das Verstehen des Anderen. Kulturwissenschaftliche und literaturdidaktische Studien, Tübingen, 2010, 126–148.

Delanoy, Werner: Transculturality and (Inter-)Cultural Learning in the EFL Classroom, in: Werner Delanoy und Laurenz Volkmann (Hg.): Cultural studies in the EFL classroom, Heidelberg, 2006, 233–248.

Fluck, Winfried/Brandt, Stefan/Thaler, Ingrid: Introduction: The Challenges of Transnational American Studies. In: REAL 23, Tübingen, 2007.

Hallet, Wolfgang, Fremdsprachenunterricht als Spiel der Texte und Kulturen, Trier, 2002.

Hessisches Kultusministerium (Hg.): Bildungsstandards und Inhaltsfelder. Das neue Kerncurriculum für Hessen. Sekundarstufe I – Gymnasium. Moderne Fremdsprachen, Wiesbaden, 2011.

Jay, Paul: Global Matters. The Transnational Turn in Literary Studies, Ithaca, 2007.

Kraidy, Marwan M.: Hybridity, or the Cultural Logic of Globalization, Philadelphia, 2005.

Legutke, Michael/Schmidt, Sebastian: Nick Hornbys Slam: Szenarien für ein Textprojekt, in: Wolfgang Hallet und Ansgar Nünning (Hg.): Handbuch Romandidaktik. Theoretische Grundlagen, Methoden, Lektüreanregungen, Trier, 2009.

Lenz, Günter H.: Towards a Politics of American Transcultural Studies: Discourses of Diaspora and Cosopolitanism. In: Winfried Fluck et al. (Hg.): Re-Framing the Transnational Turn in American Studies, Hanover, 2011

Lösch, Klaus: Begriff und Phänomen der Transdifferenz. In: Lars Allolio-Näcke et al. (Hg.): Differenzen anders denken. Bausteine zu einer Kulturtheorie der Transdifferenz, Frankfurt, 2005, 26-52.

Naqvi, H. M.: Home Boy, London, 2010.

Pease, Donald E.: National Identities, Postmodern Artifacts and Postnational Narratives, in: boundary 2 19 (1), 1992.

Pease, Donald E.: Introduction. Remapping the Transnational Turn, in: Winfried Fluck, Donald Pease und John Carlos Rowe (Hg.): Reframing the transnational turn in American studies, Hanover, 2011.

Pennycook, Alastair: Global Englishes and Transcultural Flows, New York: Routledge, 2007.

Risager, Karen: Intercultural Competence in the Cultural Flow, in: Michael Byram und Adelheid Hu (Hg.): Interkulturelle Kompetenz und fremdsprachliches Lernen. Modelle, Empirie Evaluation, Tübingen, 2009.

Vertovec, Steven: Transnationalism, New York, 2009.

Walkowitz, Rebecca L.: The Location of Literature: The Transnational Book and the Migrant Writer, in: Contemporary Literature 17 (4), Madison, 2006.

Welsch, Wolfgang. Transkulturalität. Lebensformen nach der Auflösung der Kulturen, in: Kurt Luger und Rudi Renger (Hg.): Dialog der Kulturen. Die multikulturelle Gesellschaft und die Medien, Wien, 1994, 147-169.

Welsch, Wolfgang: Transkulturalität. Zur veränderten Verfaßtheit heutiger Kulturen, in: Zeitschrift für Kulturaustausch 45 (1), 1995, 39-44.

Welsch, Wolfgang: Auf dem Weg zu transkulturellen Gesellschaften, in: Lars Allolio-Näcke et al. (Hg.): Differenzen anders denken. Bausteine zu einer Kulturtheorie der Transdifferenz, Frankfurt, 2005, 314-341.

Resehavanar's Choice
Science-Fiction, Utopie und transkulturelle moralische Bildung im Englischunterricht der Sekundarstufe II

Jürgen Wehrmann

Abstract

Anhand von Beispielen aus Ursula K. Le Guins *Hainish*-Zyklus werden Möglichkeiten vorgeschlagen, wie Science-Fiction beim transkulturellen Lernen einsetzbar ist: Transkulturelle literarische Utopien erlauben, die utopische Dimension von Transkulturalität – als einem normativ aufgeladenen, noch zu vollendenden Gesellschaftsmodell – zu reflektieren und zu diskutieren. Mit in der Science-Fiction dargestellten fiktiven kulturellen Kontakten und Konflikten kann der kontextsensitive Umgang mit transkulturellen moralischen Dilemmata erprobt werden. Der Beitrag plädiert dafür, die Einübung von Empathie und Perspektivübernahme konsequent mit der Förderung differenzierten moralischen Urteilens und Argumentierens zu verknüpfen. Eine transkulturelle moralische Bildung sollte im Anschluss an Wolfgang Welsch und Lothar Bredella eine Überwindung sowohl des Kulturrelativismus als auch des Universalismus anstreben.

1 *Surfing the Paradigm:* Science-Fiction, Inter- und Transkulturalität

In neueren fachdidaktischen Beiträgen wird immer wieder die Förderung und Schulung des Fremdverstehens als eine wesentliche Funktion der Verwendung von Science-Fiction im Fremdsprachenunterricht genannt (vgl. z.B. Lütge 2007:40, Hescher 2002:161, Enter 2001:16, Lutz 2001:19). Bisher ist dies jedoch noch kaum expliziert oder an Beispielen konkretisiert worden. Weder die Science-Fiction-Medienangebote, welche die Kultusministerien vorschreiben bzw. empfehlen, noch die in fachdidaktischen Aufsätzen vorgestellten Science-Fiction-Texte und -Filme thematisieren in erster Linie Begegnungen mit dem Fremden. Vielmehr dient Science-Fiction im Unterricht meist der Problematisierung von bio-, technik- oder medienethischen bzw. – im Falle der Subgenres (fiktionale) Utopie und Dystopie[1] – von allgemeinen politischen Fragen, und zweifellos erfüllt die Science-Fiction in diesen Bereichen ihre zentrale Bildungsfunktion: Es gibt viele Nicht-Science-Fiction-Filme und -Texte, an denen kultu-

---

1 Ich unterscheide zwischen „fiktionaler Utopie" als literaturwissenschaftlichem Gattungsbegriff einerseits und „Utopie" als einem weiter gefassten philosophischen Begriff andererseits, wie er vor allem seit Ernst Bloch für den Entwurf einer optimalen bzw. besseren Gesellschaft geprägt wurde. In der Literaturwissenschaft herrscht ein recht breiter Konsens, dass fiktionale Utopien und Dystopien als Teil der Gattung Science-Fiction betrachtet werden sollten (vgl. z.B. Jameson 2007:xiv, Malmgren 1991:17f., Suvin 1979:61).

relle Differenz erfahren und Fremdverstehen geschult werden kann. Das ist anders bei Themen wie dem Unterschied zwischen Lebewesen und Maschinen, den gesellschaftlichen Folgen von Gentechnik, Nanotechnik, virtueller Realität, psychopharmakologischem Enhancement etc. sowie vor allem bei der Frage, wie unsere Zukunft aussehen könnte oder müsste.

So scheint die eher beiläufige Inanspruchnahme einer Schulung des Fremdverstehens durch Science-Fiction kaum mehr als ein wenig ausgeführter Versuch zu sein, Anschluss an die inter- und transkulturellen Paradigmen innerhalb der Fremdsprachendidaktik zu finden, in welche die Science-Fiction und die anhand von ihr traditionell behandelten Themen auf den ersten Blick nicht recht passen wollen. Tatsächlich jedoch eröffnen die inter- und transkulturellen Paradigmen Zugänge zu Texten innerhalb der Science-Fiction, die kulturelle Pluralität, Kontakte zwischen Kulturen und kulturelle Transformationsprozesse in komplexer Weise reflektieren und bisher im Unterricht kaum aufgegriffen worden sind. Umgekehrt könnten Perspektiven und Praktiken, wie sie im didaktischen Umgang mit Science-Fiction verbreitet sind oder doch durch Form und Themen der Gattung nahe liegen, die entstehende transkulturelle Literaturdidaktik bereichern: etwa der grundsätzliche, philosophische Zug, der der Gattung inhärent ist, die spielerische utopische Imagination sowie die Förderung der moralischen Diskurs- und Urteilsfähigkeit. Um dies aufzuzeigen, müssen auch Aspekte von Wolfgang Welschs Konzept der Transkulturalität betrachtet werden, die meiner Ansicht nach noch zu wenig in der Fremdsprachendidaktik berücksichtigt wurden.

2   Transkulturalität als Utopie – transkulturelle Utopien in der Science-Fiction

Fremdsprachendidaktiker beziehen sich meist auf Welschs Konzept der Transkulturalität, um eine empirisch gegebene globale Situation zu beschreiben. Dass Kulturen heute nicht mehr homogen und in sich geschlossen, sondern in allen Dimensionen zunehmend hybrid und miteinander verflochten sind und dass fast alle Individuen heute in ihre Identität und ihre Lebenswelt eine Vielzahl kultureller Muster unterschiedlichster Herkunft integriert haben, sind deskriptive Behauptungen Wolfgang Welschs, die kaum bestreitbar sind. Welsch selbst aber versteht den Begriff gleichzeitig als normativ: Er betrachtet Transkulturalität auch als ein positives Modell, als ein Projekt, das ein besseres Zusammenleben als Herders Kugelmodell ermöglicht und für das sich Kulturen und Individuen bewusst entscheiden sollten (Welsch 2010:2). Der utopische Charakter des Kugelmodells ist bei Herder sehr viel offensichtlicher, weil er in der von Welsch zitierten Passage direkt der Frage folgt, welche Form des Zusammenlebens zum größten Glück der Menschen führe: Herder argumentiert, jene Kultur sei die glücklichste, die am meisten auf sich selbst konzentriert sei und in der sich alle Elemente zu einer schönen, harmonischen, in sich konsequenten Einheit zusammenfügten (Herder 1990:34-36). Keineswegs beschreibt das Kugelmodell bei Herder die Gegenwart – sieht er doch die eigene Zeit von einer Auflösung der Nationalkulturen in einer französisch dominierten europäischen Kultur gekennzeichnet (ebd.:75) – , sondern bildet die Grundlage seiner Forderung nach einer Erneuerung der deutschen Kultur und, in weiterer historischer Perspektive, den Kern vieler nationalistischer „Partialutopien" im Sinne Blochs.[2] Welsch antwortet auf diese utopische Argumentationsstruktur, indem er zwar belegt, dass Kulturen nicht die Homogenität und Separiertheit besitzen, die sie nach dem Kugelmodell haben sollten, aber auch einigen Raum auf das utopische Potential einer transkulturellen Welt aufwendet: keine gewaltsamen Ausschlüsse nach innen oder Abgrenzungen nach außen (Welsch 2010:2f.), keine schicksalhafte Vorgegebenheit kultureller Muster und damit eine größere Freiheit der Individuen (ebd.:6,15), bessere Verständigungsmöglichkeiten zwischen Individuen und Gruppen lokal wie global (ebd.:6f.) und damit die Möglichkeit zu mehr globaler Gemeinschaftlichkeit, wenn nicht gar zu einer „Family of Man" (ebd.:16).

Transkulturalität auch als Utopie zu begreifen, eröffnet fruchtbare Perspektiven für den Unterricht. Zum einen lassen sich so die normativen Aspekte des Konzepts offen reflektieren und im Vergleich zu Kugelkultur-Utopien diskutieren. Denn das faktische Vorhandensein von Transkulturalität verhindert ja nicht, dass Individuen weiterhin die Wahl haben, nationalistische oder fundamentalistische Partialutopien zu verfolgen, um diesen Zustand abzuschaffen oder zu minimieren. Zum anderen schärft ein Verständnis von Transkulturalität als utopischer Entwurf menschlichen Zusammenlebens den Blick dafür, dass Transkulturalität von Menschen ausgestaltet werden kann und muss[3], und damit den Blick für all die Leerstellen in Welschs Konzept, auf die wiederholt hingewiesen wurde:[4] Wie verhält sich Transkulturalität zu globalen politischen und ökonomischen Ungleichgewichten? Wie kann man Individuen einen möglichst breiten Zugang zu kulturellen Mustern eröffnen, damit sie ihre Lebensweise frei wählen können? Zerstört eine transkulturelle Situation notwendig Kulturen und kulturelle Praktiken? Droht eine Inflation und Beliebigkeit von Mustern, die Verwand-

---

2 vgl. Blochs Analyse des Zionismus (Bloch 1985:680-683, 698-713).
3 Julian Nida-Rümelin zufolge ist seit der Aufklärung „die Idee der konkreten Gestaltbarkeit des eigenen individuellen Lebens und des Zusammenlebens" (34) zentral für die Utopie.
4 vgl. z.B. für die Fremdsprachendidaktik Delanoy, der einen ganzen Katalog notwendiger Differenzierungen entfaltet (Delanoy 2006:236-239).

lung von Kultur in ein Kaufhaus konsumierbarer Waren, und sollte man diese verhindern? Und wenn ja, wie? Haben Menschen das Recht so kugelförmig und so wenig transkulturell wie möglich zu leben? Welche Rollen sollen Gruppen, Ethnien, Nationalstaaten, internationale und Nicht-Regierungsorganisationen in einer transkulturellen Welt spielen: Wer darf wann wie in welche kulturellen Praktiken eingreifen?

Es war immer die Stärke der fiktionalen Gattung Utopie, politische Probleme zu konkretisieren. Nicht zuletzt deshalb werden fiktionale Utopien und Dystopien bis heute gerne im Unterricht behandelt. Allerdings entwarfen fiktionale Utopien traditionell entweder räumlich und kulturell klar separierte Gesellschaften oder imaginierten weitgehend homogene, nach universalistischen Prinzipien gestaltete Weltstaaten. Ein zeitgemäßes utopisches Denken müsste von einer Pluralität und einer wechselseitigen Durchdringung der Kulturen als einer unvermeidbaren Rahmenbedingung wie auch als einem zu erhaltendem Gut ausgehen.

Die Amerikanerin Ursula K. Le Guin (* 1929) hat während der letzten 40 Jahre in einer Vielzahl von fiktionalen Utopien, Romanen, Kurzgeschichten und Essays utopische Vorstellungen reflektiert, kritisiert, variiert und neu entworfen. Mit Recht erfährt ihr Werk deshalb im aktuellen literatur- und politikwissenschaftlichen Diskurs über Utopien einige Aufmerksamkeit (vgl. z.B. Seyferth 2008, Burns 2008, Jameson 2007, Davis 2005). Um einzelne Texte zu beschreiben oder auch die ganze Breite ihres utopischen Schreibens zu erfassen, hat man mit jeweils guten Gründen zu einer Vielzahl von Kategorien gegriffen – „anarchistisch", „feministisch", „taoistisch" oder „ökofeministisch" dürften dabei die am meisten verwendeten sein[5] –, doch zugleich durchzieht viele von Le Guins Texten ein utopisches Motiv, das man transkulturell nennen kann.

Den Hintergrund der lose miteinander verbundenen Science-Fiction-Romane und Erzählungen des so genannten *Hainish*-Zyklus bildet nämlich das „Ekumen", ein Bund von über 80 von Humanoiden bewohnten Planeten bzw. von etwa 3.000 Staaten und Gruppen auf diesen. Die Ökumene[6] verfügt über keine Zentralregierung, sondern lediglich über eine Behörde, welche die Kommunikation, den Handel und die Kooperation zwischen den viele Lichtjahre voneinander entfernten Mitgliedern koordiniert bzw. herstellt. Alle diese Welten, darunter die Erde, wurden einige 100.000 Jahre vor der Zeit der Handlung

---

5   vgl. die Darstellung der Rezeptionsgeschichte von Le Guins Werk bei White.
6   So übersetzt Seyferth „Ekumen", was heute vor allem Assoziationen mit dem Dialog der christlichen Glaubensgemeinschaften weckt, sich aber besser mit der Sozialutopie der Stoiker, der Ökumene als „gemeinsamen Herd der Welt", als „Internationale aller vernünftigen Wesen", in Verbindung bringen lässt (vgl. Bloch 1985:573).

von einem Planeten – Hain – aus besiedelt, verloren jedoch in der Folge meist für viele Tausend Jahre den Kontakt zueinander. Während ein besonderer Apparat die Kommunikation zwischen den Mitgliedern in Echtzeit ermöglicht, verfügen sie über Raumschiffe, die „lediglich" annähernd Lichtgeschwindigkeit erreichen; jeder Transport und jede Reise ist mit einem Zeitverlust von Jahrzehnten verbunden, die die Reisenden subjektiv als Tage oder Wochen erleben: Über diesen Abgrund von Zeit und Raum, so lautet eine wesentliche Prämisse Le Guins, sind Besatzung, Herrschaft und Krieg nicht erfolgreich möglich – nur Handel und kultureller Austausch (Le Guin 1976:35). Die Behörde der Ökumene ist unabhängig von den jeweiligen Regierungen der Mitglieder und verfolgt offiziell nur das Interesse eines freien und gerechten Austauschs von Informationen und Gütern. Die Romane und Erzählungen des Hainish-Zyklus spielen meist auf einem Planeten, mit dem die Ökumene erst vor kurzem Kontakt aufgenommen hat; sie handeln für gewöhnlich davon, wie die Abgesandten der Ökumene sich mit den Bewohnern des jeweiligen Planeten zu verständigen und ihre Kultur(en) zu verstehen versuchen, wie sich die am Kontakt beteiligten Kulturen und Personen infolge dieser Begegnung verändern und wie die Botschafter der Ökumene Transformationen und Hybridisierungen kultureller Muster befördern oder auch verhindern.

In *The Left Hand of Darkness* (1976) gibt es eine Szene, in welcher der Vertreter der Ökumene einen König zu überzeugen versucht, der Ökumene beizutreten, und dabei die utopischen Ziele des ökonomischen und kulturellen Austausches zwischen den Planeten schlagwortartig zusammenfasst: „Material profit. Increase of knowledge. The augmentation of the complexity and intensity of the field of intelligent life. The enrichment of harmony and the greater glory of God. Curiosity. Adventure. Delight" (Le Guin 1976:34). Der König dagegen fürchtet nicht nur einen Verlust an Souveränität durch das Bündnis, sondern auch den Umsturz seines Weltbildes, seiner Lebensweise und der Gesellschaftsordnung seines Reiches. In dieser Konfrontation steht also eine Figur – der König – vor der Wahl, entweder in ein transkulturelles Geflecht einzutreten oder seine Kultur nach außen abzuschließen. Science-Fiction ermöglicht hier das Versprechen der Transkulturalität anhand eines vereinfachten, verfremdeten Modells zu diskutieren, etwa indem man die Schülerinnen und Schüler durch eine handlungsorientierte Lernaufgabe selbst in die Entscheidungssituation zwischen Transkulturalität und Kugelmodell bringt (z.B. durch einen Tagebucheintrag des Königs, in dem er das Pro und Kontra der Allianz abwägt, oder eine Szene, in der der König mit Beratern über ein mögliches Bündnis debattiert). Im Lektüreprozess findet dabei eine für Science-Fiction typische, radikalisierte „feedback oscillation" (Suvin 1979:71) zwischen Elementen der fiktiven Welt und der ‚Realität' der Schülerinnen und Schüler statt, die in der Auswertungsphase bewusst gemacht und genutzt werden sollte. So bietet es sich z.B. an, Le Guins Ökumene mit der UNO zu vergleichen und herauszuarbeiten, wie letztere eben (noch) keine nichthierarchische und gewaltlose Kommunikation und Kooperation zwischen den Mitgliedern ermöglicht, aber auch dass der Verzicht auf Gewalt unter Umständen bedeutet, radikalen Verstößen gegen die Menschenrechte bis hin zum Genozid zusehen zu müssen. Jede Gestaltung von Transkulturalität wirft grundlegende moralische Probleme auf, die auch der Fremdsprachenunterricht in den Blick nehmen muss.

3   Science-Fiction und transkulturelle moralische Bildung: Jenseits von Universalismus und Relativismus

Dass eine moralische Urteils- und Diskursfähigkeit für interkulturelle Kompetenzen bedeutsam ist, haben sowohl Michael Byram[7] als auch die Giessener Didaktik des Fremdverstehens[8] betont. Trotzdem ist offenbar transkulturelle moralische Bildung[9] noch nicht hinreichend theoretisch in der Fremdsprachendidaktik verankert. Während Michael Byram die Bereitschaft, den Unglauben in fremde Vorstellungen und das eigene Urteilen über die Verhaltensweisen anderer zeitweise zu suspendieren (Byram 1997:34), als wichtigen Bestandteil inter-

---

7   So befindet sich im Zentrum von Byrams Konzept der interkulturellen kommunikativen Kompetenz die Entwicklung eines kritischen kulturellen Bewusstseins, wobei er an ein umfassenderes Konzept politischer Bildung anschließt. Als ein zentrales Ziel politischer Bildung beschreibt Byram die Fähigkeit, soziale Normen zu reflektieren – sowohl Normen der eigenen als auch solche anderer Kulturen. Der Fremdsprachenlerner solle in der Lage sein, die Normen anderer Gesellschaften zu respektieren, aber sie zugleich vernünftig zu bewerten (Byram 1997:44f.). Selbstverständlich stellt sich die Frage, auf welcher Grundlage ein solches moralisches Urteil über die Normen anderer gefällt werden soll. Byram schlägt dafür die Menschenrechte vor, „to avoid the trap of cultural relativism" (ebd.:46) – ein ziemlich deutliches Plädoyer für einen ethischen Universalismus im Fremdsprachenunterricht und gegen einen Kulturrelativismus in moralischen und politischen Fragen.

8   Grundlagentexte der Giessener Didaktik des Fremdverstehens gehen davon aus, dass ethische Argumente die Kultur, aus der sie hervorgegangen sind, transzendieren und auch in einem anderen kulturellen Kontext Gültigkeit besitzen und überzeugen können. Bredella beruft sich an einer Stelle explizit auf Jürgen Habermas' „differenzempfindliche[n] Universalismus" (Bredella 2007:28). Der Diskurs zwischen Vertretern verschiedener Kulturen und die dem Diskurs impliziten Voraussetzungen sollen universell gültige Normen generieren (vgl. auch Bredella u.a. 2000:xxiv).

9   Ich vertrete hier also im Anschluss an Georg Lind (2003) eine integrative Theorie der Moral, die Affekt und Kognition sowie Urteils- und Diskursfähigkeit als nicht voneinander trennbare Aspekte einer moralischen Kompetenz ansieht.

kultureller kommunikativer Kompetenz beschreibt, scheint bei Britta Freitag-Hild dagegen die Suspendierung des eigenen Urteilens über andere nicht eine Phase im Verstehens- und Kommunikationsprozess, sondern das eigentliche Ziel inter- und transkulturellen Lernens zu sein. So strebt ihre Literaturdidaktik die Förderung einer „bewussten Wahrnehmung eigen- und fremdkultureller Sichtweisen" an (Freitag-Hild 2010:344). Kritik an Werten und Normen ist bei ihr nur als „selbstkritische Reflexivität" und die „Überschreitung [eigener] ursprünglicher Sichtweisen" vorgesehen (ebd.:51).

Ein vollständiger Verzicht auf das moralische Beurteilen des Verhaltens von Personen, die nicht zur eignen Kultur gehören, setzt wohl voraus, dass die eigene und die fremde Kultur klar voneinander trennbar und Kontakte zwischen ihnen räumlich und zeitlich begrenzt sind. Wenn dieser Verzicht kulturrelativistisch motiviert sein sollte, wäre es ein Selbstwiderspruch, durch die Auseinandersetzung mit anderen Sichtweisen eine Kritik eigener Werte und Normen anzustreben.

Ohnehin lässt sich in einer globalen transkulturellen Situation eine kulturrelativistische Position nicht beziehen. Der Kulturrelativismus behauptet, dass alle Werte und Normen als Traditionen zu verstehen sind, die aus einer bestimmten Kultur hervorgegangen sind. Es gebe keine Möglichkeit, Werte und Normen durch die Vernunft zu überprüfen, denn das, was Menschen als Vernunft bezeichneten, sei selbst nur die Summe von Traditionen der jeweils eigenen Kultur. Was als gerecht und moralisch gut betrachtet wird, sei vollständig abhängig von der jeweiligen kulturellen Herkunft, und es sei unmöglich, von gerecht oder moralisch gut in einem universalen Sinne zu sprechen. In einer transkulturellen Welt werden allerdings die Individuen mit einer Vielzahl von kulturellen Mustern konfrontiert; die Werte, Normen und Routinen, mit denen sie aufgewachsen sind, bilden nicht vollständig das Schicksal der Individuen, sondern können – in durch die jeweiligen konkreten Bedingungen unterschiedlichem Maße – reflektiert, kritisiert, durch andere ausgetauscht, mit ihnen kombiniert oder durch neue ersetzt werden. Entscheidungen zwischen kulturellen Mustern sind offensichtlich möglich und unvermeidlich, und für diese ist die Herausbildung einer – auch ethischen – Urteilsfähigkeit notwendig.

Doch auf welcher Grundlage erfolgen diese Urteile? Majorisieren und assimilieren hier bestimmte kulturelle Muster andere? Oder können die Individuen auf eine überkulturelle Vernunft rekurrieren, durch die sie die verschiedenen Kulturen beurteilen? Lothar Bredella unterstellt Welsch, dass dieser glaube, „aus der Höhle [seiner] Kultur" herausgetreten zu sein und die Kulturen von einem kulturunabhängigen, universalistischen Standpunkt beurteilen zu können (Bredella 2010:148). Hier, wie auch an anderer Stelle, zeigt sich, dass die Fremdsprachendidaktik bisher weithin Welschs Aufsätze zur Transkulturalität isoliert und nicht im Zusammenhang mit seinem übrigen philosophischen Werk rezipiert hat. Tatsächlich ist Welschs Konzept der Transkulturalität nur ein Nebenprodukt von Welschs umfassender Auseinandersetzung mit der poststrukturalistischen und postmodernen Vernunftkritik (*Unsere postmoderne Moderne*) und seiner Entwicklung eines neuen Vernunftbegriffs (*Vernunft*). Welschs Konzept der transversalen Vernunft impliziert aber gerade eine solche „dritte, vermittelnde Position" (Bredella 2010:143) zwischen Universalismus und Relativismus, wie sie Bredella fordert: Welsch geht von einer unübersichtlichen Pluralität von Rationalitäten und Paradigmen aus, welche irreduzibel verschieden und zugleich untereinander durch Übergänge und Verflechtungen gekennzeichnet, ja bis ins Innerste durch diese Bezüge aufeinander konstituiert seien. Vernunft sei in der Lage, zwischen konfligierenden Ansprüchen der Rationalitäten und Paradigmen zu entscheiden, aber nicht indem Vernunft sich über die Rationalitäten und Paradigmen stelle, sondern nur indem sie inmitten von ihnen die Verflechtungen und Übergänge aufsuche und diese kläre. Der Begriff der Transkulturalität ist aus dem Konzept der transversalen Vernunft entwickelt, und Methoden der transversalen Vernunft können auf transkulturelle Probleme unmittelbar angewendet werden, wie dies Welsch in seinem Hauptwerk *Vernunft* an dem Problem der transkulturellen Geltung der Menschenrechte vorführt (Welsch 1996:739-747).

Nimmt man den Ansatz der transversalen Vernunft ernst, dann dürfte eine transkulturelle moralische Bildung weniger eng an klar umrissenen Dilemmata orientiert sein, wie dies für die Werterziehung in der Tradition von Kohlberg typisch ist (vgl. z.B. Lind 2003, Edelstein u.a. 2001). Zweifellos lässt sich auch das wohl zentrale moralische Problem bei inter- und transkulturellen Kontakten als Dilemma formulieren: Eine Person, Gruppe oder Kultur behandelt Menschen nach einem traditionellen kulturellen Muster, das gegen die Menschenwürde verstößt, etwa durch eine massive Verletzung der Selbstbestimmung oder der körperlichen Integrität. Wenn man den Verstoß gegen die Menschenwürde zu verhindern versucht, verletzt man selbst die Selbstbestimmung derjenigen, die nach ihrem traditionellen kulturellen Muster handeln. Ignoriert man aber den Verstoß, duldet man das Unrecht und wird bis zu einem gewissen Grad mitverantwortlich. – Allerdings zeigt sich bei näherer Betrachtung, dass es bei einem adäquaten Umgang mit diesem zentralen transkulturellen Dilemma auf ein möglichst differenziertes Verständnis der Situation, des kulturellen Musters und der von beiden Seiten vertretenen Werte ankommt, ein Verständnis, das anhand der bei Lind vorgesehenen knappen semi-realen Formulierung nicht gefördert werden kann.

Literarische Erzählungen sind eine bessere Grundlage zur Förderung einer transkulturellen moralischen Diskurs- und Urteilsfähigkeit, weil sie transkultu-

relle Dilemmasituationen komplexer darstellen. Doch scheinen mir Britta Freitag-Hilds Unterrichtsbeobachtungen wie auch eigene Erfahrungen nahe zu legen, dass Dilemmasituationen in *fictions of migration* auf eine für die Lernenden
so realistische Weise vorkommen, dass starke lernhemmende Emotionen ausgelöst werden können. Der Konflikt zwischen konservativen und fundamentalisti-
schen islamischen Vorstellungen einerseits und den Menschenrechten andererseits ist den Lernenden aus dem öffentlichen Diskurs zu vertraut, als dass sie
ohne weiteres zu einem eigenen differenzierten moralischen Urteil gelangen
könnten. Einige Schülerinnen und Schüler fühlen sich persönlich zu involviert,
ordnen sich einer Seite des Konflikts zu oder fühlen sich zwischen den Parteien
zerrissen. Außerdem meinen alle – oft fälschlicherweise – sich mit diesem Konflikt gut auszukennen, so dass man nur schwer über stereotype Deutungsmuster
hinausgelangt. Gleichzeitig sitzt den Lehrenden der Alp der politischen Korrekt-
heit im Nacken. Die Lehrenden laufen so Gefahr, die Entwicklung einer ergeb-
nisoffenen, alle Alternativen frei erwägenden Reflexion eher zu hemmen als zu
fördern.

Die Thematisierung von fiktiven Kulturkonflikten mittels angemessener
Science-Fiction-Texte, etwa aus dem *Hainish*-Zyklus von Ursula K. Le Guin,
könnte den Umgang mit dem oben beschriebenen zentralen Dilemma erleichtern
und insofern eine interessante Ergänzung für eine transkulturelle Literaturdidaktik darstellen (vgl. auch Enter 2001:16). Die Erzählung „The Matter of Seggri"
(Le Guin 1994) z.B. wirft auf kleinem Raum mittels verschiedener fingierter
Textsorten wie Raumschifflogbüchern, Agentenberichten, Kurzgeschichten und
Autobiographien Schlaglichter auf transkulturelle Prozesse, die durch den Kontakt der Ökumene mit einer matriarchalischen Gesellschaft ausgelöst werden. Zu
Beginn der mehrere Jahrhunderte umfassenden Handlung besteht die Bevölkerung Seggris zu ca. 94 % aus Frauen und zu 6 % aus Männern; eine Agentin der
Ökumene beschreibt Seggri als eine Gesellschaft, „in which [...] the men have
all the privilege and the women have all the power" (Le Guin 1994:31). Während die Frauen für sich eine egalitäre, hochgradig pragmatische und kooperati-
ve Gesellschaft mit einigen utopischen Zügen – es kommt offenbar zwischen
den Frauen keine Gewalt und nahezu keine Hierarchie, keine Verstellung und
kein Konkurrenzverhalten vor – bilden, ist das Leben der Männer auf so genannte „castles" im Zentrum der Städte der Frauen und die sie umgebenden Parkan-
lagen beschränkt. Sie verbringen ihre Zeit ausschließlich mit dem Training für
und der Durchführung von sportlichen Wettkämpfen – von denen einige überaus
grausam und gewalttätig sind –, um die strikte Hierarchie unter ihnen immer neu
zu bestimmen. Sieger werden von den Frauen wie Idole verehrt und dürfen die
örtlichen „fuckeries" besuchen, wo Frauen sie dafür bezahlen, mit ihnen Ge-
schlechtsverkehr zu haben. Alle anderen Bereiche der Gesellschaft – wie Politik,

Wirtschaft, Recht, Wissenschaft usw. – finden ohne die Beteiligung von Männern statt.

Die ersten Agenten der Ökumene, die Seggri besuchen – eine Frau und ein Mann – sind lediglich „Observers", die zunächst vor der offiziellen Kontaktaufnahme die Gesellschaft des Planeten näher erforschen wollen, ohne ihre Identität preiszugeben. Dort angekommen werden sie sofort voneinander getrennt, und die Frau fühlt sich bald gezwungen, ihre Herkunft den Frauen von Seggri zu offenbaren – auch um etwas über das Schicksal des Mannes zu erfahren, ihn, wenn nötig, aus den „castles" herausholen zu können. Dies ist ein Schritt, den sie als hochproblematisch empfindet; sie schreibt in ihren Berichten, dass sie vor „Resehavanar's Choice" stehe (Le Guin 1994:27). Es handelt sich um die schillerndste Leerstelle im Text: Weder erfährt der Leser, wer Resehavanar war oder welcher Situation er sich gegenübersah – und erst recht nicht, zwischen welchen Alternativen Resehavanar wählte. Offensichtlich ist nur, dass die Agentin die Befürchtung hat, dass eine Kontaktaufnahme der Ökumene mit Seggri die bestehende Gesellschaft zerstören würde. Nach einer Weile teilt sie mit, dass sie „Resehavanar's Choice" getroffen und die Option „Less than the truth" gewählt habe (ebd.:30): Sie gibt freie Auskünfte über naturwissenschaftliche und technologische Errungenschaften ihres Herkunftsplaneten Hain, verschweigt aber die demographische Verteilung der Geschlechter und die Gesellschaftsform auf Hain. Mit Hilfe von Seggri-Wissenschaftlerinnen erfährt sie schließlich, dass ihr Kollege im „castle" umgekommen ist. Kurz darauf verlässt sie den Planeten und empfiehlt der Ökumene, Seggris Kultur unberührt zu lassen. Die Ökumene entscheidet sich allerdings anders.

Dieser Abschnitt der Erzählung bietet vieles: Er unterläuft die Science-Fiction-Lese- bzw. Seherfahrungen der Schülerinnen und Schüler, nach denen zu erwarten wäre, dass die Agentin überlegene technologische Mittel verwendet, um den Agenten zu befreien. Warum sie dies nicht tut, führt ins zentrale inter- bzw. transkulturelle Dilemma. Nicht nur können die Schülerinnen und Schüler das besondere Dilemma der Agentin in seinen konkreten Einzelheiten analysieren und diskutieren. Darüber hinaus können sie die Aufgabe erhalten, die zentrale Leerstelle zu füllen und das gesamte Spektrum von Optionen der moralischen Wahl Resehavanars zu rekonstruieren.

4 Ausblick: Verständigung vor Verstehen, Problemlösung vor Identitätsklärung

Es ist bezeichnend, dass Britta Freitag-Hilds Musterbeispiel einer an einer transkulturellen Literaturdidaktik orientierten Lernaufgabe an die *hot-seat*-Methode anschließt. Fazit ihrer Unterrichtsbeobachtungen ist, dass vor allem das *Verständnis* von Figuren mit anderen Werten und Normen durch Hilfestellungen stärker entlastet werden muss, als dies oft der Fall ist (Freitag-Hild 2010:341-344). Zweifellos muss der Nachvollzug von Motivationen und Positionen von Figuren eine wichtige Dimension transkultureller Literaturdidaktik sein, aber diese muss ergänzt werden durch eine Fokussierung auf transkulturelle moralische Dilemmata und eine bewusste Förderung moralischen Argumentierens, so dass Lernaufgaben gerade auch an Entscheidungssituationen ansetzen und Schülerinnen und Schüler in diese involvieren sollten, z. B. durch handlungsorientierte Methoden wie Rollenspiele, Dialoge oder *dramatic reading*.

Eine transkulturelle Ethik muss im hohen Maße kontextsensitiv sein, die Verflechtungen und Übergänge zwischen verschiedenen Systemen von Werten und Normen aufsuchen und diese klären. Verständigung erfordert aber nicht ein vollständiges Verstehen des anderen oder seiner selbst. In einer transkulturellen Welt unter intern transkulturellen Individuen kann die Klärung kultureller Identität leicht zu einer alles absorbierenden, unabschließbaren Aufgabe werden, die, statt Handlungsfähigkeit zu schaffen, sich in einen lähmenden Fetisch verwandelt. Welsch fordert in diesem Sinne: „weg von hermeneutischen Bemühungen [...] hin zu entschieden pragmatischen Interaktionsbemühungen" (Welsch 2000:346). Auch im Fremdsprachenunterricht sollte meiner Ansicht nach nicht die Erfahrung kultureller Differenz zum zentralen Zweck werden, sondern die Förderung transkultureller Handlungsfähigkeit. Moralische Urteils- und Diskursfähigkeit spielt dabei eine zentrale Rolle: nicht nur im Hinblick auf ethische Probleme, die sich durch Konflikte zwischen unterschiedlichen kulturellen Mustern ergeben, sondern auch auf solche, die sich durch die drohende Klimakatastrophe und schon bestehende oder zukünftige Technologien stellen, und die nur durch transkulturelle Kooperation gelöst werden können. Science-Fiction und Utopien können zur transkulturellen moralischen Bildung einen Beitrag leisten, weil sie einen Zugang zu grundsätzlichen Fragen und zu spielerischen Möglichkeiten der Reflexion bieten – aber auch Perspektiven eröffnen für die Zusammenhänge zwischen Problemen transkultureller Kommunikation und anderen politischen und moralischen Fragen.

Literatur

Bloch, Ernst: Das Prinzip Hoffnung, Frankfurt am Main, 1985.

Bredella, Lothar: Das Verstehen des Anderen, kulturwissenschaftliche und literaturdidaktische Studien, Tübingen, 2010.

Bredella, Lothar: Die Bedeutung von Innen- und Außenperspektive für die Didaktik des Femdverstehens. Revisited, in: Fremdverstehen und interkulturelle Kompetenz, Hg. Lothar Bredella u.a., Tübingen, 2007. S. 11-30.

Bredella, Lothar u.a.: Einleitung: Grundzüge einer Theorie und Didaktik des Fremdverstehens beim Lehren und Lernen fremder Sprachen, in: Wie ist Fremdverstehen lehr- und lernbar?, Tübingen, 2000, S. IX-LII.

Burns, Tony: Political Theory, Science Fiction, and Utopian Literature, Ursula K. Le Guin and The Dispossessed, Lanham u.a., 2008.

Byram, Michael: Teaching and assessing intercultural communicative competence, Clevedon u.a., 1997.

Davis, Laurence u.a. (Hg.): The new utopian politics of Ursula K. Le Guin's The Dispossessed, Lanham u.a., 2005.

Delanoy, Werner: Transculturality and (Inter-)Cultural Learning in the EFL Classroom, in: Cultural Studies in the EFL Classroom, Hg. Werer Delanoy u.a., Heidelberg, 2006.

Edelstein, Wolfgang u.a. (Hg.): Moralische Erziehung in der Schule: Entwicklungspsychologie und pädagogische Praxis, Weinheim u.a., 2001.

Enter, Hans: Science Fiction in der Schule? I: ‚Einstieg' in die Problematik, Fremdsprachenunterricht 45/54:1 (2001), S. 14-16.

Freitag-Hild, Britta: Theorie, Aufgabentypologie und Unterrichtspraxis inter- und transkultureller Literaturdidaktik, British Fictions of Migration im Fremdsprachenunterricht, Trier, 2010.

Herder, Johann Gottfried: Auch eine Philosophie der Geschichte zur Bildung der Menschheit, Stuttgart, 1990.

Hescher, Achim: Do students of English dream of electric sheep? An action-oriented, intermedial approach to the novel made into Blade Runner, Fremdsprachenunterricht 46/55:3 (2002), S. 161-169.

Jameson, Fredric: Archaelogies of the Future, The Desire Called Utopia and Other Science Fictions, New York, 2007.

Le Guin, Ursula K.: The Left Hand of Darkness, New York, 1976.

Le Guin, Ursula K.: The Matter of Seggri, in: The Birthday of the World and Other Stories, London, 2003, S. 23-68.

Lind, Georg: Moral ist lehrbar, Handbuch zur Theorie und Praxis moralischer und demokratischer Bildung, München, 2003.

Lütge, Christiane: Philosophieren mit Science-Fiction? ‚The Matrix' im fortgeschrittenen Englischunterricht, Praxis Fremdsprachenunterricht 4:6 (2007), S. 39-43.

Lutz, Hartmut: Science Fiction in der Schule? II: Utopien, Ideologien und SF im Englischunterricht, Fremdsprachenunterricht 45/54:1 (2001), S. 17-19.

Malmgren, Carl D.: Worlds Apart, Narratology of Science Fiction, Bloomington, 1991.

Nida-Rümelin, Julian: Utopie zwischen Rationalismus und Pragmatismus, in: Die Gegenwart der Utopie, Zeitkritik und Denkwende, Hg. Julian Nida-Rümelin u.a., München, 2011, S. 26-46.

Seyferth, Peter: Utopie, Anarchismus und Science Fiction, Ursula K. Le Guins Werke von 1962 bis 2002, Berlin, 2008.

Suvin, Darko: Metamorphoses of Science Fiction, On the Poetics and History of a Literary Genre, New Haven u.a., 1979.

Welsch, Wolfgang: Transkulturalität: Zwischen Globalisierung und Partikularisierung, Jahrbuch Deutsch als Fremdsprache 26 (2000), 327-351.

Welsch, Wolfgang: Unsere postmoderne Moderne, Weinheim, 1991.

Welsch, Wolfgang: Vernunft, Die zeitgenössische Vernunftkritik und das Konzept der transversalen Vernunft, Frankfurt am Main, 1996.

Welsch, Wolfgang: Was ist eigentlich Transkulturalität?. In: Darowska, Lucyna / Machold, Claudia / Lüttenberg, Thomas (Hrsg.). Hochschule als transkultureller Raum? Beiträge zu Kultur, Bildung und Differenz in der Universität, Bielefeld, 2010, 39- 66. Online verfügbar unter: http://www2.uni-jena.de/welsch/ (zuletzt eingesehen am15.08.2012).

White, Donna R: Dancing with Dragons, Ursula K. Le Guin and the Critics, Columbia, 1999.

Crossing Borders – Ein empirisch begründetes Lehrerbildungsprojekt für den transkulturellen Literaturunterricht im Fach Englisch

Eva Wilden

Abstract

In diesem Beitrag wird ausgehend von empirischen Befunden ein Projektseminar zum Transkulturellen Literaturunterricht im Fach Englisch vorgestellt, dessen Ergebnisse anhand einiger im Projekt entstandener Videoclips skizziert werden. Ausgangspunkt ist eine empirische Bedarfsanalyse (Fragebögen, Gruppeninterviews) unter Lehramtsstudierenden des Fachs Englisch an einer hessischen Universität im Sommer 2011, deren Ergebnisse darauf hindeuten, dass die Befragten ein nur unzureichendes Verständnis vom Konzept des Transkulturellen Lernens haben. Daraus leitet sich die Hypothese ab, dass diese (zukünftigen) Lehrkräfte das im Hessischen Kerncurriculum postulierte Bildungsziel der transkulturellen Kompetenz (Hessisches Kultusministerium, 2010, p. 11) nur unzureichend umsetzen können (werden). Um dem entgegen zu wirken wurde ein handlungsorientiertes Projektseminar zum kreativen und transkulturellen Literaturunterricht auf Basis der Kurzgeschichte ‚Borders' von Thomas King (1983) konzipiert, mit dem Ziel, das transkulturelle Potenzial der Geschichte zu erarbeiten und die Lehrkräfte mit kreativen Methoden des transkulturellen Literaturunterrichts vertraut zu machen. Kernidee des Konzepts ist die Übertragung einer transkulturellen Kurzgeschichte in ein anderes Medienformat, in sog. Handcrafted Video Clips, die mit selbstgemachten Requisiten und allgemein verbreiteten handheld media – also Smartphones, Digitalkameras etc. – erstellt wurden.

1   Einleitung

Ausgangspunkt dieses Beitrags sind Überlegungen zum neuen Hessischen Kerncurriculum (HKM 2010) welches zu Beginn des Schuljahrs 2011/12 in Kraft getreten ist. Darin wird transkulturelle Kompetenz – zusammen mit kommunikativen und sprachlernbezogenen Kompetenzen – als eins der drei Hauptziele des Fremdsprachenunterrichts formuliert. In diesem Zusammenhang betont das neue hessische Curriculum insbesondere die gesellschaftliche Relevanz der transkulturellen Kompetenz, die als gewichtiger Teil der Erziehung zu einer politisch verstandenen Diskursfähigkeit genannt wird:

> Nahezu alle gesellschaftlichen Prozesse sind sprachlich-diskursiv gefasst. In den offenen Gesellschaften eines zusammenwachsenden Europas und einer globalisierten Welt […] ist es notwendig, kommunikative, transkulturelle und sprachlernbezogene Kompetenzen aufzubauen, die für ein erfolgreiches und verantwortungsvolles Handeln erforderlich sind. (HKM 2010:11)

Auch wenn das Kerncurriculum nicht klar zwischen *inter-* und *trans*kultureller Kompetenz unterscheidet und es relativ vage bleibt, was Schülerinnen und

Schüler, Eltern und Lehrkräfte unter letzterer verstehen sollten[1], so ist doch beachtenswert, dass diese Veränderung der Lehrplanterminologie von *inter-* zu *trans-* den jüngsten fachdidaktischen Diskurs aufgreift: Nachdem dieser im deutschsprachigen Raum mehr als ein Jahrzehnt durch Theorien der *Interkulturalität* geprägt war – als Beispiel seien nur einige Autoren genannt wie Lothar Bredella, Michael Byram, Adelheid Hu oder Claire Kramsch – steigt mittlerweile merklich die Anzahl der Forschungsarbeiten und Publikationen, die sich der *Transkulturalität* bzw. deren Bedeutung für den fremdsprachlichen Unterricht widmen (z. B. dieser Sammelband oder Doff & Schulze-Engler, 2011; Freitag-Hild, 2010).

Aus diesem Anlass geht der vorliegende Beitrag – nach einer kurzen Skizzierung des Transkulturalitätskonzepts – der Frage nach, was Fremdsprachenlehrkräfte, als diejenigen, die das neue hessische Kerncurriculum in der Praxis umsetzen werden, unter Transkulturalität verstehen. Anschließend werden mit dem *Handcrafted Video Clip*-Projekt das Konzept und die praktischen Ergebnisse eines universitären Projektseminars in der Englischlehrerausbildung vorgestellt, welches auf Basis der zuvor erhobenen empirischen Befunde konzipiert wurde, um die transkulturellen Kompetenzen angehender Englischlehrkräfte zu fördern.

2   Transkulturalität im Fremdsprachenunterricht

Im Zusammenhang mit der sich verändernden Lehrplanterminologie stellt sich die Frage, was in den Fremdsprachendidaktiken unter dem Konzept der transkulturellen Kompetenz verstanden wird. Im Handbuch Fremdsprachendidaktik fasst Britta Freitag wie folgt zusammen:

> Insgesamt beruhen diese Ansätze zum transkulturellen Lernen auf einem prozesshaften, hybriden und diskursiven Kulturbegriff, der zu einer neuen Aufmerksamkeit für transkulturelle Phänomene in Literatur und Gesellschaft führt. Die Konzepte der Transkulturalität und Hybridität werden genutzt, um den Fremdsprachenunterricht als transkulturellen Handlungsraum zu konzeptualisieren. (Freitag 2010:128)

---

1   Das Kerncurriculum bietet eine kurze Definition des Bildungsziels transkulturelle Kompetenz (HKM 2010:16). Ein Konkretisierung dieses Bildungsziels bzw. Hinweise für Lehrkräfte, anhand derer diese die transkulturelle Kompetenz ihrer Schülerinnen und Schüler im Fach Englisch diagnostizieren können sollen, werden in einem Leitfaden zum Kerncurriculum geben (HKM 2011, 26 u. a.). Beide Dokumente weisen Übereinstimmungen mit dem Interkulturalitätskonzept auf und bleiben eine Erläuterung schuldig, worin sich Inter- und Transkulturalität unterscheiden lassen bzw. weshalb die Lehrplanterminologie geändert wurde.

In diesem Sinne soll Transkulturalität die längst überholte Gleichsetzung von
‚Nation' und ‚Kultur' überwindend sich von einem essentialistischen und stati-
schen Kulturbegriff lösen. Viele Autoren beziehen sich in diesem Zusammenhang auf den Philosophen Wolfgang Welsch, der gegen Herders Kulturkonzept
argumentiert, also gegen ein Verständnis von Kulturen als separate und stabile
Entitäten. Welsch argumentiert, dass Transkulturalität die Möglichkeit eröffne,
hybride kulturelle Identitäten anzuerkennen:

> Transkulturalität dringt nicht nur auf der sozialen Makroebene, sondern ebenso auf
> der individuellen Mikroebene vor. Die meisten unter uns sind in ihrer kulturellen
> Formation durch mehrere kulturelle Herkünfte und Verbindungen bestimmt. Wir
> sind kulturelle Mischlinge. Zeitgenössische Schriftsteller beispielsweise betonen,
> dass sie nicht durch eine Heimat, sondern durch Einflüsse verschiedener Herkünfte
> geprägt sind […]. (Welsch 2005: 326; zit. n. Doff & Schulze-Engler 2011:4)

Insofern erlaube das Konzept der Transkulturalität die Anerkennung der Dynamik von Kulturen als flexible und hybride Prozesse in denen Individuen und
Gruppen „'do culture' as a social practice" (Doff & Schulze-Engler 2011:3).
Dabei werden in Anlehnung an Welschs Argumentation Theorien der interkulturellen Kommunikation teils offensiv kritisiert, da diese eben jenes Problem
hervorbrächten, welches sie eigentlich lösen wollten:

> they posit 'cultures' as separate entities and people as 'belonging' to these separate
> entities, thereby failing to acknowledge the fact that in an increasingly interconnec-
> ted world, cultures are increasingly intertwined and people often constitute their cul-
> tural identities by drawing on more than one culture. (Schulze-Engler 2008:xii)

Andere Autoren indessen, wie z. B. Delanoy (2012), sprechen sich dagegen aus,
*Inter*kulturalität und *Trans*kulturalität als Gegensätze zu behandeln und argumentieren mit Bezug auf die Überschneidungen der Konzepte und im Sinne einer politisch verstandenen kommunikativen Kompetenz für einen Dialog zwischen beiden Ansätzen. Delanoy betont, dass sich beide Theorien im Sinne einer
dialogischen Agenda ergänzten:

> […] even if one theory focussed on mixing [transculturality; EW] and the other on
> separation [interculturality; EW], neither of the two would be superior or inferior per
> se, since hybridization can serve hegemonic interests, while separation can function
> as a necessary moment in an individual's or a group's process of emancipation. (De-
> lanoy 2012:161)

In diesem Zusammenhang spricht er sich im Kontext des fremdsprachlichen Unterrichts für eine Herangehensweise aus, die Grenzüberschreitungen, Vermi-
schungen und Grenzziehungen als einer dialogischen Agenda potenziell sowohl
zuträglich als auch abträglich sieht (ebd.).

In diesem Sinne folgt dieser Beitrag einem Verständnis von Transkulturalität, welches in Rückbezug auf Konzepte und Methoden interkulturellen Lernens Veränderungen von Identitäten, Ideen und kulturellen Praktiken als Norm sieht (vgl. Doff & Schulze-Engler 2011:3; Delanoy 2012:165). Insofern wird Kultur als praktisches Handeln in einem sozialen Kontext (‚*doing culture*') verstanden und der Fokus richtet sich eher auf Individuen denn auf kulturelle Kollektive. Dieses Verständnis verfügt zudem über eine politische Dimension, die sich damit beschäftigt, wer durch Hybridisierung profitiert bzw. wer dadurch benachteiligt wird. Im Zusammenhang dieses Transkulturalitätsverständnisses – und im Gegensatz zu veralteten Ansätzen für das Unterrichten ‚anderer' oder ‚fremder' Kulturen – ergeben sich für heutige Fremdsprachenlehrkräfte zwei Herausforderungen: Zum einen hat sich das *Was*, die Inhalte des Englischunterrichts, verändert. So sind beispielsweise die Neuen Englischen Literaturen durch eine zunehmende kulturelle Komplexität gekennzeichnet. Als ausgewählte Beispiele sei in diesem Zusammenhang auf Autoren wie Hanif Kureishi oder Thomas King oder auf Filme wie ‚Slumdog Millionaire' von Danny Boyle verwiesen. Zum anderen hat sich auch das *Wer* verändert, also die Lernenden, die Fremdsprachenlehrkräfte in heutigen Klassenzimmern in Deutschland unterrichten. Diese Schülerinnen und Schüler verfügen bereits über hybride kulturelle Identitäten, wie zum Beispiel der Zensus des Statistischen Bundesamts von 2010 impliziert, der feststellt, dass an Schulen in Deutschland mehr als ein Viertel (27,4%) der Lernenden im Altern von 10 bis 20 einen sogenannten Migrationshintergrund haben (Statistisches Bundesamt 2010:43).

3   Englischlehrkräfte und transkulturelle Kompetenz: Empirische Ergebnisse

In diesem Zusammenhang stellt sich die Frage, ob Fremdsprachenlehrkräfte tatsächlich das notwendige Vorwissen und Verständnis von Transkulturalität haben, um einerseits die hybriden Identitäten ihrer Schülerinnen und Schüler zu erkennen und andererseits deren transkulturelle Kompetenzen weiter fördern zu können.

Es ist anzunehmen, dass die subjektiven Theorien der betreffenden Lehrkräfte nicht dem Konzept der Transkulturalität entsprechen, welches sich in den Literatur- und Kulturwissenschaft etabliert hat, sondern dass diese eher an älteren Konzepten zum Lehren einer ‚Zielkultur' festhalten. Diese Hypothese basiert auf Gruppeninterviews, die im Rahmen einer Vorstudie[2] mit angehenden Englischlehrkräften durchgeführt wurden, um diese zu ihren deklarativen Konzepten von ‚Transkulturellem Lernen'[3] zu befragen.

Im Folgenden werden zwei pointierte Auszüge aus den Gruppeninterviews vorgestellt und analysiert, die repräsentativ sind für andere von angehenden Lehrkräften in den Interviews getroffene Aussagen. Im ersten Datenbeispiel legt Lehrkraft A ihr Verständnis des transkulturellen Lernens dar:

> Ich verstehe so ein bisschen darunter die Verschwimmung [!] von den Kulturgrenzen. Also es gibt nicht mehr die deutsche Kultur und die englische Kultur. Das heißt man sollte im Unterricht nicht unbedingt auf so einem Klischee herumreiten was jetzt die Briten besonders macht, was die Deutschen besonders macht, sondern erst mal darauf gucken, was ist in meiner Kultur, was macht mich besonders und ja welche Gemeinsamkeiten gibt es vor allem auch. Also wie gehen zum Beispiel, wie verbringen englische Kinder ihren Schultag? Wie verbringen deutsche Kinder Ihren Schultag? Wo sind die Gemeinsamkeiten? (Lehrkraft A)

In dieser Aussage zeigt Lehrkraft A, dass sie sich der vorhandenen kulturellen Hybridität durchaus bewusst ist: Sie hebt z. B. hervor, dass die Grenzen zwischen Kulturen verschwimmen und als nicht mehr so ausgeprägt oder klar abgrenzbar wahrgenommen werden. Anzumerken ist jedoch, dass sie mit dem Vorschlag, tägliche Routinen von Englischen und Deutschen Schulkindern zu vergleichen, ein unterrichtsmethodisches Vorgehen vorschlägt, welches einem überholten Kulturverständnis verpflichtet ist, das Kulturen als separate (nationale) Entitäten versteht. In diesem Zusammenhang könnte man zudem kritisieren, dass sie mit dem Vorschlag, Gemeinsamkeiten in den Fokus zu nehmen, eben diejenigen Spannungen und Brüche ausblendet, welche im transkulturellen Diskurs als zentrale Elemente hybrider Identitäten erkannt werden. Somit vernachlässigt sie die politische Dimension der Transkulturalität, innerhalb derer etwa die Betrachtung von und Auseinandersetzung mit solchen Brüchen und Spannungen zu einer pädagogisch gewünschten Anerkennung und Wertschätzung von Unterschieden und Mischformen sowie einer kritischen Reflexion von

---

2 Die Gruppeninterviews wurden im Sommersemester 2011 mit fortgeschrittenen Studierenden (Ende des Hauptstudiums) für das Lehramt im Fach Englisch an einer deutschen Universität durchgeführt (n=11).

3 Im Sinne der ökologischen Validität wurden die Lehrkräfte in den Gruppeninterviews zu ihrem deklarativen Konzept des ‚transkulturellen Lernens' befragt, auch wenn im Hessischen Kerncurriculum der Begriff ‚transkulturelle Kompetenz' (HKM 2010:15) und im fachdidaktisches Diskurs vorwiegend der Begriff der ‚Transkulturalität' (vgl. z. B. Delanoy 2012 oder Doff & Schulze-Engler 2011) und verschiedene davon abgeleitete Kombinationen verwendet wird.

Machtstrukturen führen könnte, statt lediglich (vorgebliche) Gemeinsamkeiten festzustellen.
Ein weiterer Auszug aus der Aussage einer anderen angehenden Lehrkraft zum transkulturellen Lernen nimmt Bezug auf die Hessischen Lehrpläne:

> Was ich schwierig finde bei dem Aufbau von diesen Themen wie sie im Moment im Curriculum sind ist dass es sich so viel auf Minoritäten konzentriert wird. Klar ist das wichtig. Aber es wird halt ständig (...) und irgendwie so die Hauptkultur das geht meiner Meinung so ein bisschen verloren. Also bei Australien haben wir die Aborigines. Bei Amerika macht man die Schwarzen die unterdrückt werden und eh keine Ahnung. Das ist einfach so (-) Ja was macht es aber wirklich aus? Was unterscheidet die wirklich von uns? Das wird eigentlich überhaupt thematisiert also das ist ein bisschen eine vorgeschobene Überwindung des Ethnozentrismus, ist es aber nicht. (Lehrkraft B)

Zum einen bleibt in diesem Zusammenhang der Bezug der Lehrkraft B auf den Begriff ‚Ethnozentrismus' unklar. Zum anderen kann man ihr vorwerfen, dass sie mit einem so betonten Bezug auf ‚Hauptkultur' und die Frage ‚was macht es aber *wirklich* aus' ein essentialistisches und statisches Kulturverständnis weiterführt, welches in völligem Widerspruch zu einem auf Hybridität und Dynamik von Kulturen basierendem Verständnis von Kultur steht.

Um die auf diesen Gruppeninterviews basierenden Hypothese weiter zu prüfen, dass Lehrkräfte ein nur unzureichendes Verständnis von ‚Transkulturalität' aufweisen, wurde im nächsten Schritt im Sommersemester 2011 eine Erhebung mit offenen Fragen zum transkulturellen Lernen unter Lehramtsstudierenden im Fach Englisch (n=118) an einer deutschen Universität durchgeführt. Die Ergebnisse zeigen, dass sich das deklarative Transkulturalitätskonzept der befragten Studierenden – als Repräsentanten der zukünftigen Lehrergeneration – mehrheitlich nicht mit dem im fachdidaktischen Diskurs etablierten Verständnis von Transkulturalität deckt.

Tab. 1:   *Ergebnisse der Frage ‚Was verstehen Sie unter transkulturellem Lernen?' im Rahmen einer Fragebogenerhebung unter Lehramtsstudierenden des Fachs Englisch*

		%
Antwort nimmt Bezug auf mindestens einen Aspekt von ‚Transkulturalität'	18	15,52
Antwort nimmt keinen Bezug auf die Aspekte von ‚Transkulturalität'	91	78,45
Antwort unklar	7	6,03
Gesamt	116	100,00

Nur rund 15% der Fragebogenantworten konnten als auf den etablierten Transkulturalitätsbegriff Bezug nehmende Antworten kodiert werden, d. h. dass die Befragten zumindest auf einen Aspekt von Transkulturalität (z. B. Hybridität/kulturelle Mischformen und deren Anerkennung, Kultur als Prozess, Fokus auf Individuen) rekurrierten. Jedoch ließ der überwiegende Anteil von über 78% der Antworten auf ein nur unzureichendes deklaratives Verständnis von Transkulturalität schließen, als die Befragten auf keine Dimension von Transkulturalität Bezug nahmen. Im Folgenden werden zur Illustration der Ergebnisse zwei repräsentative Beispielantworten aus der Fragebogenerhebung aufgeführt:

> Transkulturelles Lernen bedeutet, dass man während des Englischunterrichts nicht nur die Sprache beibringt, sondern auch über die Länder und deren Kulturen informiert, in den [!] sie gesprochen wird. (Fragebogen 17)

> [Transkulturelles Lernen bedeutet; EW] Lernziele mittels Inhalten aus anderen Kulturen vermitteln. (Fragebogen 93)

Ähnlich wie in den Gruppeninterviews implizieren diese Lehramtsstudierenden Kulturen als separate Entitäten und Menschen als diesen zugehörig. Dabei fehlt gänzlich der Verweis auf bereits in deutschen Klassenzimmern anwesende hybride kulturelle Identitäten. Stattdessen sehen die Lehrkräfte ihre Aufgaben in der Vermittlung von Wissensbeständen über die sogenannten ‚Zielkulturen' und denken damit das weiter, was Gogolin schon in den 1990er Jahr als den ‚monolingualen Habitus der multilingualen Schule' kritisiert hat. (Gogolin 1994).

Folglich unterstützen auch die Ergebnisse der Fragebogenerhebung tendenziell die Hypothese, dass diejenigen Englischlehrkräfte, die die neuen Curricula – und damit auch die Förderung der Transkulturellen Kompetenz als Hauptbildungsziel des Fremdsprachenunterricht – in der Praxis umsetzen werden, ein nur unzureichendes Verständnis von Transkulturalität aufweisen.

Im Sinne einer kritischen Reflexion der Methoden der Datenerhebung sei einschränkend gesagt, dass in dieser Studie lediglich die deklarativen Transkulturalitätskonzepte der angehenden Lehrkräfte erhoben wurden, d. h. deren *Aussagen* über ihr Verständnis von Transkulturalität. Im Sinne einer umfassenden Erhebung des Transkulturaltiätskonzepts der Lehrkräfte und insbesondere ihrer unterrichtsmethodischen Kompetenzen für die Förderung von transkultureller Kompetenz im Unterricht wäre eine Erhebung prozeduraler Daten, z. B. mittels Unterrichtsvideographien, vonnöten.

Auch wenn demzufolge die hier dargestellten Ergebnisse über eine eingeschränkte Aussagekraft verfügen, so sind sie dennoch von nicht zu unterschätzender Relevanz, als subjektive Theorien von Lehrkräften als Teil ihres

Wissensbestands und *working knowledge* einen maßgeblichen Einfluss auf ihre
Unterrichtspraxis haben (vgl. z. B. Combe & Kolbe 2008)

4   Ein kreatives Projektseminar zum transkulturellen Literaturunterricht

Die zuvor dargestellte empirischen Ergebnisse gaben Anlass zur Konzeptionierung eines fachdidaktischen Hauptseminars, dessen übergeordnetes Ziel es war,
fortgeschrittene Studierende des Lehramts Englisch sowohl mit den theoretischen Grundlagen des transkulturellen Diskurses als auch mit verschiedenen
Unterrichtsmethoden für den transkulturellen Literaturunterricht vertraut zu machen. Dabei wurde sowohl das *Was* als auch das *Wer* (s.o.) des transkulturellen
Englischunterrichts angesprochen, indem sowohl die kulturelle Komplexität von
Literatur als Unterrichtsgegenstand, als auch die in den Klassenzimmern bereits
vorhandene kulturelle Vielfalt in den Identitäten und Erfahrungen der Schülerinnen und Schüler zum Thema gemacht wurde. Das Projektseminar wurde im
Sommersemester 2012 im Rahmen eines kooperativen Hauptseminars[4] an drei
deutschen Universitäten erstmals erprobt.

Im Rahmen des Projekts nimmt die Kurzgeschichte ‚Borders' von Thomas
King (1993)[5], die sich in besonderem Maße für den transkulturellen Unterricht
eignet, eine zentrale Rolle ein: Die Geschichte erzählt eine Begebenheit an der
Grenze zwischen Kanada und den USA, in der Nähe der Blackfoot-Reservate.
Die Blackfoot gehören zu den First Nations und verfügen über Reservate sowohl
im Südwesten Kanadas als auch im Nordwesten der USA. In der Geschichte
macht sich eine Mutter aus dem Kanadischen Blackfoot-Gebiet auf den Weg zu
ihrer Tochter in den USA. An der US-Grenze antwortet sie auf die Frage nach
ihrer Nationalität mit ‚Blackfoot'. Auf die Nachfrage des Grenzposten, ob sie
Kanadisch-Blackfoot oder US-Amerikanisch-Blackfoot sei, beharrt sie auf:
‚Blackfoot'. Infolgedessen und nach einem mehrstündigen bürokratischen hin
und her muss sie umkehren und will zurück auf Kanadisches Gebiet fahren. Jedoch wiederholt sich der gleiche Vorfall bei den Kanadischen Grenzposten – und
so bleibt die Frau mit ihrem zwölfjährigen Sohn im Niemandsland zwischen den
USA und Kanada stecken.

---

4   An dieser Stelle sei den Lehramtsstudierenden der Universitäten Bochum, Duisburg-
     Essen und Frankfurt gedankt, die wesentlich zum Gelingen des Projektseminars beitru-
     gen. Darüber hinaus bedankt sich die Autorin bei Dr. Frauke Matz (Universität Duisburg-
     Essen) und Michael Rogge, OStR i.H., (Ruhr-Universität Bochum) für ihre engagierte
     Unterstützung und Kooperation im Rahmen des Projekts.
5   Die Geschichte wurde in Deutschland auch in folgendem Sammelband publiziert: Glaap,
     A. & Rau, A. (Hrsg.), Short Stories from Canada, Berlin, 2005.

Insofern sind Grenzen bzw. deren Überschreitung ein zentrales Element der Geschichte:

> [...] in this story, borders do not only divide countries. There are borders between old and young, brother and sister, mother and daughter and mother and son, native and non-native, indigenous and immigrant, past and present. (Rau 2005:9)

So spricht ‚Borders' verschiedene Aspekte von ‚Transkulturalität' an. Es geht nicht nur um eine metaphorische, sondern eine tatsächliche, physische Grenzüberschreitung, in der sich die Hybridität der kulturellen Identitäten der Protagonisten offenbart: Die Mutter beharrt über mehrere Tage mit einer fast bewundernswerten Sturheit auf der aus ihrer Sicht eindeutigen Identifizierung ihrer selbst als ‚Blackfoot'. Aus der Sicht der Grenzbeamten – Repräsentanten zweier Nationalstaaten – schafft sie damit eine an nationalen Staatsgrenzen nicht akzeptable Uneindeutigkeit und lebt so einige Tage mit ihrem Sohn im Niemandsland – an sich ein uneindeutiges Territorium. Die Geschichte wird aus der Perspektive des zwölfjährigen Jungen erzählt, dessen Sicht eine unbedarfte, fast naive Betrachtungsweise der Situation erlaubt. Zudem lassen sich aus seiner Erzählperspektive sowohl verschiedene interne Differenzen und Brüche der Blackfoot Community als auch die Dynamik und Hybridität von kulturellen Identitäten nachvollziehen.

Im Rahmen des Projektseminars waren die Studierenden nach Einführungen zur ‚Transkulturalität' und in sowohl textanalytische als auch kreative Methoden des Literaturunterrichts aufgefordert, die Kurzgeschichte in einem anderen Medienformat, sogenannten *Handcrafted Video Clips*, nachzuerzählen. Dabei handelt es sich um kurze Videoclips, die mit Hilfe selbstgestalteter Requisiten und einfach zu handhabender und allgemein verbreiteter Medien, wie z. B. Digital- oder Handykameras, erstellt werden (vgl. z. B. Mainda & Struckmeyer 2011). Insofern sind die *Handcrafted Video Clips* eine einfach umzusetzende lowtech Methode, da keine besondere technische Expertise oder mediale Ausstattung vonnöten ist. Mithilfe dieser Methode bedienten sich die Studierenden in ihrer Nacherzählung einer anderen Erzählform und lösten sich dabei sowohl inhaltlich als auch ästhetisch und unter Rückbezug auf die theoretischen Grundlagen des Transkulturalitätsdiskurses vom Originaltext.

5 *Handcrafted Video Clips*: Ausgewählte Beispiele zur Kurzgeschichte ‚Borders' von Thomas King

Im Folgenden werden einige ausgewählte Sequenzen aus den *Handcrafted Video Clips*, die die Studierenden im Rahmen des Projektseminars erstellt haben, vorgestellt und analysiert. Es empfiehlt sich, die entsprechenden Videosequenzen parallel auf YouTube anzusehen[6] (Gesamtdauer: 2:58 Minuten).

Beispiel 1: At the border (00:58)

Dieses Beispiel erzählt die für die Kurzgeschichte zentrale Begebenheit an der Kanadisch-US-amerikanischen Grenze nach: Mit Hilfe einer Erzählerin aus dem Off und zahlreicher Bildelemente, die von Hand durch das Bild geschoben und durch Gesten unterstützt werden, entsteht eine audio-visuelle Narrative, die die Frage der Grenzüberschreitung und des Wiederaufbaus von Grenzen in den Blick nimmt.

Beispiel 2: A minor's citizenship (00:29)

In diesem Beispiel wird der Grenzvorfall mit besonderem Blick auf die Sicht des zwölfjährigen Jungen nacherzählt, der am Grenzposten versucht zu vermitteln. Für ihn stellt es keine Überwindung dar, sich und seine Mutter als Kanadisch-Blackfoot zu identifizieren – was für die Grenzbeamten jedoch nicht ausreicht, da er noch minderjährig ist. Somit widmet sich dieses Beispiel sowohl den Generationsgrenzen innerhalb der Blackfoot-Community als auch der Frage, wer die Existenz nationalstaatlicher Grenzen als Chance nutzen kann und will (Sohn und Tochter) bzw. wen diese benachteiligen (Mutter).

Beispiel 3: Citizenship in a quiz show (00:13)

Im dritten Beispiel wird eine spielerische Annäherung an die Identitäten der Protagonisten gewählt: Die Frage nach der Staatsbürgerschaft wird in Form der Quiz-Show ‚1, 2 oder 3' gestellt, wobei die Antwort „Blackfoot" mit einem für Quiz-Shows typischen Audiosignal als falsch markiert wird. Dieser humorvolle Erzählstil entspricht in gewisser Weise dem Originaltext von Thomas King, dessen Erzähler eine naive und unbeschwerte Perspektive auf den Grenzvorfall bietet und sich damit von seiner Mutter abgrenzt, die durch ihre Identitätsfrage deutlich stärker belastet scheint.

Beispiel 4: Before 'Borders' (00:30)

Eine ernsthaftere Annäherung an die Frage nach der Identität der Protagonisten bzw. die Bedeutung von Grenzen stellt das vierte Beispiel dar, in dem die Geschichte der Blackfoot vor der Kolonialisierung durch Europäer skizziert wird.

---

6   Die hier dargestellten Videosequenzen sind unter folgender YouTube-Playlist zu finden:
     http://www.youtube.com/playlist?list=PL7A174074DF204457&feature=edit_ok

Die Errichtung der Kanadisch-US-Amerikanischen Grenze wird dabei als dramatischer Einschnitt in das Leben der Blackfoot audio-visuell in Szene gesetzt, bevor die eigentlich Nacherzählung von Thomas Kings Kurzgeschichte beginnt.

Beispiel 5: A new ending (00:48)

Einen optimistischen, gleichsam visionären Ausblick bietet das letzte Beispiel, welches ein neues Ende der Geschichte entwirft: Mit akustischer Untermalung durch die US-Amerikanische und Kanadische Hymne wird die Odyssee der Mutter mit ihrem Sohn im Niemandsland nacherzählt, bevor es eine – von den Clip-Autoren erdachte und per Zeitungsschlagzeile visualisiert – Gesetzesänderung der Mutter ermöglicht, die Angabe ihrer ‚Citizenship‘ frei zu wählen, statt in einem vorgefertigten Formular entweder US-Amerikanisch oder Kanadisch anzukreuzen.

6   Schluss

Wie sich in den aufgeführten Beispielen der *Handcrafted Video Clips* zeigt, ermöglicht diese literaturdidaktische Methode auf Basis der Kurzgeschichte ‚Borders‘ die kreative, handlungsorientierte und reflektierte Auseinandersetzung mit dem Transkulturalitätskonzept. Besonders hervorzuheben ist, dass *im Anschluss* an die Produktion und gemeinsame Betrachtung der Videos im Seminar eine besonders intensive und zum Teil kontroverse Diskussion des Transkulturalitätskonzepts bzw. der Möglichkeiten *und* Grenzen der Methode der *Handcrafted Video Clips* stattfand, die Anlass gab, das Projekt weiter zu entwickeln und in anderen Kontexten (z. B. Schulprojekten und Lehrerfortbildungen) zu erproben. Insbesondere in der Umsetzung mit Schulklassen, die im Herbst 2012 pilotiert wurde, ist eine stärkere Anbindung an die eigene Lebenswirklichkeit der Lernenden geplant, indem die Schülerinnen und Schüler im Anschluss an die Arbeit mit der Kurzgeschichte im Sinne des *storytelling* eigene Geschichten über das ‚zwischen-den-Grenzen-stecken‘ erzählen und somit in eigenen ‚Borders‘-Clips persönlichen Erfahrungen oder Phantasien durch filmische Darstellung Raum gegeben wird.

Literatur

Combe, Arno & Kolbe, Fritz-Ulrich: Lehrerprofessionalität: Wissen, Können, Handeln, in: W. Helsper & J. Böhme (Hrsg.), Handbuch der Schulforschung, Wiesbaden, 2008, 857-875.

204 Eva Wilden

Delanoy, Werner: From "Inter" to "Trans?" Or: Quo Vadis Cultural Learning? in: M. Eisenmann & T. Summer (Hrsg.), Basic Issues in EFL Teaching and Learning, Heidelberg, 2012, 157-168.

Doff, Sabine & Schulze-Engler, Frank: Beyond 'Other Cultures': An Introduction, in: S. Doff & F. Schulze-Engler (Hrsg.), Beyond 'Other Cultures'. Transcultural Perspectives on Teaching the new Literatures, Trier, 2011, 1-14.

Freitag, Britta: Transkulturelles Lernen, in: W. Hallet & F. G. Königs (Hrsg.), Handbuch Fremdsprachendidaktik, Seelze, 2010, 125-129.

Freitag-Hild, Britta: Theorie, Aufgabentypologie und Unterrichtspraxis inter- und transkultureller Literaturdidaktik, 'British fictions of migration' im Fremdsprachenunterricht, Trier, 2010.

Gogolin, Ingrid: Der monolinguale Habitus der multilingualen Schule, Münster, 1994.

HKM: Bildungsstandards und Inhaltsfelder. Das neue Kerncurriculum für Hessen. Sekundarstufe I - Gymnasium, Moderne Fremdsprachen, Wiesbaden, 2010.

HKM: Moderne Fremdsprachen. Leitfaden, Maßgebliche Orientierungstexte zum Kerncurriculum Sekundarstufe I, Wiesbaden, 2011.

King, Thomas: Borders, in: Thomas King (Hrsg.), One Good Story, That One, Toronto, 1993, 131-147.

Mainda, Dorothee & Struckmeyer, Kati: Who would like to be an actor? Handyclips im Englischunterricht, Der Fremdsprachliche Unterricht Englisch, 112/113, 2011, 1-2.

Rau, Albert: A Short Story from Canada in the German EFL-Classroom - "Borders" or a Sense of Belonging in a Multicultural Society, Revue LISA/LISA e-journal, 3 (2), 2005, 221-234.

Schulze-Engler, Frank: Introduction, in: F. Schulze-Engler & S. Helff (Hrsg.), Cross/Cultures. Readings in the Post/Colonial Literatures in English, Amsterdam, 2008, ix-xvi.

Statistisches Bundesamt: Bevölkerung und Erwerbstätigkeit, Bevölkerung mit Migrationshintergrund - Ergebnisse des Mikrozensus 2009, Wiesbaden, 2010.

www.ingramcontent.com/pod-product-compliance
Lightning Source LLC
Chambersburg PA
CBHW030243100426
42812CB00002B/296